高等学校创新性数智化应用型经济管理规划教材（审计系列）

总主编 / 李雪　　主审 / 徐国君

经济责任审计（第二版）

李雪 ◎ 主编

洪宇　隋雪 ◎ 副主编

图书在版编目(CIP)数据

经济责任审计 / 李雪主编. —2版. —上海：立信会计出版社，2024.1
ISBN 978-7-5429-7516-4

Ⅰ.①经⋯ Ⅱ.①李⋯ Ⅲ.①经济责任审计—高等学校—教材 Ⅳ.①F239.47

中国国家版本馆 CIP 数据核字(2024)第 011511 号

策划编辑　　方士华
责任编辑　　方士华
助理编辑　　王悠然
美术编辑　　吴博闻

经济责任审计(第二版)
JINGJI ZEREN SHENJI

出版发行	立信会计出版社		
地　　址	上海市中山西路 2230 号	邮政编码	200235
电　　话	(021)64411389	传　　真	(021)64411325
网　　址	www.lixinaph.com	电子邮箱	lixinaph2019@126.com
网上书店	http://lixin.jd.com		http://lxkjcbs.tmall.com
经　　销	各地新华书店		
印　　刷	浙江天地海印刷有限公司		
开　　本	787 毫米×1092 毫米	1/16	
印　　张	11.25		
字　　数	273 千字		
版　　次	2024 年 1 月第 2 版		
印　　次	2024 年 1 月第 1 次		
书　　号	ISBN 978-7-5429-7516-4/F		
定　　价	38.00 元		

如有印订差错，请与本社联系调换

总 序

教材是高校实现人才培养目标的重要载体,教材及教材建设对高校发展具有举足轻重的作用。与培养模式相对应的教材是培养合格人才的基本保证,是实现培养目标的重要工具。由于历史的原因,在财经类教材的出版方面,相关出版社出版研究型本科或者高职高专、中等职业等层次的教材较多,应用型本科教材较少。虽然近年来一些应用型本科教材也陆续出版,但总体而言,这些教材还是缺乏权威性、普适性、实用性、创新性。造成这种状况的原因主要在于:出版社对财经类应用型本科教材的出版还不够重视,没有进行有效的组织;财经类应用型本科院校多为新建院校,教材建设相对滞后,主观上也较愿意使用研究型本科教材;在教材使用中存在比较严重的混用现象,教材目标读者群不明确,如不少教材既适用于研究型本科院校又适用于应用型本科院校,或者既适用于本科院校又适用于高职高专院校。

由于目前财经类应用型本科教材种类和数量匮乏或质量欠佳,财经类应用型本科院校不得不沿用传统研究型教材。这些教材本身的质量很好、级别很高,但是并不适用于应用型本科院校的教学,教师和学生普遍反映不好用。即使在全国范围看,也还没有相对成套、成熟的适合财经类应用型本科院校的教材。现有教材存在的主要问题包括:① 教材的定位和要求过高;② 教材的内容偏多、难度偏大;③ 教材着重于理论解释,相关案例、实训等内容较少,缺乏普适性、实用性。

与此同时,信息技术的快速发展使学生的学习习惯和阅读习惯发生了改变,不断朝个性化、自主学习的方向发展,传统的单一纸质教材已经无法适应这种变化。翻转课堂、慕课、微课等网络课程的兴起,混合式教学的不断推进,也对立体化教材建设提出了新的要求。教材作为一种课堂上的教学工具、一种传播媒介,理应顺势而为,随课堂形式、学生学习方式的改变而改变,朝着数字化、立体化、可视化的方向发展。因此,需要编写适应学生水平、便于学生接受的立体化财经类应用型本科教材。

我们组织具有多年应用型人才培养经验的优秀教师和实务界专家编写了这套教材。本系列教材有《会计基本技能》《出纳实务》《基础会计》《中级财务会计》《成本会计》《管理会计》《会计信息系统》《财务管理》《审计学》《高级财务会计》《商业分析》《税法》《经济法》《金融学》

等品种。为了保证教材的质量,本系列教材聘请了知名高校的专家教授进行专门指导和审核。每本教材至少有一名本学科的知名专家或学科带头人提出审核指导意见,至少有一名高等院校教学一线的高级职称教师组织编写,至少有一名行业协会、实务界专家或教学研究机构人员提出编写建议。

本系列教材的特色如下。

1. 应用性

应用型本科的教材建设应坚持培养应用型本科人才的定位,充分吸收和借鉴传统的普通本科教材与高职高专类教材建设的优点和经验,以就业为导向,做到理论上高于高职高专类教材、动手能力的培养上高于传统的本科院校教材。本系列教材体现了应用型本科的定位,体现了素质教育和"以学生发展为本"的教育理念,遵循了高等教育教学基本规律,重视知识、能力和素质的协调发展,根据应用型人才培养模式对学生的创新精神、实践能力和适应能力的要求,在内容选材、教学方法、学习方法、实验和实训配套等方面突出了应用性特征。

2. 针对性

本系列教材的编写符合会计学、财务管理和审计学等专业的培养目标、培养需求、业务规格和教学大纲的基本要求,与各专业的课程结构和课程设置相对应,与课程平台和课程模块相对应。教材在结构纵横的布局、内容重点的选取、示例习题的设计等方面符合教改目标和教学大纲的要求,把教师的备课、试讲、授课、辅导答疑等教学环节有机地结合起来。

3. 立体化

本系列教材为立体化教材,实现了由传统纸质教材向"纸质教材+数字资源"的转变,通过技术手段将晦涩难懂的理论知识转变为直观的具体知识,以立体化、数字化的方式呈现,包括图文、动画、音频、视频等多种形式,生动、有趣且易懂,不仅可以激发学生的学习兴趣,还有利于教学效果的提升。

4. 趣味性

本系列教材注重趣味性,使用了大量的例题和案例,每章都加入了"思政育人""相关思考""延伸阅读"等内容,使读者能够加深理解,便于掌握相关内容。在案例、例题等的设计选用上重点突出趣味性,易于引发读者的共鸣。

5. 先进性

本系列教材反映了应用型会计人才教育教学改革的内容,能够反映学科领域的新发展。

教材的整体规划、每一种教材的内容构建等均体现了创新性。教材还强调了系列配套,包括了教材、学习参考书、教学课件等。立体化教材在内容修订上更具有明显优势,线上资源可以随时根据政策法规、理论知识或工作实务等的变化进行调整,更有利于保持教材内容的先进性。

6. 基础性

本系列教材将打破传统教材自身知识框架的封闭性,尝试多方面知识的融会贯通,注重知识层次的递进,体现每一门科目的基本内容,同时在具体内容上突出实际运用能力,做到"教师易教,学生乐学,技能实用"。

7. 易于自学

自学能力是大学生的一项基本能力。学生只有具备了自主学习的能力,才能最终建立起终身学习的保障体系,这也是应用型本科人才培养的客观要求。应用技术型高校的生源素质与普通高校相比存在一定的差距,除了一部分是高考发挥失误的学生,还有一部分学生在学习习惯、基础知识等方面存在一定的欠缺,这就要求教材能够调动这部分学生的学习积极性,在理论方面尽量通俗易懂,在实践方面尽量采用案例式教学。为了有利于学生课后自主学习,本系列教材配套了学习指导书和教学课件。

因此,本系列教材的定位准确,特色明显,适用于应用型本科院校教学,容易得到学生和市场的认可,便于学生的自学和教师的教学。

"十四五"高等学校创新性数智化应用型经济管理规划教材凝聚了众多领导、教授和专家多年来的经验和心血。当然,由于我们的经验和人力有限,教材中难免存在不足,我们期待着各位同行、专家和读者的批评指正。我们将伴随着经济发展和会计环境的变迁不断修订教材,以便及时反映学科的最新发展和人才培养的最新变化。

本系列教材自2014年出版后,得到市场的认可,深受广大高校师生的欢迎。为了更好地回馈读者,本系列教材从2017年起启动第二版的修订工作,2019年启动第三版的修订工作,2021年启动第四版的修订工作。各种教材的修订版将陆续出版。我们会一如既往地做好教材修订和相关服务工作,希望广大读者对本套系列教材继续给予支持。

李 雪

2024年1月

第二版前言

为适应新形势新要求,完善经济责任审计制度,依据中央审计委员会办公室关于印发2023审计年度经济责任审计工作指导意见的通知,编者修订了本次教材,以帮助正在从事这类审计工作的人员及正在学习且将从事这类行业的相关专业的学生了解并掌握现行准则与规定,帮助、引导其进行正确思考,以便更好地指导实务工作。

1. 注重案例引入

本教材在内容讲解上,注重经济责任审计基本知识的传授和对学生审计思维的培养。通过问题导入式案例、案例讨论等多个具有教学使用价值的经典经济责任审计案例,学生将对经济责任审计的特点、模式、方法、流程等形成一定的认识,能够理解经济责任审计的作用,掌握经济责任审计的思维。

2. 贴合实务操作

本教材旨在为读者搭建起经济责任审计的基本理论框架体系,培养读者的经济责任审计思维,以及初步运用经济责任审计知识解决实际问题的能力。

3. 强化习题练习

本教材精选了近几年国内重大考试中涉及经济责任审计的试题并加以适当改编,供读者同步学习使用,相信会大大提高读者的学习效果。

4. 引领正确价值观

本教材加入了课程思政的内容,将知识传授与价值引领、能力提升、素质养成有机结合。

本次教材的修订由李雪、洪宇、张文芳、宋丹雯负责。

编　者

2024 年 1 月

目 录

第一章 绪论 ·· 1
  内容提要 ·· 1
  重点难点 ·· 1
  学习目标 ·· 1
  知识框架 ·· 1
  第一节 经济责任审计的产生与发展 ·· 2
  第二节 经济责任审计的概念与特征 ·· 6
  第三节 经济责任审计的功能与意义 ·· 9
  本章重要概念 ·· 15
  本章练习 ·· 15

第二章 经济责任审计的目标与范围 ·· 18
  内容提要 ·· 18
  重点难点 ·· 18
  学习目标 ·· 18
  知识框架 ·· 18
  第一节 经济责任审计的目标与对象 ·· 20
  第二节 经济责任审计的范围与内容 ·· 23
  本章重要概念 ·· 32
  本章练习 ·· 32

第三章 经济责任审计准则与程序 ·· 34
  内容提要 ·· 34
  重点难点 ·· 34
  学习目标 ·· 34
  知识框架 ·· 34
  第一节 经济责任审计准则 ·· 35
  第二节 经济责任审计程序 ·· 38
  本章重要概念 ·· 42
  本章练习 ·· 42

第四章 经济责任审计的方法 ·· 44
  内容提要 ·· 44

重点难点 ··· 44
　　学习目标 ··· 44
　　知识框架 ··· 44
　　第一节　经济责任审计的取证方法 ··· 45
　　第二节　经济责任审计的分析方法 ··· 49
　　本章重要概念 ·· 53
　　本章练习 ··· 53

第五章　党政领导干部经济责任审计 ··· 55
　　内容提要 ··· 55
　　重点难点 ··· 55
　　学习目标 ··· 55
　　知识框架 ··· 55
　　第一节　党政领导干部经济责任审计概述 ···································· 57
　　第二节　党政领导干部经济责任审计的审计内容和审计程序 ········· 59
　　第三节　党政领导干部经济责任审计的审计评价 ························· 71
　　本章重要概念 ·· 78
　　本章练习 ··· 79

第六章　行政事业单位领导干部经济责任审计 ···································· 80
　　内容提要 ··· 80
　　重点难点 ··· 80
　　学习目标 ··· 80
　　知识框架 ··· 80
　　第一节　行政事业单位领导干部经济责任审计概述 ······················ 81
　　第二节　行政事业单位领导干部经济责任审计内容和程序 ············ 87
　　第三节　行政事业单位领导干部经济责任审计评价 ······················ 97
　　本章重要概念 ·· 101
　　本章练习 ··· 101

第七章　国有企业领导人员经济责任审计 ·· 103
　　内容提要 ··· 103
　　重点难点 ··· 103
　　学习目标 ··· 103
　　知识框架 ··· 103
　　第一节　国有企业领导人员经济责任审计概述 ····························· 105
　　第二节　国有企业领导人员经济责任审计内容与程序 ··················· 108
　　第三节　国有企业领导人员经济责任审计评价 ····························· 120
　　本章重要概念 ·· 125

本章练习 ·· 125

第八章　自然资源资产离任审计 ·· 127
　　内容提要 ·· 127
　　重点难点 ·· 127
　　学习目标 ·· 127
　　知识框架 ·· 127
　　第一节　自然资源资产离任审计概述 ·· 129
　　第二节　自然资源资产离任审计内容和程序 ···································· 135
　　第三节　自然资源资产离任审计评价 ·· 143
　　本章重要概念 ·· 145
　　本章练习 ·· 145

第九章　经济责任审计报告 ·· 147
　　内容提要 ·· 147
　　重点难点 ·· 147
　　学习目标 ·· 147
　　知识框架 ·· 147
　　第一节　经济责任审计报告概述 ·· 148
　　第二节　经济责任审计报告的编制 ·· 152
　　第三节　经济责任审计报告的格式和内容 ······································ 154
　　本章重要概念 ·· 162
　　本章练习 ·· 163

参考文献 ·· 165

第一章 绪 论

- 内容提要
- 重点难点
- 学习目标
- 知识框架
- 第一节 经济责任审计的产生与发展
- 第二节 经济责任审计的概念与特征
- 第三节 经济责任审计的功能与意义
- 本章重要概念
- 本章练习

内容提要

本章主要讲解了经济责任审计的一些基本概念,包括经济责任审计的产生与发展、概念与特征、功能与意义等。

重点难点

本章重点为经济责任审计的内容与特征,从经济责任审计的变迁入手,介绍了经济责任在不同社会阶段的作用与意义,以及当前中国特色社会主义经济责任审计的基本特征。本章内容难度相对较低,容易理解。

学习目标

通过本章的学习,学生应掌握经济责任审计的一些基本概念;了解经济责任审计的产生和发展过程;明确经济责任审计的内容和特征等;了解经济责任审计的意义。

知识框架

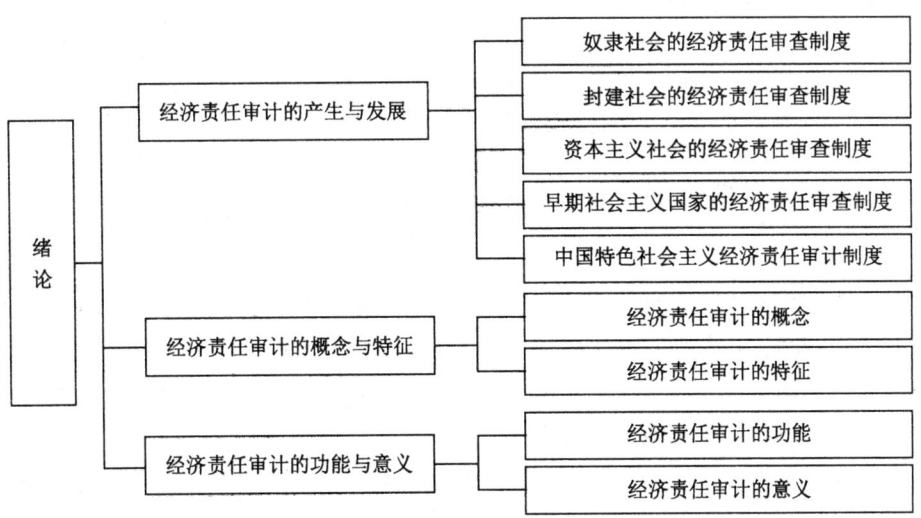

 思政课堂

紧扣权力运行 强化责任落实

2023年6月29日,中央经济责任审计工作部际联席会议第十一次全体会议在审计署召开。会议由中央审计委员会办公室主任、审计署党组书记、审计长,中央经济责任审计工作部际联席会议召集人侯凯主持。中央组织部副部长黄建发,财政部党组成员、副部长许宏才,人力资源社会保障部党组成员、副部长王少峰,国务院国资委党委委员、副主任袁野,国家金融监督管理总局党委委员、副局长丛林,审计署党组成员、中央经济责任审计工作部际联席会议办公室主任郝书辰,以及中央纪委国家监委、中央编办代表等出席了会议,各成员单位相关同志列席了会议。

会议传达学习了习近平总书记在中央政治局常委会会议和二十届中央审计委员会第一次会议上的重要讲话精神,通报了部际联席会议办公室2022审计年度工作开展情况和2023审计年度省部级党政主要领导干部和国有企事业单位主要领导人员经济责任审计计划,对2023审计年度经济责任审计工作作出了部署。部际联席会议各成员单位通报了本部门推进经济责任审计工作情况,并就下一步工作提出了意见和建议。

会议指出,2022审计年度,在中央审计委员会的正确领导下,部际联席会议各成员单位坚持以习近平新时代中国特色社会主义思想为指导,深入贯彻落实党的二十大精神,坚持党中央对审计工作的集中统一领导,聚焦主责主业,围绕规范权力运行,促进领导干部履职尽责、担当作为,提升审计监督成效。认真履行成员单位职责,深化各类监督贯通协同,联合反馈审计结果,健全完善全面整改、专项整改、重点督办相结合的审计整改总体格局,发挥经济责任审计在党和国家监督体系中的重要作用,较好地完成了各项工作任务。

会议强调,2023审计年度,联席会议各成员单位要认真学习贯彻习近平总书记重要讲话和重要指示批示精神,全面落实中央政治局常委会会议和中央审计委员会会议部署要求,推动各项工作再上新台阶。要始终坚持和加强党中央对审计工作的集中统一领导,在中央审计委员会总体工作格局中,进一步发挥部际联席会议机制作用,推动不断细化实化制度化。要深化把握对审计工作的规律性认识,紧扣权力运行和责任落实强化经济责任审计,为领导干部精准"画像",提升工作质效。要加强成员单位工作贯通协同,做好信息沟通、线索移交、措施配合、成果共享,扎实推动审计整改,形成合力、增强权威、强化震慑,共同完成好年度工作,在强国建设、民族复兴新征程上作出应有贡献。

资料来源:侯凯.2023年6月29日在中央经济责任审计工作部际联席会议第十一次全体会议上[EB/OL].(2023-06-29)[2023-11-30].https://www.audit.gov.cn/n4/n19/c10338820/content.html.

第一节 经济责任审计的产生与发展

经济责任审计是我国特有的审计类型,根植于中国特色社会主义制度,因国家治理的现实需求而产生、发展,具有鲜明的实践特色,而类似的监督制度在人类发展历史上也经历了漫长的探索和演变,这就决定了经济责任审计的研究不仅有必要,而且有条件必须作历史的、实践的考察,而不仅仅是纯理论的研究。

随着阶级社会的产生、国家和社会的分离,受托经济责任随之产生,类似经济责任审计的审查、监督制度安排就开始萌芽、发展并不断壮大,古今中外莫不如此,并在社会主义中国走向成熟,形成了经济责任审计制度。为区别于经济责任审计的概念,下面对类似经济责任

审计的各种制度安排均称为"经济责任审查制度"。

一、奴隶社会的经济责任审查制度

早在奴隶社会时期,东、西方国家就都出现了对官员是否正确履行经济责任进行监督的制度安排,这可以视为经济责任审计的最初萌芽。这种制度安排最初出现在古埃及,当时的统治者法老设立"监督官",对全埃及各级机构是否忠实履行经济职责,特别是对财政收支是否准确、税收是否足额进行监督检查。古希腊对官员实行严格的审计制度,当时官吏任期不过1年多,任前要开展资格审查,在任期间要接受称职信任投票,卸任时还要接受类似离任审计的经济审查。所有官员必须在离职30天内报送会计账册,只有审计官确认账册中不存在差错和贪污受贿行为,才能够顺利离职。古罗马也曾设有监督官,在对公共建设上铺张浪费导致财政赤字的现象进行就地审计和纠正。中国自周代起开始从经济责任方面来考察官员的履职情况。根据《周礼》的记载,周代设立品阶为下大夫的"宰夫"官职,负责政治监察和财务审计。宰夫在每年、每月、每旬都要考核财务收支情况,在发现官员财务收支不合法时可向天官直至周王汇报。

二、封建社会的经济责任审查制度

在封建社会中,经济责任审查制度作为维护王权的利器,得到长足的发展。早在11世纪,英国财政部就设立了收支局,负责审查会计账簿,处理经济方面的纠纷,后来又设立了国库审计长。13世纪起,法国国王就命令各城市的市长携带账目于每年11月到巴黎接受审计,14世纪20年代法国又设立了审计厅,专门负责审计负有经济职责的官员,并拥有刑事处罚权。14世纪晚期,葡萄牙颁布国家审计条例,并设置审核所,对全国以及在殖民地的官员经济责任进行监督。中国自战国时期进入封建社会以来,经济责任审查方面的监督制度日趋完善。战国时期开始实行"上计制度",年终地方官将会计报表上报接受考核,实质上就是以经济责任履行情况来审计和奖惩官员,这项制度沿用到后续朝代。汉代将"上计制度"列入法律,地方官员层层上报辖区内的户口、田亩、钱财、谷物等会计簿册,皇帝亲自听取报告。唐朝实行比部和御史台制度,上计报告均由户部审查后送比部复核。北宋设置审计司、南宋设置审计院,专司考核监督百官履职情况。明朝每3年监察御史对地方行政长官逐一盘查,清代都察院户科负责查核离任地方官员的财务账册,都有类似于今天经济责任审计的做法。

三、资本主义社会的经济责任审查制度

资产阶级革命后,资本主义国家基于分权制衡的需要,普遍建立国家审计制度,其中经济责任审查制度一直是最重要的内容之一。主要资本主义国家的审计制度,按照审计机关的设置和定位来划分,有三种主要类型:一是立法模式,以英美为代表,主要特点是设立统一的审计机关,审计结果向议会负责。英国于18世纪晚期设立审计委员会监督国王财务账目,1861年设立众议院决算审查委员会,1983年通过《国家审计法案》,设立独立于政府部门的审计署。美国于1921年设立独立的审计总局,有权审查除总统办公室、中

央情报局外所有与公共开支有关的事项,并向国会提供信息和参考意见。二是司法模式,以法国为代表,主要特点是审计机关具有司法权,属于司法权的范畴。法国设立审计法院,授予仅次于最高法院的地位,对经营或使用公共资金的所有自然人、法人的会计账目进行审查,对官员或会计人员的违法行为进行审判。西班牙设立审计法院,赋予经济司法功能,对经济违法案件进行审理,可给予除刑事处罚外的各种处罚。三是独立模式,以德日为代表,主要特点是审计机关独立于三权之外。德国在普鲁士时期就设立了独立于行政机构的审计机构——总会计局,不断强化审计机构的独立性,设立独立于立法、行政、司法三权之外的审计法院。在这种制度设置下,审计法院与司法机关关系密切,有司法独立性,但不能进行终审判决,需要将发现的问题向司法机关反馈等候裁决。中国在民国时期实行五权分立,审计部门设置于监察院之下,总体思路类似于德日的独立模式。当时的审计分为事前审计、事后审计和稽查,规定审计机关发现财务上的不法行为要按程序移交相应监督机关处理,同时将公有营业和公有事业纳入国家审计的范围,将追究企业经营者的经济责任作为审计的重要内容。

四、早期社会主义国家的经济责任审查制度

早期社会主义国家的经济责任审查制度以苏联为主要代表,突出特点是审计机关设置于行政系统内,它可称为行政模式。十月革命之后,经过几年的摸索,苏共中央监察委员会与工农检察人民委员部合并,对整个苏联国家机构进行监督,成为苏联最具权威的机构之一。1965年,苏联建立苏联人民监察委员会,构建起全苏联统一的监督组织网络。苏联的监察制度的重要特点是经济监督与行政监督相结合,不作明确区分。当时的经济监督基本上相当于国家审计,是苏联监察机关开展工作的主要工作方法之一。受意识形态和地缘政治的影响,苏联模式传入东欧社会主义国家,成为社会主义阵营各国审计制度的通行做法。1949年中华人民共和国成立之后,国家审计职能最初主要内置在财政部门内部的监察机构,1982年《中华人民共和国宪法》(以下简称《宪法》)规定实行独立的审计监督制度,并于1983年设立国家审计署,作为国务院组成部门。可以说,我国审计机关设立初期,与以苏联为代表的行政模式一脉相承。但与苏联模式有所不同的是,1994年《中华人民共和国审计法》(以下简称《审计法》)规定国家审计署每年向全国人大常委会提交审计工作报告,2006年《审计法》又规定国家审计署每年向全国人大常委会报告审计整改情况,这就使我国的国家审计又略微具有了立法型审计的特点。我国的审计体制是中国特色的混合型审计体制。

五、中国特色社会主义经济责任审计制度

1. 经济责任审计产生阶段

20世纪80年代后期至90年代初期是我国经济责任审计的产生阶段,该阶段的审计称为厂长(经理)离任经济责任审计,后来又称承包经营审计、资产经营责任审计。

从1985年起,我国政府审计机关开始探索并开展了经济责任审计试点。审计依据的法规是《全民所有制工业企业厂长工作条例》。该《条例》规定厂长(经理)离任前,企业主管部

门可以提请审计机关对其进行经济责任审计,审计客体主要针对国有企业的厂长(经理)的履职情况。在此期间,经济责任审计的实施取得了一定成效。1987年1~9月,全国审计机关对3 783位国有企业的厂长(经理)进行了离任和其他经济责任审计,比1986年同期增加了5倍。审计结论表明,大多数厂长(经理)遵守财经纪律较好,比较严重违反财经纪律者仅占被审计总数的10%左右。

1988年起,厂长(经理)离任经济责任审计成为政府审计工作经常化、制度化的重要内容。据统计,1988年,全国审计机关对25 319名厂长(经理)进行了经济责任审计(含内审机构审计的1 660名)。审计机关审计的8 659名厂长(经理)中,解除经济责任者共6 571名,有一般经济问题者1 922名,有严重问题者166名,分别占已审计数的75.9%、22.2%和1.9%。经审计后,政府和有关部门给予189名厂长(经理)晋升,496名被免职,75名被降职或受到其他处分。经审计鉴证,纠正了对少数厂长(经理)的错误处理,维护了国家利益和厂长(经理)的正当权益。

2. 经济责任审计发展阶段

20世纪末至21世纪初是我国经济责任审计的发展阶段。中共的十五届四中全会通过的《中共中央关于国有企业改革和发展若干问题的决定》中指出要"建立企业经营业绩考核制度和决策失误追究制度,实行企业领导人员任期经济责任审计"。经济责任审计工作从此进入了一个新的阶段。

1997年9月5日,新华通讯社在内部刊物《国内动态清样》中刊载了菏泽3年中有135名一把手未过离任审计关的通讯报道,党和国家领导人对这一做法给予了充分肯定。时任中共中央政治局常委、书记处书记和国家副主席的胡锦涛同志阅后批示:"此事对加强监督、推进党风政设很有好处,需研究有关范围及办法,先试行起来,然后总结、推广。"

1997年10月15日至26日,中纪委调查组专程到菏泽实地考察。1998年2月,中纪委、中央组织部、监察部、人事部、审计署联合下发通知,印发了《关于菏泽地区实行领导干部离任审计制度的调查报告》,要求全国各地、各部门学习和借鉴菏泽经验,积极稳妥、有步骤地推行领导干部任期经济责任审计工作的全面发展。

1999年5月24日,中共中央办公厅、国务院办公厅发布了《县级以下党政领导干部任期经济责任审计暂行规定》和《国有企业及国有控股企业领导人员任期经济责任审计暂行规定》。这两个"暂行规定"的发布,在全国范围内统一了领导干部任期经济责任审计行为,成为开展领导干部任期经济责任审计工作更加明确、直接的依据,有力地促进了经济责任审计工作的全面发展。各省、市及国家各部委也陆续推广实施经济责任审计工作。

3. 经济责任审计完善阶段

21世纪初至今,是我国经济责任审计的完善阶段。这个阶段的主要特征是规范发展。国家有关部门颁布一系列规定,对经济责任审计工作进行规范和完善。2000年9月,中央纪律检查委员会、中央组织部、审计署、人事部、监察部五部委在北京召开了全国第一次领导干部任期经济责任审计工作会议。会后,全国各级党委、政府陆续成立了领导干部任期经济责任审计领导小组及联席会议制度,使领导干部任期经济责任审计朝着法制化、规范化、制度化的方向发展。以此为标志,经济责任审计工作进入了各部门相互配合、全面深入发展的制度化、法制化、规范化的阶段。

2004年1月20日,中央纪律检查委员会、中央组织部、监察部、人事部和审计署联合下发了《关于进一步做好经济责任审计工作的意见》(审办发2001第17号)。该意见规定:要逐步开展县以上党政领导干部任期经济责任审计。已经开展经济责任审计的地方,要认真总结经验、扩大审计覆盖面,并逐步加以规范;没有开展的,从2001年开始,积极试点,逐步推广。这一文件成为确认开展县级以上领导干部任期经济责任审计工作的依据。许多审计机关纷纷开展了县(市)长、州(市)长任期经济责任审计工作,国家审计署还开展了省长任期经济责任审计工作。

2004年8月,国务院国资委颁布了《中央企业经济责任审计管理暂行办法》,经过2年的实践,制定了近两万字的《中央企业经济责任审计实施细则》,对经济责任审计工作的组织、程序、内容、报告纪律、方法、环节和企业绩效评价、经济责任评价、审计质量控制等都进行了全面的规范。

2006年2月28日,第十届全国人大常委会第二十次会议修订通过的《审计法》第二十五条明确规定:审计机关按照国家有关规定,对国家机关和依法属于审计机关审计监督对象的其他单位的主要负责人,在任职期间对本地区、本部门或者本单位的财政收支、财务收支以及有关经济活动应负经济责任的履行情况,进行审计监督。该条款正式将经济责任审计上升到法律的高度加以规定,为进一步推动经济责任审计工作提供了法律保证。

2008年4月,中央六部委经济责任审计联席会议办公室起草的《领导干部任期经济责任审计条例》经国务院下发到各省征求意见,标志着中央企业经济责任审计工作迈入了规范化、程序化的完善、提高阶段。

2010年10月,中共中央办公厅、国务院办公厅印发《党政主要领导干部和国有企业领导人员经济责任审计规定》,经济责任审计逐步走向法制化轨道。这一时期,全国经济责任审计工作进一步发展,国有企业领导人员、县级(含)以下党政主要领导干部的审计基本实现制度化,市(地、厅)级党政主要领导干部审计不断推进,省部级党政主要领导干部审计试点范围逐步扩大。经济责任审计在制度机制、技术方法、效果效能等方面都取得了长足进步,审计监督制度也趋于完善。

经济责任审计工作是随着中国经济体制和政治体制改革的不断深化而产生并逐步发展起来的,也必将随着经济体制和政治体制改革的不断深化而与时俱进。

第二节 经济责任审计的概念与特征

一、经济责任审计的概念

经济责任审计是现代审计理论与中国特色审计实践相结合而产生的一种审计制度创新。国外审计理论与实践中没有"经济责任审计"这一概念,因此尚无经济责任审计相关的理论研究文献。国内一些学者曾对经济责任审计的内涵进行过界定,如姜彦秋(1999)认为,经济责任审计是对经济责任关系的主体之经济责任的履行情况所进行的监督、鉴证和评价活动;刘炎(2000)认为,经济责任审计是指审计主体接受委托或指令,对行政机关、企事业单位的主要负责人任职期间履行经济职责、遵纪守法情况的监督评价活动;胡力(2001)认为,经济责任审计是对党政领导干部和国企高管所在单位财政收支、财务收支或关于所在企业资产、负债、损益情况的真实性、合法性、效益性进行审计评价,并对采取的有关经济活动应当负担的经济责任所进行的审计监督行为。经济责任审计作为一种独特的审计类型,与以前的财政、财务收支审计既有共同之处也有不同点。相同之处表现在两者产生的动因、审计程序、审计主体、审计范围相同;而区别表现在审计目标、审计客体、审计内容、审计目的、评价指标体系不同;经济责任审计完全可以利用财政、财务收支审计的成果作为责任评价的基础。张玉鹏(2001)认为,经济责任审计是一项内容广、审计结果针对性强,审计风险大的工作,具有很强的政策性。于保和、张相州(2002)指出,经济责任审计是指审计机关或其他审计机构,依据国家法律、法规和有关政策,并受干部管理部门的委托,对领导干部任职期间所在部门、单位财政、财务收支的真实性、合法性和效益性进行审计分析,考查领导干部本人对采取的有关经济活动应当履行的责任,从而对领导干部所履行经济职责情况进行评价的一种较高层次的经济监督行为。陈波(2005)指出,为了全面理解经济责任审计的内涵,需要把握以下几个方面的特殊性:第一,经济责任审计的目的具有特殊性。第二,经济责任审计范围和内容具有特殊性。第三,经济责任审计组织方式具有独特性。第四,经济责任审计路径具有特殊性。彭振威(2005)认为,企业经济责任审计是指审计部门对企业领导人任职期间所在企业的资产、负债、损益情况的真实性、合法性、效益性以及有关经济活动应当负有的经济责任所进行的审计监督、鉴证和评价的活动,是在企业财务收支审计的基础上,把审计结果人格化,将审计结果落实到人的经济责任上。蔡春等(2011)认为,经济责任审计是对党政及国有企业领导人员经济责任履行情况进行监督与评价,这是我国特有的一种制度安排,是当前审计理论方法与实践经验的结合,是中国特色审计制度的创新。冯欣荣(2014)认为,领导人员履行经济责任的共性和个性产生经济责任"人格化"的结果,经济责任审计是对领导人员个人的审计,把其作为审计对象,通过对其个人经济行为审计,评价个人经济责任履行情况,实现"以事论人"的目的。

国家有关法律、法规文件也对经济责任审计概念进行过界定,包括1999年中共中央办公厅、国务院办公厅发布的《县级以下党政领导干部任期经济责任审计暂行规定》和《国有企业及国有控股企业领导人员任期经济责任审计暂行规定》,2004年国务院国有资产监督管理委员会公布《中央企业经济责任审计管理暂行办法》,2006年新修订的《审计法》以及2008年国务院法制办公布的《经济责任审计条例征求意见稿》。2010年10月,中共中央办公厅、国务院办公厅印发的《党政主要领导干部和国有企业领导人员经济责任审计规定》,在推动经济责任审计工作深化发展方面发挥了重要作用。为适应新形势新要求,完善经济责任审计制度,2019年,中共中央办公厅、国务院办公厅印发《党政主要领导干部和国有企事业单位主要领导人员经济责任审计规定》。该《规定》深入贯彻习近平新时代中国特色社会主义思想和中共的十九大精神,坚持党对审计工作的集中统一领导,聚焦领导干部经济责任,既强化对权力运行的制约和监督,又贯彻"三个区分开来"要求,对于加强领导干部管理监督,促进领导干部履职尽责、担当作为,确保党中央令行禁止具有重要意义。

国内文献资料显示,当前学术界对任期经济责任审计概念的界定已逐渐趋同,与中共中央办公厅、国务院办公厅发布的《党政主要领导干部和国有企事业单位主要领导人员经济责任审计规定》基本统一。经济责任审计是指审计主体接受委托对党政领导干部、国有企业以及事业单位领导人员的经济责任履行情况进行监督和评价的活动。各项法律、法规对经济责任及经济责任审计概念的界定如表1-1所示。

表1-1　　　　　各项法律、法规对经济责任及经济责任审计概念的界定

法律、法规	定义
《中央企业经济责任审计管理暂行办法》(2004)	依据国家规定的程序、方法和要求,对企业负责人任职期间其所在企业资产、负债、损益的真实性、合法性和效益性及重大经营决策等有关经济活动,以及执行国家有关法律、法规情况进行的监督和评价的活动
《审计法》(2006)	审计机关按照国家有关规定,对国家机关和依法属于审计机关审计监督对象的其他单位主要负责人,在任职期间对本地区、本部门或者本单位的财政收支、财务收支以及有关经济活动应负经济责任的履行情况,进行审计监督
《经济责任审计条例(征求意见稿)》(2008)	因担任特定职务管理运用财政资金、国有资源和国有资本、其他有关基金和资金,以及从事其他有关经济活动应当履行的职责、义务
《党政主要领导干部和国有企业领导人员经济责任审计规定实施细则》(2014)	审计机关依法依规对党政主要领导干部和国有企业领导人员经济责任履行情况进行监督、评价和鉴证的行为
《党政主要领导干部和国有企事业单位主要领导人员经济责任审计规定》(2019)	经济责任是指领导干部在任职期间,对其管辖范围内贯彻执行党和国家经济方针政策、决策部署,推动经济和社会事业发展,管理公共资金、国有资产、国有资源,防控重大经济风险等有关经济活动应当履行的职责

二、经济责任审计的特征

从学界的研究以及各项法律、法规对经济责任审计内涵的界定可以看出,经济责任审计具有以下几方面的特征。

1. 经济责任审计的对象是特定行为人

《县级以下党政领导干部任期经济责任审计暂行规定》和《国有企业及国有控股企业领导人员任期经济责任审计暂行规定》明确指出,经济责任审计是对"领导干部"和"企业领导人员"的审计。与其他审计类型不同,经济责任审计的审计对象是承担特定经济责任的行为人,而非承担特定经济责任的组织或管理层。

2. 经济责任审计的目标主要在于鉴证受托责任人应承担的经济责任的履行情况

目标责任的履行是否符合特定要求或既定要求。财务审计的目标在于鉴证财务表达的真实性、公允性;可信性绩效审计的目标在于评价经济活动的经济性、效率性和效果性;合法合规性审计的目标在于审查各项经济活动的开展是否遵循了各项法律、法规的规定。经济责任审计的目标是对担任特定职务的领导干部和企业领导人员应负经济责任的履行情况进行鉴证、评价。

3. 经济责任审计的内容是受托责任人的经济责任履行情况

根据《县级以下党政领导干部任期经济责任审计暂行规定》《国有企业及国有控股企业

领导人员任期经济责任审计暂行规定》《审计法》的规定,经济责任审计的内容是领导干部和企业领导人员的"经济责任"或"从事有关经济活动应当履行的职责、义务"。可见,经济责任审计的内容并非针对财务会计资料,也非针对组织的责任或领导干部和企业领导人员的政治责任与道德责任等,而是受托责任人个人的经济责任履行情况。

4. 经济责任审计的评价标准是与受托责任人履职相关的各项法律、法规、政策、制度以及受托责任人的工作计划等

财务审计的评价标准是财经法规以及会计准则,经济责任审计的评价标准不仅包括各项财经法规、会计准则,还包括与受托责任人履职相关的其他法律、法规,如《县级以下党政领导干部任期经济责任审计暂行规定》《国有企业及国有控股企业领导人员任期经济责任审计暂行规定》《中央企业综合绩效评价管理暂行办法》《中央企业经济责任审计管理暂行办法》《中央企业经济责任审计实施细则》《关于进一步加强内部管理领导干部经济责任审计工作的指导意见》,以及受托责任人的工作计划等。

5. 经济责任审计的报告模式不同财务审计报告

根据国务院国有资产监督管理委员会发布的《中央企业经济责任审计实施细则》的规定,经济责任审计报告正文由基本情况、财务绩效分析、任期企业负责人的主要业绩、任期审计发现的主要问题、审计结论、审计建议以及其他需要在审计报告中反映的情况七部分内容组成。根据1995年发布的《中国注册会计师独立审计准则》的规定,财务审计报告正文由引言段、管理层对财务报表的责任段、注册会计师的责任段以及审计意见段四部分内容组成。政府绩效审计报告要依据2004年国家审计署发布的《审计机关审计项目质量控制办法(试行)》,并结合我国审计报告的一般要求,由序言、审计的基本情况、审计发现的主要问题、重点设备的效益分析与评价、财务收支方面的违纪违规问题和审计建议六个部分的内容组成。

第三节 | 经济责任审计的功能与意义

一、经济责任审计的功能

经济责任审计是随着我国改革的深入和社会主义市场经济的发展,为适应干部监督工作的需要而产生的。从20世纪80年代开始,审计机关按照党中央、国务院的要求,开展了全民所有制企业厂长(经理)离任审计,各地积极探索,大胆实践,由对企业厂长(经理)离任审计逐步发展到对机关、事业单位领导干部进行任期经济责任审计。各地区、各部门在党委、政府的领导和支持下,统一认识,大胆实践,不断探索和改革审计方法,经济责任审计工作在全国范围初步推开。据统计,1998年至2000年6月,全国共有2630个地方先后开展了党政领导干部经济责任审计,占应开展的84%,其中有445个地方开展了县级以上党政领导干部经济责任审计工作;有2591个地方开展了国有企业领导人员经济责任审计工作,占应开展的83.7%;累计完成经济责任审计项目5.7万个,审计党政领导干部4.2万人,审计企业领导人员1.5万人,同时,各部门、单位的内部审计机构也按照有关规定积极开展了经济责任审计。从各地、各部门情况看,经济责任审计工作已全面展开,并已取得了明显成效,它对于加强领导干部的监督管理,公正评价和使用干部,促进领导干部廉洁自律和党风廉政建设,维护财政经济秩序,推动经济健康发展,都有着十分重要的积极作用。

总体来说,经济责任审计具有监督、鉴证、评价三项功能。监督是经济责任审计的基本功能,也是经济责任审计的重要功能;评价和鉴证功能体现了经济责任审计的特征,而评价又是经济责任审计的核心。经济责任审计从财务收支审计入手,通过财务收支审计,评价其内部控制制度,鉴证其经济业务和经济效益,并确立责任人的经济责任。

1. 经济监督功能

在领导干部的选拔任用中严格把关,对确保党的路线的贯彻执行具有关键意义,对干部队伍建设具有重要的导向作用。选拔任用干部要严格把关,必须有科学的考核方法和完善的监督机制,多方面、全方位地了解干部德能勤绩,运用切实有效的法规制度,约束和规范领导干部的行为。经济责任审计是以领导干部所在单位的财政财务收支为基础,通过对领导干部任期内的经济指标完成情况、作出的重大经营决策情况、执行国家财经法规情况以及个人遵守廉政纪律情况等方面的审查考核,可以在一定程度上判断领导干部是否具有从事经济工作所必需的政治素质和决策水平,也能正确评价领导干部是否正确履行其经济职责、是否严格执行国家有关财经法纪。这就为干部管理部门正确选拔任用干部提供了重要的参考依据。准确地考察领导干部的经济责任也因此成为干部监督的一个重要环节。同时,通过对领导干部的经济责任审计,对广大干部也有所教育、有所警诫、有所镜鉴,从而达到在选拔任用领导干部过程中不仅设"关",也要设"防"的目的,切实把党的选拔任用干部的方针和政策贯彻落实好。

党政正职领导干部或主持工作的副职,在单位党委班子中处于关键地位,在行政班子中处于统帅地位,在决策中处于主导地位。对其监督主要涉及经济监督。经济监督就是监督和督促被审计单位的全部经济活动,使其在规定的范围内运行。经济责任审计是对领导干部、国有企业及国有控股企业领导人员的经济责任的监督。按照现行规定,被审计监督的客体是党政领导干部和企事业单位的领导人员,这就不同于一般的财政财务收支等对事不对人的审计方式,具有较强的政策性和综合性。经济责任审计的结果是对被审计人员所应负有的在经济上的直接责任和领导责任,直接关系到被审计者的奖惩、任用和前途问题。在经济责任审计过程中,监督与认定是密切联系在一起的,也就是说,审计机关必须根据审计结果作出正确的认定,这样经济责任审计才能发挥监督的功能。没有正确的认定,就无法进行正确的监督,而这种认定必须是由审计机关作出的。必须明确的是,非国家授权机构或者并没有接受委托的经济责任审计,都不具备这种监督的功能。

2. 经济鉴证功能

鉴证就是鉴别和证明。经济责任审计的经济鉴证功能是指审计组织和审计人员对被审计单位的会计报表及其他经济责任进行鉴别和验证,确定领导干部和领导人员履行经济责任的情况,确定其财务状况和经营成果及所反映的经济情况资料是否真实、合法、合规,并出具书面证明,为领导干部管理部门提供准确的审计报告,为考核使用干部提供比较翔实的资料和依据。

鉴别是证明的前提,只有对领导干部和企业领导人员及其经济活动作出正确的鉴别,才能作出有根据的客观证明。鉴证的目的主要是加强对党政领导干部和企业领导人员的管理和监督,正确评价领导干部的经济责任履行情况,促进他们勤政廉政,全面履行经济责任。

经济责任审计的经济鉴证功能能发挥多大的作用,取决于审计机关的权威性和鉴证的正确性。审计机关的权威是毋庸置疑的,关键是审计机构只有坚持依法审计、实事求是、客观公正的原则实施审计,保证审计结果报告的真实性,才能提高鉴证的可信度,才能在社会上树立良好的形象。

3. 经济评价功能

经济责任审计的经济评价功能是指审计机关和审计人员对领导干部和企业领导人员所在单位的会计信息、经济资料进行检查,并依据一定的指标对所查明的事实进行归纳、分析,肯定成绩,提出问题,分清责任,出具客观、公正的审计结果报告。评价是建立在真实性基础上的,审核检查经济活动是评价的前提。只有查明了经济活动的真实情况,并对照规定的标准进行分析研究,才能够形成准确的评价意见,出具客观的审计报告。目前,在经济责任审计的过程中,对领导干部的经济责任评价,一般多是从微观的经济角度进行的。在我国社会主义市场经济体制下,这是最为基本的要求。另外,认定个人经济责任的履行,往往受到宏观经济环境的影响,完全不考虑宏观经济因素难以客观评价其经济责任。因此,评价功能就不能仅限于微观经济角度,以宏观评价统率微观评价就是我国社会主义市场经济条件下经济责任审计的特点之一。

这里,我们需要注意的一个问题是:既然经济责任审计中,审计的目的是确定被审计对象受托经济责任的履行和实现情况。政府的经济责任,按涉及面的广泛性划分,可分为宏观经济责任和微观经济责任两个方面。宏观经济责任是指责任人处于宏观管理地位,进行管理经济的活动决策,涉及一定区域内总体利益的责任。宏观经济责任包括:政府经济决策的成本和效益,宏观经济调控手段的运用和效果,市场环境的创造和优化等。政府经济决策会在一定的时空内产生程度不同的影响和连锁反应,既有有利的作用,也有不良的影响,这种作用与影响的两重属性,就形成了经济决策的效益与成本。

在经济责任审计中,正确确立责任人的经济决策责任,必须准确分析经济决策的效益和成本。政府对宏观经济的调控是通过财政杠杆、税收杠杆、货币杠杆、价格手段以及政府舆论手段等来调控经济运行。其中,财政杠杆是各种经济杠杆的枢纽。因此,党政领导干部经济责任审计,要审计和评价宏观经济调控情况,应以财政杠杆和有关经济杠杆的运用程度和效果效益来衡量。创造良好的市场环境也是政府的宏观经济责任的范围。市场环境包括硬件和软件两个方面。硬件方面有:交通道路、电信通信、供水供电等城市公用事业的发展,环境保护和绿化美化等。软件方面有:经济信息的高速传递、市场公平竞争机制的建立、市场的整顿与规范市场监督机制的完善以及市场管理人员素质的提高等。微观经济责任是责任人对其所在区域、部门和单位的具体经济活动应当负有的责任。对于党政领导干部而言,无论是县级以上,还是县级以下,微观经济责任都比较具体,它包括责任人具体领导和管理的一些经济事项、经济指标的完成情况,责任人领导和管理的机关、部门或单位的财政、财务收支活动,以及领导干部本人的廉洁自律情况等。

需要澄清的是,审计机关的经济责任是审查企业领导人员经济责任的履行情况。经济责任审计的功能特征决定了审计机关是以宏观管理者的身份实施经济责任审计的。因为,国家作为国有资本的终极所有者,与国有及国有控股企业的法定代表人之间,存在的是直接的国有资本委托受托责任关系,并不是由国家将国有资本委托给审计机关,再由审计机关委托给国有企业经营管理者的委托代理链条实现的,所以审计机关并非国有资本委托代理关系的一环,无法以微观管理者的身份实施经济责任审计。经济责任审计的功能是监督、鉴证和评价,是政府部门宏观管理的一项重要职责,也是经济责任审计的必然发展趋势。

二、经济责任审计的意义

经济责任审计工作是随着我国经济体制和政治体制改革的进程产生并逐步发展起来的。1999年5月,中共中央办公厅、国务院办公厅颁发了《县级以下党政领导干部任期经济责任审计暂行规定》和《国有企业及国有控股企业领导人员任期经济责任审计暂行规定》。这是在我国改革处于攻坚阶段,发展处于关键时期,党风廉政建设和反腐斗争面临着新的形势和任务的重要时刻,党中央、国务院为加强对领导干部的管理和监督、促进领导干部廉洁自律、正确履行工作职责而采取的一项重要措施。在世纪之交的重要时刻,国际国内形势都在发生着前所未有的变化。我们党在领导建设有中国特色的社会主义进程中,面临着许多难得的历史机遇,同时也面临着严峻的挑战。我们党能否在跨世纪的征途上,顺利地推进社会主义现代化事业,经受住各种困难和风险的考验,关键取决于干部队伍素质。加强干部队伍建设,不断提高干部队伍素质,不仅要注重加强干部的培养教育,而且要注重加强对干部的监督管理。近些年来,干部队伍中一些消极腐败现象之所以禁而不止,查而不绝,有的还相当严重,其中一个很重要的原因,就是对市场经济条件下干部监督工作在机制上缺乏有效的治本措施和监督手段。我们党的领导人都非常重视党内监督,特别是干部监督工作。毛泽东同志早在全国解放的前夕,就告诫全党:"中国革命是伟大的,但革命以后的路程更长,工作更伟大,更艰苦。这一点现在就必须向党内讲明白,务必使同志们继续保持谦虚谨慎、不骄不躁的作风;务必使同志们继续保持艰苦奋斗的作风。"20世纪60年代,邓小平同志指出:"要把管理和监督干部的经常工作好好地建立起来,把监察工作好好地加强起来,把干部的鉴定制度恢复起来,这样做极有好处。对于干部中存在的问题,经常抓就容易解决。"江泽民同志一贯主张要从严治党,对领导干部一定要严格教育、严格管理、严格监督,他在论述"三个代表"的重要思想时强调,"必须进一步增强党的凝聚力和战斗力,必须抓紧解决党内存在的突出问题,必须适应新的情况,不断提高党的领导水平和执政能力。"党的领导人的重要论述,把干部监督的指导思想、基本方针、工作方法、制度建设,阐述得十分明确透彻,是我们党加强干部队伍建设实践经验的科学总结,也是我们做好干部监督工作的行动指南。中共十八大指出,要建立健全权力运行监督和制约体系,健全质询、问责、经济责任审计、引咎辞职、罢免等制度。中共十八届三中全会提出,要加强和改进对主要领导干部行使权力的制约和监督,加强行政监察和审计监督。习近平总书记多次强调,要把权力关进制度的笼子里,坚持"老虎""苍蝇"一起打,加强审计工作特别是对重大领域、重大项目、重要资金的审计监督。国务院原总理李克强多次要求,要对公共资金、国有资产、国有资源和领导干部经济责任履行情况实现审计全覆盖,发挥审计权力运行"紧箍咒"、反腐败利剑和深化改革"催化剂"作用。做好经济责任审计工作,是深入贯彻党的十八大和十八届三中全会精神、加强权力监督制约的重要举措。多年来,在党中央、国务院和地方各级党委、政府的正确领导下,经济责任审计快速发展,在加强干部管理监督、推动党风廉政建设、促进科学发展和服务国家治理等方面发挥了积极作用。

1. 开展经济责任审计，是加强干部监督工作的一个重要环节

在领导干部的选拔任用中严格把关，对确保党的路线的贯彻执行具有关键意义，对干部队伍建设具有重要的导向作用。选拔任用干部要严格把关，必须有科学的考核方法和完善的监督机制，多方面、全方位地了解干部德能勤绩，运用切实有效的法规制度，约束和规范领导干部的行为。经济责任审计是以领导干部所在单位的财政财务收支为基础，通过对领导干部任期内的经济指标完成情况、作出的重大经营决策情况、执行国家财经法规情况以及个人遵守廉政纪律情况等方面的审查考核，可以在一定程度上判断领导干部是否具有从事经济工作所必需的政治素质和决策水平，也能正确评价领导干部是否正确履行其经济职责，是否严格执行国家有关财经法纪。这就为干部管理部门正确选拔任用干部提供了重要的参考依据，准确地考察领导干部的经济责任也因此成为干部监督的一个重要环节。同时，通过对领导干部的经济责任审计，对广大干部也有所教育、有所警诫、有所镜鉴，从而达到在选拔任用领导干部过程中不仅设"关"，也要设"防"的目的，切实把党的选拔任用干部的方针和政策贯彻落实好。党政正职领导干部或主持工作的副职，在单位党委班子中处于关键地位，在行政班子中处于统帅地位，在决策中处于主导地位，在业务实践中处于指挥地位，实质上他们处在能决定一个单位兴衰存亡的地位。但他们同时又处在"上级管得了、看不见，下级看得见、管不了"的"监督空当"之中。开展经济责任审计，同样有利于加强对党政领导干部的日常监督。

2. 经济责任审计是解除经营者受托责任的重要机制

在我国社会主义市场经济体制下，公有经济是我国经济成分的主体，国有经济对国民经济的发展起主导作用。对于国有经济而言，资产所有权归人民所有，政府是国有资产所有权的代表。作为国有资产经营者的企业和事业单位，其代表是企事业单位的法定代表人。所有者与经营者形成以权、责、利相统一的经济责任关系。作为资产经营方的企业、事业单位通过国有资产的经营，在获得一定经济利益的同时，必须切实履行对政府承担的经济责任。为了监督、评价此种责任的履行情况，需要由代表国家利益的国家审计机关对经营者进行经济责任审计。

3. 经济责任审计是企业治理的重要机制

企业治理是一个复杂的有机系统，包括内部治理和外部治理两个方面。内部治理是企业组织内部的一种制度安排，其要旨在于明确划分股东、董事会和经理人员各自的权利、责任和利益，形成三者之间的制衡关系。外部治理包括产品市场对企业的治理、金融市场对企业的治理、经营者市场对企业的治理、破产机制对企业的治理等方面。市场治理的要旨在于通过竞争机制的生存动力和信息比较动力，为经营者提供一种隐含的、非合同式的激励功能。但是，由于我国尚处于市场经济的建立时期，竞争性市场体系还很不完善，尤其是还未建立真正意义上的经营者市场和企业控制权市场，企业的市场治理机制在对经营者的监控与激励方面具有很大的局限性。而领导人员经济责任审计在一定程度上弥补了国有企业市场治理机制不完善的缺陷。经济责任审计这种新的经济监督形式强化了国有企业的外部治理结构。

4. 经济责任审计是从源头上预防和治理腐败的重要机制

随着我国改革开放的深入和社会主义市场经济的不断发展，领导干部肩负的发展经济的任务越来越重，责任越来越大。领导干部是否坚持围绕经济建设这个中心，正确运用手中的权力,依法、合理、有效地分配和管理使用国家资金,不断促进经济和各项事业的发展,是关系到我国改革开放和社会主义现代化建设能否顺利进行的重要问题。当前,财经秩序方面存在着不少问题,综合分析这些问题产生的原因,都与一些部门、企业的少数领导没有正确行使权力和认真履行职责有关。其主要表现在:一是有一些领导干部法制观念淡薄,不能依法行政,违反国家规定自行制定"土政策",截留国家收入,用作不正当开支或私分;二是违反民主、科学的决策程序,个人或少数人说了算,造成决策的重大失误,导致国家财产的损失浪费;三是工作失职,疏于管理,给违法犯罪分子造成可乘之机,造成公有资产和国家资金的流失;四是在经济工作中急功近利,不按客观经济规律办事,甚至弄虚作假,利用不正当手段骗取奖金、骗取政绩;五是不顾国家和人民群众的利益,为了本单位的利益,挪用专项资金,私设"小金库",少数甚至贪污受贿,陷入犯罪的深渊。从这几年揭露出的大案要案来看,领导干部个人经济犯罪问题比较突出,不仅涉及的领域很广,有的涉及多个部门和多个环节,有的相互勾结、共同作案,而且犯罪的手段越来越隐蔽。一些领导干部以权谋私、权钱交易等屡屡得手并且无所顾忌,在很大程度上反映出对领导干部管理偏松,监督不力,缺乏行之有效的监督机制,通过全面推行领导干部经济责任审计制度,可以进一步加强对领导干部的监督,严肃查处那些无视财经法纪、违法犯罪的干部,促使领导干部不断提高管理水平,增强遵纪守法意识和自我约束能力,从政治上关心和爱护干部,推动党风廉政建设和反腐斗争的深入发展。

开展经济责任审计,从财务收支审计入手逐笔逐项审查账目,可以发现并纠正领导人员在管理、支配、使用国家资财上存在的问题,发现领导人员是否利用职权便利贪污受贿、挪用公款、挥霍浪费等违法违纪行为,是否对国有资产的保值情况漠不关心、听之任之,以及是否在个人及家庭日常生活中存在严重经济问题,为严格干部管理,强化监督、约束机制,严肃财经纪律,从源头上预防和治理腐败提供了有力的保证。

5. 经济责任审计是组织部门考核、任免、选用领导人员的重要参考依据

对领导人员的管理、监督、考核、选免必须加强和完善科学的考核办法和监督管理机制,全面、系统地评价领导人员的综合能力和经济责任,以确保干部任免工作适应社会主义现代化建设事业的需要。以往的领导人员考核方法主要是以定性为主,采用听汇报、单位工作业绩汇报总结、民主测评、领导推荐等形式,这些方法往往是凭借主观上的评价,而缺乏对领导人员经济责任履行情况较为准确的定量的考核办法。经济责任审计可以对被审计人的工作业绩、经济责任进行审查达到量化考核,为组织部门使用干部提供参考依据,有利于党组织选拔培养德才兼备的领导人员,也有利于干部的成长,是对领导人员考核、任免、选用制度的补充和完善。

6. 开展经济责任审计,是推进依法行政、依法治国的有效手段

领导干部是否严格遵守国家的法律、法规,是否严格执行党和国家的政策,是否依法办事、依法决策、依法处理问题,直接反映出领导干部依法行政的能力和水平,关系到依法治国方略能否实现的问题。依法治国的关键是严格执法,依法行政是严格执法、依法办事的具体表现,是社会主义法制的中心环节,实行领导干部经济责任审计制度有助于将领导干部权力的行使置于有效的监督之下,防止领导干部失职越权以及滥用权力,促使领导干部自觉增强法制观念和法制意识,学会并善于运用法律手段领导经济工作、管理社会事务,规范自己的行政行为,引导领导干部依法用权、依法行政。

7. 经济责任审计是促进中央政令畅通、推动科学发展的重要途径

习近平总书记指出,要正确处理保证中央政令畅通和立足实际创造性开展工作的关系,任何具有地方特点的工作部署都必须以贯彻中央精神为前提,绝不允许"上有政策、下有对策",绝不允许有令不行、有禁不止,绝不允许在贯彻执行中央决策部署上打折扣、作选择、搞变通。经济责任审计最为重要的审计内容,就是监督党和国家重要经济政策及决策部署的贯彻落实情况。一方面,通过经济责任审计,打开"最先一公里",推动制定和实施科学的政策措施。在经济责任审计中,监督检查领导干部是否严格执行党和国家的经济方针政策及决策部署,是否科学决策和规范决策,特别是对重点地区、重点部门和关键岗位主要领导干部的经济行为进行监督,及时揭示和反映政策执行中出现的新情况、新问题,提出完善制度和政策的建议。2008年以来,通过经济责任审计,向各级党委、政府提交报告和信息32万多篇,提出审计建议51万多条,促进健全完善制度2万多项。另一方面,通过经济责任审计,打通"最后一公里",确保党中央、国务院各项经济方针政策和决策部署的贯彻落实。近年来,围绕中央关于稳增长、调结构、促改革、惠民生的政策目标,经济责任审计中重点监督检查财政、金融、产业、投资、惠民等政策措施执行和完成情况,及时查处上有政策、下有对策,有令不行、有禁不止行为,督促领导干部切实履行经济责任,确保国家政令畅通,使党和政府的各项政策真正落地。

我国经济正处于增长速度换挡期、结构调整阵痛期、前期刺激政策消化期三重叠加阶段,发展面临不少矛盾和困难,反腐败斗争形势依然严峻。在这一特殊历史时期,保持发展这架"马车"平稳快速前行,必须依靠改革、反腐"双轮"驱动、共同发力,实现整体推进。所有这些都对经济责任审计工作提出了新要求和新任务。审计机关和审计人员要切实增强责任感和使命感,紧紧围绕党中央、国务院的要求部署,将经济责任审计融入到我国经济社会发展的大局中去,以改革和创新的精神推动经济责任审计深化发展,发挥好经济责任审计在强化权力运行制约和监督、加强党风廉政建设、推动经济社会科学发展等方面的积极作用,助力打造"编得牢、扎得紧、关得住"的制度笼子,为实现国家治理体系和治理能力现代化、实现中华民族伟大复兴的"中国梦"作出新的更大贡献。

本章重要概念

经济责任审计　经济监督　经济鉴证　经济评价

本章练习

一、选择题

1. 下列各种制度安排中,可被称为"经济责任审查制度"的有(　　)。
   A. 奴隶社会的经济责任审查制度
   B. 封建社会的经济责任审查制度
   C. 资本主义社会的经济责任审查制度
   D. 早期社会主义国家的经济责任审查制度
2. 在全国范围内统一了领导干部任期内的经济责任审计行为,成为开展领导干部任期经济责任审计工作更加明确、直接的依据的是(　　)。

A.《县级以下党政领导干部任期经济责任审计暂行规定》
B.《国有企业及国有控股企业领导人员任期经济责任审计暂行规定》
C.《关于进一步做好经济责任审计工作的意见》
D.《中央企业经济责任审计实施细则》

3. 2006年2月28日,( )修订通过了《审计法》。
A. 第十届全国人大常委会第二十次会议
B. 第十一届全国人大常委会第二十次会议
C. 第十二届全国人大常委会第二十次会议
D. 第十三届全国人大常委会第二十次会议

4. 2008年4月,中央六部委经济责任审计联席会议办公室起草的( )经国务院下发到各省征求意见,标志着中央企业经济责任审计工作迈入了规范化、程序化的完善、提高阶段。
A.《领导干部任期经济责任审计条例》
B.《国有企业及国有控股企业领导人员任期经济责任审计暂行规定》
C.《关于进一步做好经济责任审计工作的意见》
D.《中央企业经济责任审计实施细则》

5. 2010年10月,中共中央办公厅、国务院办公厅印发实施( ),经济责任审计逐步走向法制化轨道。
A.《领导干部任期经济责任审计条例》
B.《国有企业及国有控股企业领导人员任期经济责任审计暂行规定》
C.《关于进一步做好经济责任审计工作的意见》
D.《党政主要领导干部和国有企业领导人员经济责任审计规定》

6. 2010年10月,中共中央办公厅、国务院办公厅印发的( ),在推动经济责任审计工作深化发展方面发挥了重要作用。为适应新形势新要求,完善经济责任审计制度。
A.《领导干部任期经济责任审计条例》
B.《国有企业及国有控股企业领导人员任期经济责任审计暂行规定》
C.《关于进一步做好经济责任审计工作的意见》
D.《党政主要领导干部和国有企业领导人员经济责任审计规定》

7. 2019年,中共中央办公厅、国务院办公厅印发( )的规定:深入贯彻习近平新时代中国特色社会主义思想和党的十九大精神,坚持党对审计工作的集中统一领导,聚焦领导干部经济责任,既强化对权力运行的制约和监督,又贯彻"三个区分开来"要求,对于加强领导干部管理监督,促进领导干部履职尽责、担当作为,确保党中央令行禁止具有重要意义。
A.《领导干部任期经济责任审计条例》
B.《国有企业及国有控股企业领导人员任期经济责任审计暂行规定》
C.《关于进一步做好经济责任审计工作的意见》
D.《党政主要领导干部和国有企事业单位主要领导人员经济责任审计规定》

8. 政府绩效审计报告依据国家审计署发布的( ),并结合我国审计报告的一般要求组成。
A.《审计机关审计项目质量控制办法试行》
B.《国有企业及国有控股企业领导人员任期经济责任审计暂行规定》
C.《关于进一步做好经济责任审计工作的意见》
D.《党政主要领导干部和国有企事业单位主要领导人员经济责任审计规定》

9. 经济责任审计具有监督、评价、鉴证三项功能,( )是经济责任审计的基本功能,也是经济责任审计的重要功能。
A. 监督　　　　B. 评价　　　　C. 鉴证　　　　D. 核算

10. 经济责任审计具有监督、评价、鉴证三项功能,监督是经济责任审计的基本功能,也是经济责任审计的重要功能;评价和鉴证功能体现了经济责任审计的特征,而( )又是经济责任审计的核心问题。

  A. 监督   B. 评价   C. 鉴证   D. 核算

二、简答题

1. 经济责任审计是如何产生的?

2. 经济责任审计有什么特点?

3. 开展经济责任审计有什么意义?

第二章 经济责任审计的目标与范围

➢ 内容提要
➢ 重点难点
➢ 学习目标
➢ 知识框架
➢ 第一节 经济责任审计的目标与对象
➢ 第二节 经济责任审计的范围与内容
➢ 本章重要概念
➢ 本章练习

内容提要

本章主要讲解了经济责任审计的目标与范围,包括经济责任审计的目标与对象以及经济责任审计的范围与内容。

重点难点

本章的重点为经济责任审计的目标与范围。本章内容难度相对较低,容易理解。

学习目标

通过本章的学习,学生应掌握经济责任审计的目标与范围,明确经济责任审计包含的内容以及经济责任审计的对象,各经济责任审计对象主要包含的内容等;了解经济责任审计的意义。

知识框架

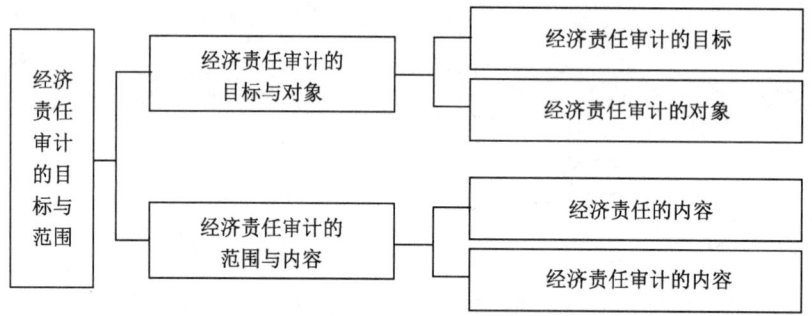

 引入案例 海盐县广播电视局原局长经济责任审计纪实

浙江省海盐县广播电视局原局长施某因犯受贿罪及玩忽职守罪、广联信息网络有限责任公司经理李某及镇广电管理总站站长钱某因犯贪污罪被海盐县人民法院分别判处 11 年 6 个月、6 年 6 个月及 10 年的有期徒刑;海盐县广播电视局下属广告公司(简称广告公司)经理高某因犯贪污罪被嘉兴市中级人民法院判处无期徒刑。日前,此案牵出的 2 名广告公司业务员又分别被判处有期徒刑 6 年和 2 年 6 个月,另有 1 人涉嫌犯罪正在接受法院调查。此案是如何发现的呢?

浙江省海盐县审计局根据县委组织部审计任务建议书对县广播电视局原局长施某经济责任实施审计。随着审计的逐步深入,审计人员发现了多处疑点;广告公司组稿费问题;基本建设项目管理混乱;设备、材料采购内控制度缺失。

针对以上疑点,凭着谨慎的职业判断和敏锐的洞察力,审计人员认为里面大有文章。为了进一步查明事实真相,审计人员要求相关人员作出合理的解释并提供相关的资料。

为了核查广告收入入账的全面性及组稿费的去向,审计组要求广告公司经理高某提供电视台播出节目单、广告协议书及组稿费代领后支付的具体明细或业务台账。高某仅提供一部分节目单及广告协议书,使审计人员无法与广告业务收入作进一步的核对;对组稿费代领后支付的具体情况,高某拒绝作出回答,不是对审计人员的多次要求置若罔闻,就是大谈自己的功绩,还多次谈到广告收入的年年增长,是因为自己"有许多小兄弟,黑道白道都通"。当询问原局长施某有关广电大楼的基建问题时,因当时分管基建的副局长已去世,施某更是一问三不知。

被审计者及相关人员的拒不配合,更增添了审计人员心中的疑问。面对困难,审计组毫不退缩,而是立即把情况向局领导作了汇报,经过研究,局长果断拍板:"以广告公司为突破口,外松内紧,有选择地进行外围调查,只要有确凿的证据证实我们审计人员的怀疑,立即移送检察院。"局领导亲自负责对广告公司组稿费的外围调查,通过一些信任的广告业务单位领导,从侧面了解组稿费的具体支付情况。审计组在了解中发现,有些业务单位的具体经办人员没有领到或所领到金额与账上提取的金额相差很大。审计组选择了某宾馆与某国际大厦展开外围调查,原因有三:一是两家单位曾是国有企业,虽已转制,但管理比较规范,便于核查;二是均在广告公司做过广告;三是广告公司在这两家单位的消费较多。据此,可以在较小范围内,取得最佳效果。在某宾馆,审计组发现了广告公司与该宾馆签订的广告合同。双方商定,每年的广告费为5万元,抵广告公司在该宾馆的消费,广告公司共已消费97 196元。通过对消费情况的进一步核查发现,高某个人搬家的宴请费用8 214元也列支其中。在某国际大厦,审计组通过广告公司消费账与该国际大厦业务账及财务账核对发现,广告公司账上反映,高某经手的广告媒体座谈会会务费现金支出10 300元,而国际大厦账面反映,广告公司当日消费金额仅为1 030元,至审计调查日国际大厦也从未收到广告公司10 300元现金,应收款账上也未反映,高某虚报支出贪污会务费10 300元的事实得以掌握。至此,审计组终于揪住了高某的狐狸尾巴。

虽然,高某的犯罪行为已暴露无遗,但审计组所掌握的仅仅是冰山一角。鉴于审计手段的局限性,为了防止打草惊蛇,审计组根据该县审计局局长的指示,及时把所掌握的情况移送给了县检察院。县检察院根据审计提供的线索,通过进一步侦查,查实:施某收受高某6万元现金及基建设备业务单位贿赂的犯罪事实;高某等四人私分组稿费80.48万元(其中高某51.87万元)及采取虚报冒领、广告收入不入账等手段侵吞、骗取公款等犯罪事实,高某涉案总金额达100余万元。此外,审计组还查实了广联信息网络有限责任公司经理李某及镇广电管理总站站长钱某(原广联信息网络有限责任公司副经理)收受业务单位贿赂的犯罪事实。上述人员均受到了法律的制裁,施某还成为海盐县历史上被判处玩忽职守罪的第一人。

海盐县广播电视局一案的告破,在全县引起了较大反响,县政府为此召开了专题财经纪律教育和预防职务违法犯罪专题讲座,以加强对全县党政领导干部的警示教育。而作为审计组人员也从中受益匪浅:一是审计人员要以"认真细致"四字贯穿于审计工作始终;二是要善于从经济活动的蛛丝马迹中寻找疑点;三是要讲究审计方法,业务审查与财务收支审计相结合,账面审查与外围调查相结合;四是审计机关与有关部门要加强联系协调,相互配合、相互支持,确保审计成果的及时充分利用。

资料来源:顾跃其,《离任审计揭窝案——海盐县广播电视局原局长经济责任审计纪实》,《浙江审计》2004年第8期。

思政课堂

充分发挥"经济体检"作用,以高质量审计护航发展

2023年6月29日,湖北省襄阳市审计局从人才队伍、研究型审计、贯通协作和问题整改落实四方面入手,着力增强审计监督质效,充分发挥"经济体检"作用,以高质量审计护航高质量发展。

以学铸魂,强化审计队伍建设。该局加强审计人员政治历练、专业训练和实践锻炼,把加强审计队伍建设作为审计事业创新发展之基,着力提升审计干部专业精神、专业思维、专业知识、专业技能和专业方法。积极开展计算机审计培训,线上与线下相结合,线上组织网课学习,线下邀请业务骨干讲解数据分析方法和技巧,夯实计算机基础知识。组织开展计算机审计考试,提升审计干部大数据审计的意识、能力和技能。发挥"传帮带"作用,以"老带新""强带弱"的方式,优化审计队伍组合方式,通过多渠道、多形式强化审计人员实践能力,提升数据审计分析团队综合能力和协同作战能力。

以研绘图,强化研究型审计持续深入。一是以研定项,科学谋划审计项目。充分发挥审计机关计划管理的"龙头"作用,深刻领会高质量发展重大决策部署的政治意图、战略谋划和实践要求,把推动高质量发展作为谋划审计工作的出发点、落脚点,科学合理拟定经济责任审计计划。二是以研促审,着力提高审计质量。做实审前研究,深入调研部门单位历史沿革、发展现状、改革方向,以及该部门的职能职责、业务运行、内控管理等情况,沿着"政治—政策—项目—资金"主线,精心编制审计方案,合理确定审计目标、范围、内容及重点,提升审计精准度。三是坚持"质量至上"原则,结合实际制定并实施《襄阳市审计局审计项目现场管理办法》《襄阳市审计局审计项目效能考核办法》等制度,强化审计项目时间管理、组织管理和质量控制,全面提升审计质量。

以合融通,强化协作配合,形成监督合力。通过制度设计,将审计监督与其他各类监督融合贯通,做到计划互商、工作互通、资源共享、结果共用,强化协作配合,形成监督合力,更好地发挥审计监督职能作用。探索开展"审计先行、'双轨并行'、纪审同行"等工作方法,将审计监督与纪检监察监督、巡视巡察监督等深度融合。充分发挥审计人员专业优势,加强人员配合,对被审计单位相关账目报表、资产负债、资金流向等情况进行分析研判,提高审计质量。共享信息资源,对于在审计工作中发现的典型性、普遍性问题,及时进行梳理,分析原因,做到"靶向"治疗,最大限度提高审计效率。

以改促进,强化落实整改,推动问题见底清零。襄阳市审计局加强对审计结果的综合分析,关注普遍性、规律性、倾向性问题,注重从理顺体制机制、促进完善制度、推动提升管理水平的角度,梳理出问题清单,提出建议。推进审计发现问题的整改落实,扎实做好审计整改"下半篇文章",按照"整改一项、确认一项、销号一项"的原则,督促被审计单位切实履行整改主体责任。进一步完善整改联动、报告、问责、结果运用和公开机制,压紧压实整改主体责任、监督管理责任和跟踪督促责任,严格落实审计整改相关制度,推动从机制制度层面举一反三,标本兼治,全程跟踪督查,切实打通审计监督"最后一公里",形成整改控制力。

资料来源:https://baijiahao.baidu.com/s?id=17700124932694722203&wfr=spider&for=pc.

第一节 | 经济责任审计的目标与对象

一、经济责任审计的目标

《审计法》第二十五条在法律上确认了经济责任审计:审计机关按照国家有关规定,对国家机关和依法属于审计机关审计监督对象的其他单位的主要负责人,在任职期间对本地区、本部门或者本单位的财政收支、财务收支以及有关经济活动应负经济责任的履行情况,进行审计监督。

理论界普遍认为,经济责任审计是指对党政领导干部或企业(主要是国有企业及国有控股企业)领导人履职情况和管理业绩的监督、鉴证与评价,是对其任期内对所在部门、单位财政财务收支或企业的资产、负债和损益的真实性、合法性和效益性,以及有关经济活动及结果应负有的责任所进行的审计监督。

经济责任审计的目标是通过进行经济责任审计所要达到的要求,是审计工作的指南。

经济责任审计的目标就是要审查和评价被审计对象的真实性、合法性、效益性和责任性。

1. 真实性目标

经济责任审计的真实性目标主要由下列方面来体现：通过对财政收支或财务收支的审计，查明其真实性；通过对被审计领导人员任期经济责任履行情况和经济责任目标完成情况的审计，验证领导人员任职期间经济责任审计履行情况和经济责任目标完成情况的真实性；通过对会计报表和相关经济资料的审计，查明这些资料的真实性和公允性；并在此基础上查明被审计领导人员经营管理能力、水平、业绩的真实状况，为相关方面考核和评价领导人员提供真实可靠的依据。

2. 合法性目标

经济责任审计的合法性目标主要由下列方面来体现：通过对所在部门或单位的财政收支或财务收支的审计，验证其合法性；通过对领导人员任期经济责任履行情况的审计，查明领导人员本人财经纪律的情况及经济责任履行的合法性；通过对会计报表和其他相关经济资料的审计，验证这些资料的合法性。经济责任审计合法性的目标主要是通过评价被审计领导人员任职期间所在部门、单位财政收支或财务收支及其相关经营管理活动是否符合党和国家的法律、法规，是否符合财务会计制度的规定，揭露违法乱纪行为，保护资产的安全和完整，并促进被审计领导人员正确处理国家利益、地方利益、部门和单位利益、职工利益、个人利益之间的关系，长远利益和当前利益的关系。

3. 效益性目标

经济责任审计的效益性目标主要体现在：通过审计财政收支或财务收支及其相关经营管理活动，评价领导人员对本部门、单位资金的使用、决策情况和资金运行的质量情况及对经营管理职责的履行情况，如管理制度是否建立、约束机制是否健全、资产管理是否规范等，从而评价其经济活动是否正常、是否符合事物发展的一般规律、是否符合经营管理的一般原理和原则；评价人、财、物等资源的利用是否经济、是否讲究效率、是否存在损失浪费、投资是否有效益等情况；评价经营管理目标、决策、计划、方案是否可行，是否讲究效果，并进而最终评价经济活动经济效益的有无高低。在审计过程中，审计人员还应当分析影响经济效益的原因和薄弱环节，提出建设性的意见，促使其改善经营管理，提高经济效益。

4. 责任性目标

经济责任审计的责任性目标主要体现在：通过对领导人员任职期间所在部门、单位财政收支或财务收支及相关经营管理活动的审计，在查明其真实性、合法性、效益性的基础上，分清并确定被审计领导人员对本部门、本单位内存在的各种经济问题，如违反财经法纪问题、资产流失、管理混乱、经营决策失误、损失浪费等所应负有的责任，包括主管责任和直接责任。在划分并确定经济责任时，要划清以下界限：前任领导人员责任与现任领导人员责任界限；直接责任和间接责任界限；领导责任与一般管理责任界限；主观原因与客观原因界限；工作失误与故意违法乱纪界限；显现功过和潜在功过责任界限。经济责任审计的责任性目标的最大特点是直接针对被审计领导人员所应负有的经济责任进行评价。

二、经济责任审计的对象

经济责任审计是对领导干部如何使用领导职权和承担相应责任的一种考核和监督机制，是督促领导干部正确履行领导职责，保障组织目标实现的有效控制活动。《党政主要领

导干部和国有企业领导人员经济责任审计规定》提出,党政主要领导干部经济责任审计的对象包括:

(1) 地方各级党委、政府、审判机关、检察机关的正职领导干部或者主持工作1年以上的副职领导干部。

(2) 中央和地方各级党政工作部门、事业单位和人民团体等单位的正职领导干部或者主持工作1年以上的副职领导干部;上级领导干部兼任部门、单位的正职领导干部,且不实际履行经济责任时,实际负责本部门、本单位常务工作的副职领导干部。

(3) 国有企业领导人员经济责任审计的对象包括国有和国有控股企业(含国有和国有控股金融企业)的法定代表人。

上述规定提供了经济责任审计对象界定的框架,并不是所有的领导干部都要被涵盖在审计对象范围之内。在经济责任审计实践中,需要结合具体情况合理界定经济责任审计的对象。

1. 审计对象的范围

界定审计对象的范围是开展经济责任审计工作的基本前提。本教材中的经济责任审计对象是指经上级主管部门或单位组织人事部门正式任命的,对单位经济管理活动拥有领导职权的领导者,即领导干部。领导干部是中国特有的词汇,其实就是领导科学、行政管理学和企业管理学中所指的领导者。作为经济责任审计对象的领导干部主要包括政府机关和事业单位的行政领导干部。企业的领导人员可以比照行政事业单位干部范畴进行界定。

在一个单位的领导活动过程中,除单位的高层领导者对单位的经济活动起决定性领导作用外,单位的中层乃至基层管理者也对经济活动的依法开展和有序运行负有与其职权相对应的责任。考虑到虽然重大经济事项的决策权和影响力都掌握在高层领导者手中,但中层干部对高层领导的决策负有事先分析、论证、提供决策建议,甚至提出反对意见,事后坚决贯彻和认真落实的责任。通常情况下,经济责任审计对象的层次会涉及高层和中层两个层面。

2. 审计对象的确定

我们认为,在社会经济活动中,相对于宏观经济活动而言,经济责任审计应主要针对开展微观经济活动的领导者来进行。在企业中,审计对象是企业的法人代表及二级单位负责人;在政府机关中,可对主要行政领导及经济活动责任明确并能部分量化的部门负责人开展;在事业单位,除对单位主要行政领导者进行审计外,与经济活动决策及决策贯彻与实施关系密切的主要职能部门的负责人也在审计范围之内,如财务、基建、国有资产和人事管理等部门负责人。若事业单位内部有财务独立核算的二级单位,二级单位的负责人也属于审计范畴。若政府机关设有下属企业,且企业仍享有财政补贴性拨款,此类企业的法定代表人也是审计对象,甚至可将审计范围扩大到与经济活动关系密切的职能部门负责人。

我们以国家民族事务委员会(以下简称国家民委)系统为例,经济责任审计对象可以进行如下界定。国家民委是国家的职能机关之一。目前在国家民委之下设有若干直属企事业单位,所以其经济责任审计对象是指经国家民委或下属单位组织人事部门正式任命的,对单位或部门经济活动享有监督管理职权的行政事业单位领导干部和企业领导人员。

(1) 国家民委下属院校(以下简称委属院校)审计对象的确定。目前,委属院校仍实行党委领导下的校长负责制,但学校作为依法办学的事业组织,其法律主体的代表人是校长。

委属各院校的日常办学经费主要是中央财政拨款,所以作为单位法定代表人的校长自然应对国拨资金的使用和学校占用的国有资产管理负有领导责任。由此可见,学校校长是理所当然的经济责任审计对象。除校长外,负责管理人、财、物的职能部门负责人也应在审计对象范围之内,他们在行使部门职权的同时,必须对国家、学校、校长负责。

根据常规的经济活动和当前的实际情况,我们认为委属院校中下列职能部门负责人应被列入经济责任审计对象范围内:财务部门、国有资产管理部门(含设备采购)、基本建设管理部门和人事等部门的负责人。除上述职能部门外,根据各学校的具体管理情况,教务管理、学生管理、校办、各二级学院、重点实验室和科研机构等部门负责人也应被列为学校内部经济责任审计的对象。

对于校办或独立核算的二级单位,学校可在年度财务审计的基础上,增加对部门负责人经济责任审计的内容。如对于校办企业或独立核算的二级单位没有常规性年度财务审计,可参考本项目的审计内容和方法对部门负责人进行经济责任审计。

(2)国家民委审计对象的确定。对于国家民委下属企业或国家民委控股企业,应按《中华人民共和国公司法》规定,由国家民委委托会计师事务所开展年度财务报表审计。如有必要,可以在年度审计的基础上,对委属企业或国家民委控股企业的法人进行经济责任审计并出具经济责任审计报告。由于企业的业务活动都和企业的经济效益密切相关,所以,对企业内部部门负责人是否开展经济责任审计,由各企业根据主管部门的要求决定。

(3)委属文化事业及其他单位审计对象的确定。委属文化事业及其他单位是不以营利为目的的组织单位,其运营经费来源主要依靠财政拨款。委属文化事业及其他单位的行政一把手在经费预算、预算执行和国有资产的使用与管理方面负有主要责任,所以应把行政一把手作为经济责任审计的对象。至于单位内部与经济活动关系密切的部门负责人是否也作为审计对象,由各单位根据主管部门的要求决定。

第二节 经济责任审计的范围与内容

一、经济责任的内容

经济责任的具体内容包括七个方面:保证财政财务状况真实、合法和有效,完成经济责任目标,实现国有资产保值增值,构建内部控制制度,制定重大经济政策,执行财经法纪和个人廉洁自律,实现可持续发展。

1. 保证财政财务状况真实、合法和有效

财政财务状况主要是领导干部任职期间其所在单位财政收支或财务收支的真实、合法和有效情况。真实、合法性要求是对单位财务活动的基本要求,也是其他各项活动的前提和基础。任何缺乏真实、合法的经济活动都会对社会带来极大的负面影响。领导干部作为单位各项工作负责人,在财务活动中行使着"一支笔"的权利,按照权利与责任对等的原理,理应承担保证单位财政财务状况真实、合法和有效的责任。

单位财政财务状况的真实、合法情况通常反映在单位的财务会计资料中。《中华人民共和国会计法》规定,单位负责人对本单位的会计工作和会计资料的真实性、完整性负责,并对违法会计行为承担相应的法律责任。

财政财务状况真实、合法和有效的责任是领导干部应当履行经济责任的最基本内容。对于党政机关和事业单位来说,财政财务状况可以反映领导干部是否正确地贯彻党和国家的各项经济政策与财经法规,合理地使用各项资金,有效地管理国家资产等;对于企业来说,财政财务状况可以反映领导人员经营业绩的优劣、经营决策能力的强弱和管理水平的高低。所以,这是领导干部应当履行的重要经济责任之一。

政府机关和事业单位领导干部所承担的财政财务状况责任,主要是对本单位财政预算、财务计划的执行情况及其预算情况,预算外资金的收入、支出和管理情况,各项专项资金的来源、使用和管理情况所承担的责任。

企业中领导人员所承担的财政财务状况责任主要是对企业资产、负债、损益的真实、合法、有效情况,对外投资和资产处置的合规、合理和有效情况,收益分配的合规和合理情况,资金筹集与分配的合理和有效情况所承担的责任。

2. 完成经济责任目标

经济责任目标是一个单位、部门或企业在一定时期内所要实现的计划目标。作为被审计人,一个单位、部门或企业的领导者是委托—代理关系中的受托者,承担着管理经营国家资产的责任,在其任职期间,就应该履行其受托责任,以完成单位各项计划目标为己任,领导干部所在单位的计划目标也是领导干部本人的责任目标。完成各项经济责任目标,是领导干部应承担的重要经济责任内容之一。

针对不同性质的单位,领导干部应完成的经济责任目标也各不相同。企业领导人员应对本单位的利润、成本、资金、发展潜力等方面的经济指标的完成情况负责;党政机关及事业单位领导干部应对本单位经费收支、预算执行、发展规划、年度工作计划所反映的主要经济指标和管理指标的完成情况负责。

3. 实现国有资产保值增值

国有资产就是国家所有的一切财产和权利的总称。具体来说,国有资产就是指国家以各种形式投资及其收益形成的,或者接受馈赠形成的,或者国家凭借国家权力取得的,或者国家依据法律认定的各种类型的财产和财产权利,即国家所有者权益。

国有资产是国家作为资本金投入企业用于经营的各项物资。对于行政事业单位而言,国有资产是执行行政职能和完成各项事业的物质基础,也是中国发展社会主义公有制经济的物质基础,是全社会的财富,是国力的表现。作为资本金,资本的属性决定了其保值和增值的必然要求。由于中国尚处在市场经济的初级阶段,尚存在国有资产管理不力、账实不符、家底不清、化公为私、流失严重等不良现象,领导干部要强化对国有资产的管理职能,维护国有资产的安全和完整。

《国有企业及国有控股企业领导人员任期经济责任审计暂行规定》明确指出,经济责任审计目的就是"为健全和完善经济责任审计制度,加强对党政主要领导干部和国有企业领导人员的管理监督,推进党风廉政建设"。《党政主要领导干部和国有企业领导人员经济责任审计规定》也延续了该目的。因此,对单位领导人员进行经济责任审计时,在查明单位资产、负债、损益和所有者权益真实性、合法性、效益性的基础上,进一步查明被审计领导人员任期内国有资产使用管理及保值增值状况,对于确认被审计领导人员对国有资产管理应负的责任及考察其业绩状况十分重要。

领导干部所承担的国有资产保值增值的责任体现在对国有资产的科学管理及合理使用上,即领导干部对国有资产存量的真实性、资产增减变动的合规性、资产结构的合理性及国有资产的保值和增值负责,确保国有资产的安全与完整。

对国有资产保值增值审计,主要从真实性、合法性和效益性三个方面进行。真实性审计分别审查资产负债表所列的全部资产、负债和所有者权益项目的真实、完整、计量准确性问题,关注会计资料本身的真实性和完整性,检查财务报表编制是否规范、盈亏计算是否真实,是否采用弄虚作假手段虚增利润,分析企业年度利润的结构是否合理,客观评价企业的经营业绩;合法性审计重点关注企业各项资产的取得和处置,负债和权益的形成是否符合法定程序;效益性审计要关注企业的资产质量,重点关注企业是否存在数额较大的潜在的损失或不良资产,各类资产是否合理利用,是否有无限制浪费现象。

4. 构建内部控制制度

内部控制制度是单位管理制度的重要组成部分,是一切管理的基础,也是一种管理体系,是经营过程中的重要阶段,是提高管理效能的一种先进方法,是实现高效化、专业化、规范化、自动化管理的基本条件。

内部控制是一种由管理层设计,由治理层、管理层与其他人员执行,为达成营运的效果及效率,为保证财务报表的可靠性和相关法令的遵循而提供合理保证的过程。内部控制本身不是结果,而是达成结果的方法。内部控制由"人"去执行,因人而产生效果,其效果来自组织内每一层执行控制的人。

内部控制制度的建立并有效执行是领导干部履行经济责任的重要制度保障,也是履行其他经济责任的基础。任何单位的领导干部都负有建立健全并执行内部控制制度的责任。

内部控制制度的健全性与有效性反映领导干部的经济内控能力,体现领导干部的管理哲学、管理能力和管理水平。

5. 制定重大经济政策

决策是权力的体现。党政领导干部和企业领导人员在决策过程中往往起着关键的作用,一般来说"一把手"在决策中均能起到决定性的作用。决策是否科学合理能够反映领导干部的知识水平、决策能力、民主意识及对事物的洞察力、把握方向和利用机遇的能力。

凡涉及政府机关和企事业单位的发展目标拟定、机构设置、人员任免、对外投资、基本建设、资产处置、产权转让、外汇收支、招商引资等均属于重大决策,上述决策中有关经济事项的决策是领导干部应承担的经济责任之一。

领导干部应对重大经济决策的合规性与科学性负责,决策的合规性主要是指决策程序的合规与合理性;决策的科学性主要是指重大决策是否科学可行,有无效率和效果,是否达到了预期的经济效益和社会效益。

6. 执行财经法纪和个人廉洁自律

财经法规和财经法律是为保护国家资产、维护国家和人民的利益而制定,各部门、各单位及所有企业均应严格遵守,认真执行。

单位领导人理应把财经法纪作为依法行政、依法管理的依据,实行内部牵制,加强内部稽核,防止各种违纪违法现象的发生,并不得授意、指使、暗示、强令有关人员违反财经法纪。

为进一步规范领导干部从政行为,加强领导干部廉洁自律工作,中央纪委制定并印发了《关于各级领导干部接受和赠送礼金、有价证券和支付凭证的处分规定》。该《规定》要求:党的机关、人大机关、行政机关、政协机关、审判机关、检察机关中担任副科级以上职务的领导干部,事业单位、人民团体中相当于副科级以上职务的领导干部,国有企业中层以上的领导人员一律不得接受所属管理和服务的对象、主管范围内的下属单位和个人、外商、私营企业主以及其他与行使职权有关系的单位和个人赠送的现金、有价证券和支付凭证。

2014年,中共中央、国务院出台了《党政机关厉行节约反对浪费条例》《中央和国家机关培训费管理办法》《党政机关国内公务接待管理规定》《因公临时出国经费管理办法》等一系列新规,对相关的领导干部的经济行为作出了限制和约束。例如,对公务活动的经费开支标准和预算管理提出了明确要求;对党政机关经费管理、国内差旅和因公临时出国(境)、公务接待、公务用车、会议活动、办公用房、资源节约等活动作出了全面规范。领导干部应以中共中央、中央纪委和有关部门制定的准则和文件为依据,自觉遵守廉洁从政行为规范,依法行政、廉洁自律。

7. 实现可持续发展

可持续发展就是要在发展经济的同时,充分考虑环境、资源和生态的承受能力,保持人与自然的和谐发展,实现自然资源的永续利用,实现社会的持续发展,构建和谐社会。这是迄今为止人类对发展认识的较高境界,是世界各国普遍认同的发展观念,也是科学发展观的重点所在。

众所周知,拥有决策权的各级领导干部,对于加速可持续发展战略的实施具有重要的作用。可持续发展的关键在于如何使单位内部资源与外部机遇相适应,是否有明确的战略定位并构建核心能力。

《中共中央关于全面深化改革若干重大问题的决定》提出,健全自然资源资产产权制度和用途管制制度,划定生态保护红线,探索编制自然资源资产负债表,对领导干部实行自然资源资产离任审计,建立生态环境损害责任终身追究制。因此,为实现可持续发展的目标,领导干部在任职期间不能有只顾眼前利益,不顾长远利益,为了片面追求个人政绩不惜牺牲未来利益的短期行为。

二、经济责任审计的内容

领导干部经济责任审计的内容范围,应根据被审计对象应承担的法律责任和约定责任所涉及的内容来界定。被审计者应承担什么样的经济责任,就应该有什么样的审计内容。因此,我们可以把领导干部任期经济责任审计的内容定位于财政财务状况审计、内部控制制度及其执行情况审计、经济责任目标完成情况审计、国有资产保值增值审计、重大经济决策审计、执行财经法纪和个人廉洁自律情况审计、可持续发展能力审计七个方面的内容。

1. 财政财务状况审计

财政财务状况审计是指对被审计领导人任职期间所在单位财政收支或财务收支的真实、合法和有效情况的审计,它是经济责任审计的最基本内容。

对企业进行财政财务状况审计,主要是查明资产、负债、损益的真实情况,其计算的合理合法情况;查明对外投资和资产处置的合规、合理和有效情况;查明收益分配的合规与合理情况;查明资金筹集与分配的合理与有效情况。对政府机关和事业单位进行财政财务状况审计,主要是查明财政预算、财务计划的执行情况及其决算情况;查明预算外资金的收入、支出和管理情况;查明各项专项基金的来源、使用和管理情况。企业资产、负债、损益和所有者权益的真实性、合法性和效益性审计是企业财政财务状况审计的主要内容。

1) 资产审计

资产审计是对被审计人所在企业拥有各种资产所进行的真实性、合法性和正确性的审计,即审查资产的存在是否真实,资产的增减变动是否合法,资产的计价是否正确。

资产审计的主要内容包括:查明各种资产增减、变动是否真实、合法与合理。例如,通过对资产变动手续的检查以检查各种固定资产、各种存货、各项货币资金和应收及预付款项增减变动是否真实,是否符合有关规定,是否合情合理,有无舞弊行为。特别要注意对各种资产盘盈盘亏的处理是否合理合法,是否追究了有关责任人的责任;注意固定资产清理报废的处理是不是合规,是否得到授权或批准,有无办理必要的手续,其账务处理是否正确;查明各种资产余额是否真实存在,是否账实相符;查明各项资产的计价是否正确。在余额检查中,应特别注意,有无因管理不善、职责不清而造成资产损失、流失、毁损或被占被盗情况。

企业资产、负债、损益和所有者权益的真实性、合法性和效益性审计是企业财政财务状况审计的主要内容。

2) 负债审计

负债是过去的交易、事项形成的现时义务,履行该义务预期会导致经济利益流出企业。它不仅会影响企业的财务状况,而且还会影响企业的财务成果。负债审计是对企业在经济活动中形成的各项负债的合理性、合法性、正确性及偿付的及时性、合规性,记录的完整性等进行的审查。

3) 损益审计

损益审计包括对收入、成本费用和利润的审计。

(1) 收入审计。企业收入是计算利润的基础。企业收入包括产品主营业务收入和其他业务收入。收入审计是指对企业销售产品、提供劳务及其他业务收入的真实性、合法性和效益性的审查。

(2) 成本费用审计。成本费用是企业为销售商品、提供劳务等日常活动中所发生的经济利益总流出。成本费用审计是指对企业成本费用形成的真实性、费用归集与分配的合理性和成本计算正确性的审查。成本费用审计主要包括生产成本、主营业务成本、销售费用、营业税金及附加、管理费用、财务费用审计等内容。成本费用审计的目标主要是确定各项成本费用发生是否真实、正确,是否与收入相互配比,成本费用的表达是否恰当。

(3) 利润审计。利润是企业在一定期间的经营成果,它包括营业利润、投资净收益和营业外收支净额等。利润审计是指对企业一定时期内实现利润及其分配的真实性、合法性和效性的审查。

4) 所有者权益审计

所有者权益是企业投资者对企业净资产的所有权,包括投资者投入资本以及企业经营过程中形成的资本公积、盈余公积和未分配利润。所有者权益审计包括实收资本审计、公积金审计和未分配利润审计。

2. 内部控制制度及其执行情况审计

企业内部控制是由单位的董事会、监事会、经理层和全体员工实施的,旨在实现控制目标的过程。企业内部控制的目标是合理保证单位经营管理合法合规,资产安全、财务报告及相关信息真实完整,提高经营效率和效果,促进单位实现发展战略。内部控制包括下列要素:控制环境、风险评估、信息系统与沟通、控制活动和对控制的监督。

(1)控制环境。控制环境包括管理职能以及管理层对内部控制及其重要性的态度、认识和措施。控制环境设定了被审计单位的内部控制基调,影响员工对内部控制的认识和态度。良好的控制环境是实施有效内部控制的基础。审计人员应当了解控制环境,防止或发现并纠正舞弊和错误是被审计单位治理层和管理层的责任。在评价控制环境的设计和实施情况时,审计人员应当了解管理层在治理层的监督下,是否营造并保持了诚实守信和合乎道德的文化,以及是否建立了防止或发现并纠正舞弊和错误的恰当控制。

(2)风险评估。任何经济组织在经营活动中都会面临各种各样的风险,并对其生存和竞争能力产生影响。很多风险的产生并不为经济组织所控制,但管理层应当确定可以承受的风险水平,识别这些风险并采取一定的应对措施。

可能产生风险的事项和情形如下:第一,监管及经营环境的变化。监管和经营环境的变化会导致竞争压力的变化以及重大的相关风险。第二,新员工的加入。新员工可能对内部控制有不同的认识和关注点。第三,新信息系统或对原系统进行升级。信息系统的重大变化会改变与内部控制相关的风险。第四,业务快速发展。快速的业务扩张可能会使内部控制制度难以应对,从而增加内部控制失效的可能性。第五,新技术。将新技术运用于生产过程和信息系统可能改变与内部控制相关的风险。第六,新生产型号、产品和业务活动。进入新的业务领域和发生新的交易可能带来新的与内部控制相关的风险。第七,单位重组。重组可能带来裁员以及管理职责的重新划分,将影响与内部控制相关的风险。第八,发展海外经营。海外扩张或收购会带来新的并且往往是特别的风险,进而可能影响内部控制,如外币交易的风险。第九,新的会计准则。采用新的或变化了的会计准则可能会增大财务报告发生重大错报的风险。

风险评估过程的作用是识别、评估和管理影响其经营目标实现能力的各种风险。而针对财务报告目标的风险评估过程则包括识别与财务报告相关的经营风险,估计风险的重大性和发生的可能性以及如何采取措施管理这些风险。例如,风险评估可能会涉及被审计单位如何考虑对某些交易未予记录的可能性,或者识别和分析财务报告中的重大会计估计发生错报的可能性。与财务报告相关的风险也可能与特定事项或交易有关。

(3)信息系统与沟通。信息系统与沟通是收集与交换被审计单位执行、管理和控制业务活动所需信息的过程,包括收集和提供信息(特别是为履行内部控制岗位职责所需的信息)给适当人员,使之能够履行职责。信息系统与沟通的质量直接影响到管理层对经营活动作出正确决策和编制可靠的财务报告的能力。

(4)控制活动。控制活动是指有助于确保管理层的指令得以执行的政策和程序。控制活动包括授权、业绩评价、信息处理、实物控制和职责分离等相关的活动。

(5)对控制的监督。审计人员应当了解被审计单位对控制的持续监督活动和专门评价活动。通常,被审计单位通过持续的监督活动、专门的评价活动或两者相结合来实现对控制的监督。

持续的监督活动通常贯穿于被审计单位的日常经营活动与常规管理工作中。例如,管理层在履行其日常管理活动时,取得内部控制持续发挥功能的信息。当业务报告、财务报告与他们获取的信息有较大差异时,管理层会对有重大差异的报告提出疑问,并作必要的追踪调查和处理。审计人员可以对内部控制的设计和执行进行专门的评价,以找出内部控制的优点和不足,并提出改进建议。

3. 经济责任目标完成情况审计

经济责任目标完成情况审计是领导干部经济责任审计的重要内容之一。它是以经济责任目标(主管部门下达的目标或者任期各年度计划目标)为标准,审核主要经济责任指标的完成情况,对其审计有利于对被审计领导人员的管理水平和工作业绩进行客观公正的评价。

经济指标审计的方法主要是计算、核实、比较、分析有关经济责任的指标。即计算被审计人所在企业未提供的指标;核实被审计人所在企业已经计算好的指标;将同类指标在不同时期、不同单位、计划与实际之间进行比较、分析,借以确认优劣、发现差异;分析造成差异的原因,寻找管理上的问题,分清被审计人责任。

企业单位的经济责任目标完成情况审计内容应包括企业的财务效益、资产营运、偿债能力和发展能力四个方面。审计人员通常借助净资产收益率、主营业务利润率、成本费用利润率、总资产报酬率、总资产周转率、流动资产周转率、应收账款周转率、存货周转率、资产负债率、速动比率、现金比率、已获利息倍数、销售增长率、平均销售增长率、资本积累率、资本平均增长率等指标来评价经济责任目标的完成情况。

事业单位领导干部的经济责任就是管好用好国家拨付的资金或自行组织收入取得的资金。事业单位领导干部任期经济责任目标完成情况审计指标主要有:资产负债率、人员经费支出占基本支出比率、经费自给率、收入增长率、负债增长率、到期债务偿还率、债务与预算外收入比率、自组收入增长率、专项资金增长率、人均收入增长率等。

行政机关的经济责任目标的实现要靠人财物等资源的支持。在行政机关管理各项经济事务的过程中,一是要控制人财物的消耗,建立人财物消耗目标;二是要通过人财物消耗,实现其工作目标。前者是具体工作目标,主要通过各项定额来控制;后者是综合目标,通过具体目标实现来促使其实现,但有时尽管具体目标实现了,综合目标仍未实现,这是具体目标建立中存在的问题。因此,对具体工作目标实现程度的评价,首先,要评价人力(工时)预算、财力(经费)预算、物力(物资消耗)定额的科学性,合理性。其次,要将实际消耗量与预算、定额相比较,查明其各项消耗是否控制在预算、定额以内。对综合目标的考核主要是根据年度工作计划,检查各项计划的实现情况,各计划项目是否按计划进度、数量、质量全面完成。

4. 国有资产保值增值审计

对领导干部所承担的国有资产保值增值责任审计的主要内容包括:一是审查国有资产是否账实相符,是否真实存在。二是审查国有资产管理是否安全,使用是否有效。各项国有资产管理是否有严格的管理制度,是否责任到人或落实到部门;各项有形固定资产存放是否安全,有无安全保管措施,有无定期盘点制度,有无追究责任人责任的制度;各项国有资产使用是否有效,有无损失浪费现象。三是审查有无因管理不善,造成国有流动资产流失问题。例如,有无人为转移、隐置资产和不按程序自行处置资产,造成国有资产流失;有无因流动资产管理失当,漏计、少计成本或挤占、挪用流动资金或侵占、毁损各种存货,导致流动资产消耗无法补偿;有无经营性固定资产闲置、被侵占,或违反规定不提或少提固定资产折旧,或企业净资产不按规定入账,导致资产流失;投资资金来源是否合法,投资效益如何,有无因决策失误而造成国有资产流失等。在财务资料真实可靠的基础上,通过计算国有资产保值增值率和不良资产比率等指标,来评价领导干部在国有资产管理方面的责任。

5. 重大经济决策审计

对于企业而言,重大经济决策包括企业的重大投资项目、融资项目、产权转让和资产处置等决策。其中,重大投资项目决策对企业的发展产生深远影响。企业重大投资决策一般分为对内或对外项目投资。对内投资,主要是企业为了扩大生产经营规模或对老设备旧技术的改造而进行的新项目投资和设备更新、技术改造投资。对外投资,包括国内联营入股投资、兼并企业、中外合资、海外投资等。

从某种意义上讲,企业的主要投资方向往往代表着企业未来的经营发展方向,个别重大投资项目的成功与否甚至直接关系到企业的生死存亡。重大投资的决策程序和实际效果不仅对企业经营有着很大的影响,同时也反映领导人员的预见能力及决算能力。

对企业领导人员重大经济决策审计主要考虑决策程序合理性和决策结果的科学性,首先,要审查决策过程的合理性,重大经济决策是否经过可行性论证,是否经过民主评议,项目设备、工艺流程、技术水平、能耗环保是否处于先进水平,产品性能、服务项目有无占领市场的可能;有无企业授权批准投资的文件、可行性研究报告和投资协议,投资协议是否有害本单位利益的条款;投资资金来源是否合规,是否有足够的资金来源保证工程按期完成形成生产能力。其次,要审查经济决策的科学性,即项目投资的经济性和有效性,有无严格的工程预算,以控制工程支出,投资支出是否真实,有无损失浪费;投资计价是否完整准确,有无应计事项未计或将不应计事项计入投资总额;各种股票、债券投资是否账实相符,其收益计算是否正确;有无"投而不管"的现象;确认投资效益的真实性和完整性,有无被截留或收入不入账的现象;重点投资回收期和内部报酬率是否达到了预期的目标。

在重大经济决策审计时,应重点查明有无因决策不慎或决策失误而造成巨大损失浪费或导致企业资金短缺、效益滑坡的问题。例如,因论证不实、盲目上马,投资规模超过了企业筹措资金的能力,而造成资金供应不足使投资不能如期产生经济效益;改造工程,不从实际出发,或因资金不足,长期不能配套,原有的生产能力没有了,新的生产能力无法如期形成,造成设备积压、资金浪费、管理困难。

重大投资决策往往伴随着很大风险,在审计时,一定要以一分为二的观点,全面地、历史地分析问题,既要分析主观原因,也要分析客观条件,抓住本质,以事实为依据。

对行政事业单位领导干部重大经济决策的审计,同样应重视重大经济决策的程序合理性和结果的科学性,即重大经济活动开支决策是否经过集体讨论、可行性分析及专家论证,有无未经集体讨论,擅自决定造成重大损失浪费、国有资产严重流失等重大经济损失问题,分清被审计领导干部应负的责任。

6. 执行财经法纪和个人廉洁自律情况审计

(1) 财经法纪执行情况审计内容。审计财经法纪情况要以财务收支的真实性、合法性、效益性为载体。从宏观上考察干部是否贯彻执行党和国家的路线方针和经济政策,是否依法经营,有无生产经营国家明令禁止生产经营的产品或商品;有无违规转移或挪用国有资本或冒领国家政策补贴专项资金等行为,有无偷税漏税或冒领国家退税等问题;有无走私贩私或其他欺诈行为,以不正当竞争手段获取非法收入等违法违纪问题;有无截留收入或虚列支出转移资金、设置账外账、私设"小金库"的违纪问题;有无倒卖或虚开增值税发票的违法问题;有无乱挤乱排成本费用,滥发奖金、实物和补贴等违纪问题;有无乱拉资金搞非生产性建设或用公款炒作股票等违规问题;有无超高消费、奢侈浪费、招待费严重超支以及违规购置等违反国家财经法纪等问题。

(2) 个人廉洁自律情况审计内容。领导干部的个人廉洁自律情况也是经济责任审计的主要内容。通过审计,应查明领导干部个人廉洁自律情况,并作出客观、公正、实事求是的评价。

查明被审计领导干部是否廉洁奉公,忠于职守,有无利用职权和职务上的影响谋取不正当利益。例如,索取管理、服务对象的钱物,接受可能影响公正执行公务的礼物馈赠和宴请,在公务活动中接受礼金和各种有价证券,接受下属单位和其他企业、事业单位或者个人赠送的信用卡及其他支付凭证,以虚报、谎报等手段获取荣誉、职称及其他利益,用公款公物操办婚丧喜庆事宜和借机敛财。

查明被审计领导干部是否遵守公共财物管理和使用的规定,有无假公济私、化公为私的行为。例如,用公款报销或者用本单位的信用卡支付应由个人负担的费用,借用公款逾期不还,公费出国(境)旅游或者变相出国(境)旅游,用公款参与高消费娱乐活动和获取各种形式的俱乐部会员资格,以个人名义存储公款。

查明被审计领导干部是否遵守组织人事纪律,严格按照干部选拔任用工作的制度办事,有无借任用选拔干部之机谋取私利。如采取不正当手段为本人谋取职位,泄露酝酿讨论干部任免的情况,在工作调动、机构变动时突击提拔干部,或者在调离后干预原地区、原单位干部选拔任用,在干部考察工作中隐瞒或者歪曲事实,在干部任用工作中封官许愿,打击报复,营私舞弊。

查明被审计领导干部对涉及与配偶、子女、其他亲友及身边工作人员有利害关系的事项,是否做到奉公守法,有无利用职权和职务上的影响为亲友及身边工作人员谋取利益。例如,要求或者指使提拔配偶、子女、其他亲友及身边工作人员,用公款支付配偶、子女及其他亲友出国(境)旅游、探亲、留存、向国(境)外个人或者组织索取资助,妨碍涉及配偶、子女、其他亲友及身边工作人员案件的调查处理,为配偶、子女及其他亲友经商、办企业提供便利和优惠条件,省(部)、地(厅)级领导干部的配偶、子女,在该领导干部管辖的业务范围内以个人从事可能与公共利益发生冲突的经商办企业活动。

查明被审计领导干部是否艰苦奋斗,勤俭节约,有无讲排场、比阔气、挥霍公款、铺张浪费的行为。例如,在国内公务活动中接受超过规定标准的接待,违反规定用公款装修、购买住房,擅自用公款包租或者占用客房供个人使用,违反规定配备、使用小汽车,擅自用公款配备、使用通信工具。

7. 可持续发展能力审计

可持续发展能力审计,重点审查被审计领导干部在任职期间对环境治理、基础设施投入、研发费用投入和人力资源投入等方面所作的贡献,同时要审查领导干部任职期间有无牺牲未来利益的短期行为。

环境治理方面的投入直接关系到企业未来可持续发展能力和水平,这方面的投入越大,环境的改善程度越高,越有利于未来发展。审计时,通过设置环境治理设施投资比率和环境治理费用支出比率两个指标来评价企业领导干部对环境治理的重视程度及企业的可持续发展能力。

基础设施投入增加会引起企业固定资产中的厂房、生产设备等的增加,这些生产资料是企业未来生产能力的重要组成部分,代表着企业的未来发展能力和水平。通过对企业基础设施的投入增长情况的审查,来衡量和评价领导干部在企业可持续发展方面应承担的责任。

企业研制和开发新产品的费用投入增长是新产品开发的资金保障。这部分投入越大,表明企业未来发展的潜力越大,发展能力越强。

人力资源是推动企业可持续发展的重要因素。人力资源投入主要是指领导干部任职期间用于引进、培训人才方面的资金投入。领导干部任期内通过增加人力资源投入来改善和优化人力资源结构,这些投入可能在任期内未产生效果,但会增强企业未来可持续发展能力。

本章重要概念

经济责任审计　财政财务状况审计　经济责任目标完成情况审计　可持续发展能力审计　内部控制

本章练习

一、选择题

1. 下列选项中,不属于制定经济责任审计中长期规划的原则是(　　)。
   A. 全面覆盖　　　　B. 突出重点　　　　C. 规范有序　　　　D. 分类管理
2. 下列选项中,不属于经济责任审计评价应遵循的原则是(　　)。
   A. 客观评价原则　　　　　　　　　　B. 重点评价原则
   C. 成本效益原则　　　　　　　　　　D. 谨慎评价原则
3. 审计机关履行经济责任审计职责时,可以依法提请有关部门提供(　　)。
   A. 责任制考核情况
   B. 各种专项检查结果
   C. 信访查办情况
   D. 提请其他有关单位提供有关情况或就特定事项作出说明
4. 审计机关实施经济责任审计,应当进行(　　)。
   A. 审计公示　　　　B. 访谈　　　　C. 民意调查　　　　D. 问卷调查
5. 经济责任履行情况包括(　　)。
   A. 履责的基本情况　　　　　　　　　B. 存在的主要问题
   C. 应承担的相应责任　　　　　　　　D. 审计建议
6. 问效问责应坚持的原则是(　　)。
   A. 依法依规　　　　B. 权责一致　　　　C. 惩教结合　　　　D. 分工负责
7. 经济责任审计对象包括党委、政府设立的超过(　　)年以上有独立经济活动的临时机构的主要领导干部。
   A. 1　　　　　　　B. 2　　　　　　　C. 3　　　　　　　D. 5
8. 下列有关经济责任审计的说法中,正确的是(　　)。
   A. 在确定审计内容和重点时,不同类别、级次、岗位、地域领导干部的履责情况各有侧重和特色

B. 经济责任审计与预算执行审计或财务收支审计的内容、重点基本一致

C. 在某省省长经济责任审计中,该省部门会计核算不够规范的事项,应当作为审计重点内容

D. 经济责任审计中,不应当重点关注财务收支、财政收支及有关经济活动真实、合法和效益情况

9. 下列有关经济责任审计的说法中,错误的是(　　)。

　A. 以领导干部守法、守纪、守规、尽责情况为重点

　B. 与领导干部履行经济责任无关的事项,原则上不予纳入审计范围

　C. 以领导干部任职期间本地区、本部门(系统)、本单位财政收支、财务收支以及有关经济活动的真实、合法和效益为重点

　D. 以促进领导干部推动本地区、本部门(系统)、本单位科学发展为目标

10. 下列选项中,不属于经济责任审计应关注内容的是(　　)。

　A. 贯彻落实科学发展观,推动经济社会科学发展情况

　B. 遵守有关经济法律法规、贯彻执行党和国家有关经济工作的方针政策和决策部署情况

　C. 制定和执行重大经济决策情况

　D. 社会审计机构审计质量情况

二、简答题

1. 什么是经济责任审计?经济责任审计的对象是什么?
2. 经济责任审计包含哪些内容?
3. 经济责任审计的作用有哪些?

第三章　经济责任审计准则与程序

> 内容提要
> 重点难点
> 学习目标
> 知识框架
> 第一节　经济责任审计准则
> 第二节　经济责任审计程序
> 本章重要概念
> 本章练习

内容提要

本章主要讲解了经济责任审计准则及经济责任审计的审计程序，以经济责任审计各阶段进行划分，讲解各阶段经济责任审计的主要工作。

重点难点

本章的重点为经济责任审计的不同审计阶段的主要工作内容。本章内容难度相对较低，容易理解。

学习目标

通过本章的学习，学生应掌握经济责任审计工作的阶段组成部分，明确经济责任审计在不同审计阶段的工作内容、侧重点；了解经济责任审计准则的制定以及经济责任审计准则的内容。

知识框架

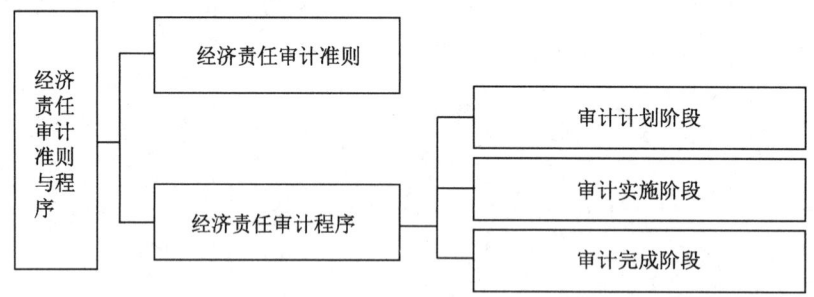

学习贯彻党的二十大精神，推动广东经济责任审计工作高质量发展

2023年6月，广州市市审计局派员参加了省审计厅举办的"学习贯彻党的二十大精神，推动广东经济责任审计工作高质量发展"培训研讨班。培训采取"课堂讲授＋交流研讨"模式举行，内容涵盖经济责任审计工作的职能定位、工作要求、审计重点以及创新发展等，引导审计人员牢固树立新发展理念，推动提升经

济责任审计工作质量,具有很强的实践指导意义。培训期间,市审计局向全省审计机关分享了近年来我市经济责任审计工作的经验做法,着重介绍了广州经济责任审计工作在市委、市政府的正确领导下,聚集主责主业,依法履行监督职责,紧盯"关键少数",以领导干部权力运行和责任落实情况为重点,围绕"集中统一、精准聚焦、协同贯通、提质增效"工作要求开展经济责任审计工作,不断探索创新,为广州市实现老城市新活力、"四个出新出彩"保驾护航。

培训结束后,市审计局立即组织参训人员落实好培训要求,就如何用好这次培训成果、进一步发挥好经济责任审计职能处室作用、不断提升广州市经济责任审计工作水平,进行了讨论交流。参训人员纷纷表示,要坚持问题导向,找准差距,把学到的先进审计理念、审计技术方法融入工作中,以更加开阔的视野和更加扎实的作风,多措并举用好培训成果,更好推动广州市经济责任审计工作高质量发展。

资料来源:https://www.gz.gov.cn/xw/zwlb/bmdt/ssjj/content/post_9055613.html。

那么,经济责任审计工作中遵循的准则和程序是什么样的呢?让我们一起来探究。

第一节 经济责任审计准则

审计准则与审计人员的关系,如同会计准则与会计人员的关系。审计人员要从事和做好审计工作,就要先学习和掌握审计准则。审计准则是审计人员从事审计工作的行为规范,是审计工作的指南和标准。其中,《第2205号内部审计具体准则——经济责任审计》就是内部审计机构的审计人员在进行经济责任审计中必须要遵照执行的具体工作准则。

该准则包括总则、一般原则、审计内容、审计程序和方法、审计评价、审计报告、审计结果运用和附则,共8章26条。其主要内容包括:明确了准则的制定目的、制定依据、适用范围;明确了领导干部的经济责任、经济责任审计的内涵、经济责任审计的对象;规定了经济责任审计的审计依据、审计程序和方法、主要审计内容和审计报告的内容;确立了审计评价的内容、评价的要求、评价的方法,以及审计结果的运用。

知识拓展3-1

第2205号内部审计具体准则——经济责任审计

第一章 总 则

第一条 为了规范经济责任审计工作,提高审计质量和效果,根据《党政主要领导干部和国有企业领导人员经济责任审计规定》《党政主要领导干部和国有企业领导人员经济责任审计规定实施细则》和《内部审计基本准则》,制定本准则。

第二条 本准则所称经济责任,是指领导干部任职期间因其所任职务,依法对所在部门、单位、团体或企业(含金融机构)的财政、财务收支以及有关经济活动应当履行的职责、义务。

第三条 本准则所称经济责任审计,是指内部审计机构对本组织所管理的领导干部经济责任的履行情况进行监督、评价和鉴证的行为。

第四条 本准则适用于各类组织的内部审计机构、内部审计人员所从事的经济责任审计活动。其他单位或者人员接受委托、聘用、承办或者参与经济责任审计业务,也应当遵守本准则。

第二章 一般原则

第五条 经济责任审计的对象包括:党政工作部门、事业单位和人民团体下属独立核算单位的主要领导人员,以及下属非独立核算但负有经济管理职能单位的主要领导人员;企业(含金融机构)下属全资或控股企业的主要领导人员,以及对经营效益产生重大影响或掌握重要资产的部门和机构的主要领导人员等。

第六条 经济责任审计应当有计划地进行,一般由干部管理部门书面委托内部审计机构负责实施。

内部审计机构应当结合干部管理部门提出的年度委托建议,拟定年度经济责任审计计划,报请主管领导批准后,纳入年度审计计划并组织实施。

组织可以结合实际,建立经济责任审计工作联席会议制度,负责经济责任审计的委托和其他重大经济责任事项的审定。

第三章 审计内容

第七条 内部审计机构应当根据被审计领导干部的职责权限和履行经济责任情况,结合其所在组织或者原任职组织的实际情况,确定审计内容。

第八条 经济责任审计的主要内容一般包括:

(一)贯彻执行党和国家有关经济方针政策和决策部署,推动组织可持续发展情况;

(二)组织治理结构的健全和运转情况;

(三)组织发展战略的制定和执行情况及其效果;

(四)遵守有关法律、法规和财经纪律情况;

(五)各项管理制度的健全和完善,特别是内部控制制度的制定和执行情况,以及对下属单位的监管情况;

(六)财政、财务收支的真实、合法和效益情况;

(七)有关目标责任制完成情况;

(八)重大经济事项决策程序的执行情况及其效果;

(九)重要项目的投资、建设、管理及效益情况;

(十)资产的管理及保值增值情况;

(十一)本人遵守廉洁从业规定情况;

(十二)对以往审计中发现问题的整改情况;

(十三)其他需要审计的内容。

第四章 审计程序和方法

第九条 经济责任审计可分为准备、实施、终结和后续审计四个阶段。

(一)审计准备阶段主要工作包括:组成审计组、开展审前调查、编制审计方案和下达审计通知书。审计通知书送达被审计领导干部及其所在组织,并抄送有关部门。

(二)审计实施阶段主要工作包括:召开进点会议、收集有关资料、获取审计证据、编制审计工作底稿、与被审计领导干部及其所在组织交换意见。被审计领导干部应当参加审计进点会并做述职。

(三)审计终结阶段主要工作包括:编制审计报告、征求意见、修改与审定审计报告、出具审计报告、建立审计档案。

(四)后续审计阶段主要工作包括:检查审计发现问题的整改情况和审计建议的实施效果。

第十条 内部审计人员应当考虑审计目标、审计重要性、审计风险和审计成本等因素,综合运用审核、观察、监盘、访谈、调查、函证、计算和分析程序等方法,获取相关、可靠和充分的审计证据。

第五章 审计评价

第十一条 内部审计机构应当依据法律、法规、国家有关政策以及干部考核评价等规定,结合所在组织的实际情况,根据审计查证或者认定的事实,客观公正、实事求是地进行审计评价。

第十二条 审计评价应当遵循全面性、重要性、客观性、相关性和谨慎性原则。审计评价应当与审计内容相一致,一般包括被审计领导干部任职期间履行经济责任的业绩、主要问题以及应当承担的责任。

第十三条 审计评价可以综合运用多种方法,主要包括:进行纵向和横向的业绩比较分析;运用与被审计领导干部履行经济责任有关的指标量化分析;将被审计领导干部履行经济责任的行为或事项置于相关经济社会环境中进行对比分析等。

内部审计机构应当根据审计内容和审计评价的需要,合理选择和设定定性和定量评价指标。

第十四条 审计评价的依据一般包括:

(一)法律、法规、规章、规范性文件;

(二)国家和行业的有关标准;

(三)组织的内部管理制度、发展战略、规划、目标;

(四)有关领导的职责分工文件,有关会议记录、纪要、决议和决定,有关预算、决算和合同;

(五)有关职能部门、主管部门发布或者认可的统计数据、考核结果和评价意见;

(六)专业机构的意见和公认的业务惯例或者良好实务;

(七)其他依据。

第十五条 对被审计领导干部履行经济责任过程中存在的问题,内部审计机构应当按照权责一致原则,根据领导干部的职责分工,结合相关事项的决策环境、决策程序等实际情况,依法依规进行责任界定。被审计领导干部对审计中发现的问题应当承担的责任包括:直接责任、主管责任和领导责任。

对被审计领导干部应当承担责任的问题或者事项,可以提出责任追究建议。

第十六条 被审计领导干部以外的其他人员对有关问题应当承担的责任,内部审计机构可以以适当方式向干部管理监督部门等提供相关情况。

第六章 审计报告

第十七条 内部审计机构实施经济责任审计项目后,应当出具审计报告。

第十八条 审计组实施审计后,应当将审计报告书面征求被审计领导干部及其所在组织的意见。内部审计机构应当针对收到的书面意见,进一步核实情况,对审计报告作出必要的修改。

被审计领导干部及其所在组织应当自接到审计组的审计报告之日起10日内提出书面意见;10日内未提出书面意见的,视同无异议。

第十九条 经济责任审计报告的内容,主要包括:

(一)基本情况,包括审计依据、实施审计的情况、被审计领导干部所在组织的基本情况、被审计领导干部的任职及分工情况等;

(二)被审计领导干部履行经济责任的主要情况;

(三)审计发现的主要问题和责任认定;

(四)审计评价;

(五)审计处理意见和建议;

(六)其他必要的内容。

审计中发现的有关重大事项,可以直接报送主管领导或者相关部门,不在审计报告中反映。

第二十条 内部审计机构应当将审计报告报送主管领导;提交委托审计的干部管理部门;抄送被审计领导干部及其所在组织和相关部门。

内部审计机构可以根据实际情况撰写并向委托部门报送经济责任审计结果报告。

第七章 审计结果运用

第二十一条 经济责任审计结果应当作为干部考核、任免和奖惩的重要依据。

内部审计机构应当促进经济责任审计结果的充分运用,推进组织健全经济责任审计情况通报、责任追究、整改落实、结果公告等制度。

第二十二条 内部审计机构发现被审计领导干部及其所在组织违反内部规章制度时,可以建议由组织的权力机构或有关部门对责任单位和责任人员作出处理、处罚决定;发现涉嫌违法违规线索时,应当将线索移送纪检监察部门或司法机关查处并协助其落实、查处与审计项目相关的问题和事项。

第二十三条 内部审计机构应当及时跟踪、了解、核实被审计领导干部及其所在组织对于审计查实问题和审计建议的整改落实情况。必要时,内部审计机构应当开展后续审计,审查和评价被审计领导干部及其所在组织对审计发现的问题所采取的整改情况。

第二十四条 内部审计机构应当将经济责任审计结果和被审计领导干部及其所在组织的整改落实情况,在一定范围内进行公告;对审计发现的典型性、普遍性、倾向性问题和有关建议,以综合报告、专题报告等形式报送主要领导,提交有关部门。

第八章 附 则

第二十五条 本准则由中国内部审计协会发布并负责解释。

第二十六条 本准则自2016年3月1日起施行。

资料来源:审计署.第2205号内部审计具体准则——经济责任审计[EB/OL].(2023-03-06)[2023-11-30]. https://sjc.ecut.edu.cn/_t895/8e/af/c1657a36527/page.html.

第二节 经济责任审计程序

经济责任审计程序是指经济责任审计从开始到结束的全过程所实施的工作步骤和内容。审计方法是审计人员在审计过程中用来作用于审计对象,收集审计证据,实现审计目标的技术和手段的总和。审计方法包括一般方法和具体方法。经济责任审计程序是审计一般方法的构成内容,而具体方法的应用则是贯穿在审计程序之中,因此,审计程序与审计方法是密切相关的。科学地制定审计程序,合理地确定各步骤的工作内容,选择恰当的审计方法,有利于审计工作的顺利进行,提高审计效率,也有利于对审计质量进行检查和考核,促进提高审计质量。

不同的审计主体开展不同的经济责任审计,在审计程序方面会有所差别。下面我们以注册会计师进行企业经济责任审计为主介绍经济责任审计的程序。审计署颁布的《中国国家审计准则序言》规定:"其他审计组织承办国家审计机关审计事项也应当遵守本准则。"注册会计师在接受国家审计机关委托的经济责任审计事项时,应当按照国家审计机关的审计程序开展工作。国家审计机关在开展经济责任审计时,其程序有其相应的特点。为此,我们也补充介绍国家审计机关开展经济责任审计时,在审计程序方面的特殊考虑。

注册会计师在开展经济责任审计时,其审计程序一般可分为三个阶段:审计计划阶段、审计实施阶段、审计完成阶段。

一、审计计划阶段

审计计划阶段也称为审计准备阶段、审计规划阶段,是整个经济责任审计的起点,是注册会计师在执行具体审计程序之前对被审计单位和被审计领导人员的了解以及对审计工作进行科学、合理的计划。审计计划阶段有助于有重点、有针对性地实施具体的审计程序,形成正确的审计结论,并可以使审计成本保持在一个合理的水平上,从而既提高审计效率,又确保审计质量。一般认为,审计计划阶段的主要工作如下。

1. 初步调查了解被审计单位和被审计领导人员的基本情况

民间(社会)审计组织在决定是否接受委托前,需对被审计单位和被审计领导人员的基本情况进行调查了解。一般情况下,需要调查了解的基本内容如下:①被审计单位的业务性质、经营规模和组织结构;②被审计单位的经营情况、经营风险和财务状况;③以前年度接受审计情况;④财务会计机构及工作组织情况;⑤被审计领导人员的任职期限、权限、管理能力、经验、业绩、品行等;⑥被审计领导人员的任期经济责任和经济责任目标;⑦其他与签订审计业务约定书相关的事项。这些情况可以从被审计单位、被审计单位的主管部门、组织人事部门、纪检监察机关及其他相关单位了解。

2. 与审计委托人签订业务约定书

民间(社会)审计组织在初步调查了解被审计单位和被审计领导人员基本情况的基础上,结合自身能力决定是否接受委托。如果决定接受委托,则要与委托者签订审计业务约定书,据以确认经济责任审计业务的委托与受托关系,明确委托目的、审计范围以及双方的责任与义务等事项。

经济责任审计业务约定书应包括的主要内容有：签约双方的名称；委托目的；审计的范围；会计责任和审计责任；签约双方的责任与义务；出具审计报告的时间要求；审计报告的使用责任；审计收费；审计业务约定的有效时间；违约责任；签约时间；签约双方认为应当约定的其他事项。需要注意的是,经济责任审计的委托者一般不是被审计单位,而会计报表审计的委托者一般就是被审计单位。因而应在经济责任审计业务约定书中明确规定审计委托者,应当责成被审计单位和被审计领导人员对审计工作给予配合。另外,审计委托者应当在业务约定书签订后向被审计单位发出"经济责任审计通知书",或以其他方式通知被审计单位,便于被审计单位做好必要的准备工作,利于审计工作的开展。

3. 组成审计小组,收集相关资料

在审计业务约定书签订后,民间(社会)审计组织应当根据被审计单位的基本情况和注册会计师的业务能力、经验、独立性等配备注册会计师和助理人员,成立审计小组。审计小组成立后,应着手收集相关资料,做好审计准备工作。相关资料主要包括被审计单位和被审计领导人员的相关资料和审计过程中需要的评价依据资料。前者包括：①被审计单位的财务、会计、统计、业务等方面的资料；②被审计领导人员的任期经济责任目标和任期述职总结报告；③被审计领导人员任期内各年度生产经营计划、工作总结；④审计截止日的财产物资清点、债权债务清理及所有者权益资料；⑤被审计单位内部组织机构设置情况和职责分工情况、内部管理制度建立及执行情况的资料；⑥任期内重大经济决策事项的相关资料及会议记录；⑦有关经济管理、监督部门进行检查后提交的检查结果报告或处理意见；⑧对一些重要经济问题说明而形成的资料；⑨审计中需要的其他相关资料。后者包括：①被审计单位所采用的财务、会计制度；②被审计单位经营管理过程中应当遵守的财经法律、法规,如相关税法等；③当地政府制定的与被审计单位有关的法令、条例、暂行规定等；④被审计单位主管部门制定的规章制度等。

4. 初步评价被审计单位的内部控制

注册会计师应当根据收集到的被审计单位管理制度,对其内部控制的下列方面进行初步的评估：被审计单位建立了哪些内部控制制度；这些内部控制制度从总体上来说是否健全；有哪些应当建立内部控制的业务没有建立内部控制；现有的内部控制存在哪些漏洞与不足；这些缺陷可能会产生什么样的错误与舞弊等。在此基础上,初步评估其内部控制的风险水平,并初步确定哪些内部控制可以信赖,有必要进行符合性测试；哪些内部控制很不健全,不值得进行符合性测试。

5. 确定重要性水平和评估审计风险

注册会计师应当根据审计目标的要求,结合被审计单位的特定情况及进行的初步分析性复核结果,初步确定重要性水平,并将整体重要性水平分配到各账户和交易层次；评估被审计单位的固有风险和控制风险,并初步评估检查风险的高低,进而初步确定实质性测试的重点、范围、时间、性质、数量。

6. 编制审计计划

在完成上述工作后,注册会计师应当编制审计计划。审计计划是注册会计师为了完成各项审计业务,实现预期审计目标,在具体执行审计程序之前编制的工作计划,它通常由总体审计计划和具体审计计划构成。审计计划的制定,有利于保证经济责任审计工作有条不紊地进行。

二、审计实施阶段

审计实施阶段是根据审计计划实施具体审核检查步骤,进行审计取证和评价,以形成审计结论、实现审计目标的中间过程,是审计程序的中心环节。审计实施阶段的主要工作如下。

1. 进驻被审计单位,召开座谈会

审计小组在约定的时间进驻被审计单位。进驻被审计单位的当天,审计小组应当与被审计单位的主要领导人员、财务会计部门的工作人员、审计中需要涉及的部门负责人举行座谈会,进行双向沟通。审计小组向他们介绍审计的时间、范围、内容、目标及审计中需要他们积极配合的事项及要求,被审计单位则进一步向审计小组介绍单位的基本情况及已经做好的审计工作准备。通过召开座谈会,可以达到增进理解,相互配合的目的。

2. 评审被审计单位的内部控制

现代审计是建立在对被审计单位内部控制基础上的抽查审计,对被审计单位内部控制进行评审是现代审计的基本内容和方法。经济责任审计也不例外。注册会计师应当首先通过询问被审计单位有关人员、查阅有关内部控制文件、观察经营业务活动和内部控制运行情况等途径进一步了解被审计单位建立了哪些内部控制;其次通过采用文字(书面)说明、调查表、流程图等方法来记录和描述被审计单位的内部控制,确定已建立的内部控制的健全性;最后通过采用抽查凭证、实地观察、实验(穿行测试)等方法对较为健全、拟信赖的内部控制进行符合性测试,验证其有效性。在此基础上,确定被审计单位内部控制的健全性、合理性、有效性,进而评估确定控制风险,并根据控制风险的评估结果对审计计划进行相应的修订。

注册会计师在经济责任审计中对内部控制的评审与在会计报表审计中对内部控制的评审的方法与程序相同,因此不再专门论述。

3. 进行实质性测试

注册会计师根据审计计划和被审计单位内部控制评审结果所确定的实质性测试的重点、范围、时间、性质等进行实质性测试。经济责任审计中实质性测试的主要内容是被审计单位的财务收支、相关经营管理活动及其会计资料和其他相关经济资料。在根据实质性测试结果进行评价和鉴定时,主要内容有:被审计单位财务收支的真实性、合规性、合法性;经济活动的合法性、合理性、效益性;会计报表及其他相关经济资料的真实性、正确性、完整性、公允性;资产、负债、损益的真实性、正确性;资产的安全完整和保值增值情况;被审计领导人员任期经济责任履行情况和任期经济责任目标完成情况;被审计领导人员对本企业资产、负债、损益是否真实,投资效益差以及违反国家财经法规问题应当负有的主管责任和直接责任;被审计领导人员个人有无侵占企业资产、违反与财务收支有关的廉政规定和其他违法违纪的问题等。

在审计实施阶段,是审计工作底稿形成的主要环节,也是收集审计证据的中心阶段。注册会计师要将所实施的审计程序、完成的审计工作、发现的问题、收集到的审计证据等以审计工作底稿的形式记录下来,作为审计档案。

三、审计完成阶段

审计完成阶段也称审计终结阶段、审计报告阶段,是注册会计师基本完成实施阶段工作后,对审计证据进行整理分析直至完成审计报告的结束过程。审计完成阶段的主要工作如下。

1. 整理、分析和评价审计证据

在审计实施阶段所收集的审计证据是分散的、个别的,其证明力还是潜在的、不充分的。因此,必须对审计证据进行整理、分析和评价。在对审计证据进行整理、分析、评价时,注意对审计证据进行必要的分类,并对其可靠性、相关性、充分性进行鉴定,在此基础上,选择最适宜的、最具有说服力的证据,作为编写审计报告的依据。

2. 复核审计工作底稿,审计期后事项

审计工作底稿是注册会计师在审计过程中形成的与审计问题有关的各种书面资料,也是审计证据的主要载体。为确保审计质量,注册会计师需要对审计工作底稿的完整性、规范性、有效性进行复核,以便于对需要实施进一步审计程序、收集更充分审计证据的事项采取相应的补救措施。根据审计工作底稿中记录的有关问题,与被审计单位进行沟通,听取他们对审计证据的真实性与准确性的反馈意见,并决定是否实施追加审计程序。另外,注册会计师还要对期后事项、或有事项等进行审计,以便明确划清该现任领导人员与后任领导人员的经济责任界限。这些工作对于确保审计结论的正确性具有重要意义。

3. 汇总发现的问题,确定经济责任审计报告的主要内容

分类汇总审计中发现的问题,结合审计中所采用的重要性水平,确定这些问题是否需要在审计报告中披露以及在何处以何种方式披露,并进一步确定审计报告的主要内容。

4. 确定审计意见和结论,编写经济责任审计报告初稿

注册会计师应当根据汇总发现的问题,确定审计意见和结论由审计小组成员分工分头编写审计报告的内容,再由审计项目负责人总撰,完成审计报告初稿。或者,由审计小组指定专人负责编写审计报告初稿。审计报告初稿完成后,应当在审计小组内进行讨论、修改和完善。

5. 征求意见,修改定稿,提交委托人

审计报告在审计小组初步定稿后,应提交给被审计单位,征求他们对审计报告的意见。在经济责任审计中,审计报告应当征求被审计单位、被审计领导人员的书面意见,必要时,还可征求被审计单位工会的意见。被审计单位或被审计领导人员对审计报告中的事实、结论或措辞有异议的,审计小组应当在确保独立性的前提下给予合理考虑,追加实施审计程序、修改完善审计结论或措辞。如果双方不能达成一致,审计小组可将被审计单位、被审计人员的书面意见作为审计报告的附件,连同定稿后的审计报告一同报送会计师事务所,由会计师事务所审核定稿后提交审计委托人。

本章重要概念

经济责任　审计准则　经济责任审计程序　审计计划阶段　审计实施阶段　审计完成阶段

本章练习

1. 审计署颁布的(　　),规定了其他审计组织承办国家审计机关审计事项也应当遵守本准则。注册会计师在接受国家审计机关委托的经济责任审计事项时,应当按照国家审计机关的审计程序开展工作。
   A. 《中国国家审计准则序言》
   B. 《国有企业及国有控股企业领导人员任期经济责任审计暂行规定》
   C. 《关于进一步做好经济责任审计工作的意见》
   D. 《党政主要领导干部和国有企业领导人员经济责任审计规定》

2. 审计人员对领导干部进行经济责任审计评价应当按照(　　)原则。
   A. 权责一致原则
   B. 资金量与业务量相统一原则
   C. 民主集中制原则
   D. 从严从重原则

3. 下列关于审计评价的方法的说法中,错误的是(　　)。
   A. 审计评价的方法包括纵向和横向业绩比较、与经济责任有关的指标量化分析等方法
   B. 审计评价可以选用一种方法,也可以选用多种方法进行综合评价
   C. 对国有企业主要领导人员的经济责任进行评价仅能使用定量指标评价
   D. 对地方党政主要领导干部的经济责任履行情况评价时,可以使用将领导干部履行经济责任的行为或事项置于相关经济社会环境

4. 下列内容中,不属于审计评价依据的是(　　)。
   A. 法律、法规、规章和规范性文件
   B. 国家统一的财务管理制度
   C. 国家和行业的有关标准
   D. 行业性质不同的地方、部门、单位的有关数据

5. 经济责任审计结果应当作为干部(　　)、任免和奖惩的重要依据。
   A. 考核　　　B. 提拔　　　C. 辞退　　　D. 免职

6. 审计机关在审计结果运用中的主要职责为:(　　)干部管理监督等部门落实、查处与审计项目有关的问题和事项。
   A. 协助和配合　B. 协助和指导　C. 命令　　　D. 指导

7. 审计机关在审计结果运用中的主要职责之一:对审计发现的典型性、普遍性、倾向性问题和有关建议以综合报告、专题报告等形式报送(　　),提交有关部门。
   A. 本级党委、政府和上级审计机关
   B. 上级党委、政府和上级审计机关
   C. 本级党委、政府和本级审计机关
   D. 本级审计机关

8. 各地在经济责任审计对象分类管理的基础上,可以制定经济责任审计(　　)。

    A. 年度计划 B. 中期计划
    C. 长期计划 D. 年度计划和中长期计划
9. 审计机关应当向组织部门等提出下一年度经济责任审计计划的（   ）。
    A. 委托审计建议 B. 具体执行单位
    C. 草案 D. 初步建议
10. 经济责任审计计划经过批准确定后（   ）随意变更。
    A. 可以 B. 不得
    C. 根据审计工作实际情况 D. 经审计机关负责同志同意后

二、简答题
1. 经济责任审计程序由哪些部分构成？
2. 经济责任审计的不同审计阶段的主要工作内容是什么？

第四章　经济责任审计的方法

> 内容提要
> 重点难点
> 学习目标
> 知识框架
> 第一节　经济责任审计的取证方法
> 第二节　经济责任审计的分析方法
> 本章重要概念
> 本章练习

内容提要

本章主要讲解了经济责任审计的取证方法和分析方法。经济责任审计的取证方法以不同审计内容作为出发点进行分析,经济责任审计的分析方法主要讲解不同技术手段的应用。

重点难点

本章的重点为经济责任审计不同审计内容的取证方法;难点是不同的分析方法在经济责任审计中的具体应用。

学习目标

通过本章的学习,学生应掌握经济责任审计如何对不同的审计工作内容进行取证,明确各取证方法的操作以及工作的重点;了解经济责任审计的分析方法,各种技术手段在经济责任审计中的应用等。

知识框架

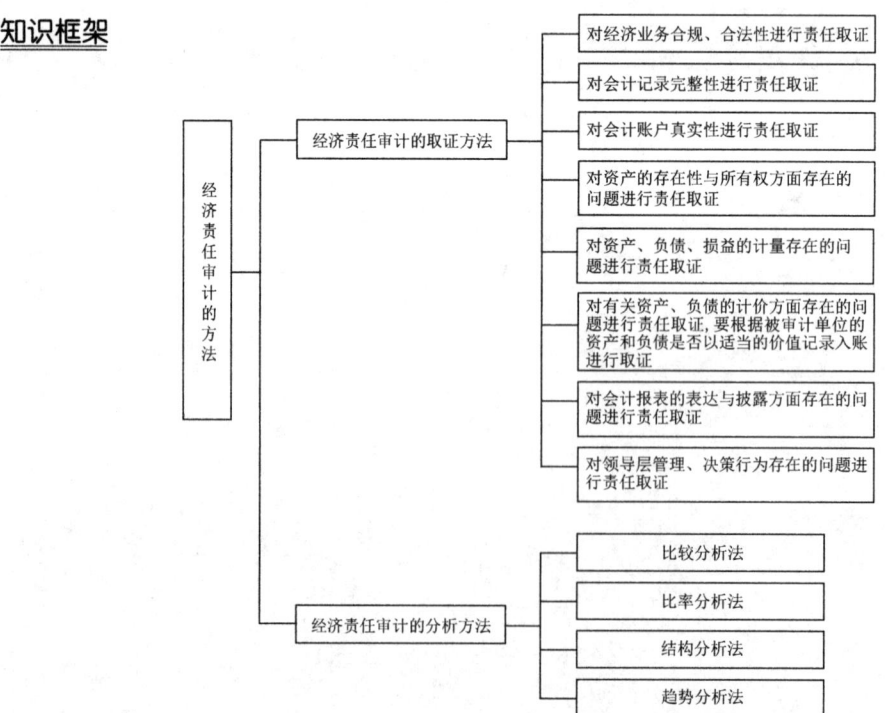

 思政课堂

经济责任审计的常见方法及操作指南

县、市区长作为一级行政区域的行政首长,全面负责一个地区的经济工作,其担负的经济责任有其自身的特点:

一是经济责任评价指标内容广泛,往往涉及一个或几个指标体系,有些指标是建立在有完备会计资料基础上的财政财务收支指标。

二是经济责任评价指标的综合性强,如国内生产总值、人均 GDP 指标、经济增长率、财政收支规模等,单纯地通过对其行政区域内的财政收支活动来评价领导者的经济责任,既不全面也不准确。只有对业已形成的完备的指标体系进行必要的审核修正,才能用这些量化的经济指标来评价和界定被审计对象的责任,这样的评价才具有全面性、客观性,才可以防范以偏概全、以点带面造成的审计风险。

采用指标修正法,就是在运用综合经济指标对县、市区长经济责任进行评价时,不能照搬照抄业已形成的各项指标形成审计评价结论,而是对需要运用的指标分类进行处理,对有健全会计资料的财政、财务收支,专项投资等重要经济指标,应当坚持运用审计手段进行查证核实,对建立在统计基础上的社会经济发展指标,要运用抽样调查、因素分析等方法,对重要经济指标的可信度进行验证,对明显有粗估冒算、泡沫水分的虚假经济指标,要坚决予以修正,以防止由于运用了虚假的经济指标而对被审计对象得出错误的评价结论。

资料来源:澎湃新闻. 经济责任审计的常见方法及操作指南[EB/OL]. (2020-11-16)[2023-06-29]. https://m. thepaper. cn/baijiahao_10009120.

第一节 经济责任审计的取证方法

在经济责任审计方法中,要注意责任取证方法。所谓责任取证,是指审计机关和审计人员在经济责任审计中,收集和获取用于说明审计事项责任归属和责任性质的真相,形成经济责任审计结论基础的证明材料的行为。当前对责任取证方法研究不够,在一定程度上影响了经济责任审计项目的质量。"责任"两字是经济责任审计区别于其他门类审计的一个重要特征,如果不在一般审计基础上特别注重领导者对财政、财务收支及有关经济决策管理等重大问题的责任关系调查取证,经济责任审计就丧失了特征,难以发挥其作用。因此,在经济责任审计方法中,要加强运用责任取证方法。首先,要澄清模糊认识,明确经济责任审计中责任取证的重要意义。要改变以前习惯擅长于从报表、账册、凭证获取证据,而对领导层的相关决策、管理行为涉及不多,对谈话记录、多方查询方法不熟悉的现状。其次,要坚持重点问题必须进行责任取证的要求。审计中要对重大问题的证据来源、证据间相互关系、拒绝签章的证据是否影响事实存在等以及总体结论是否成立进行关注。最后,要注意领导干部职责设定和运作重大决策规范程序。若企业这方面内容不规范,审计部门可以从内控制度方面加以责任追究,以促进被审计单位规范经济决策、经济管理、经济支配等方面的权力运作,促进领导干部重责慎权、依法用权。

一、对经济业务合规、合法性进行责任取证

(1)检查业务活动是否符合现行国家法律、法规,有无进行违法经营,反映在账务上,即

企业领导人员的业绩上去了,但损害了国家或人民的利益,如企业从事违法经营、制假贩假活动。若有此类业务活动,则要进行责任取证。

(2) 检查与业务活动有关的收入事项或支付事项是否符合现行法律、法规,如是否存在违规坐支现金收入,非法截留应交财政的收入、公款私存或变相将公款转移给个人问题,若有要进行责任取证。

(3) 检查各项计提基数或适用的计提比率是否符合法规要求,如是否存在人为调整各项准备金的计提比率,虚增、虚减成本费用等问题,若有要进行责任取证。

(4) 检查重要财务会计处理是否有适当的报批程序,如是否存在擅自调整国家资本金或国家股权、国家股应占的收益等问题,若有要进行责任取证。

二、对会计记录完整性进行责任取证

检查被审计单位特定会计期间内发生的所有经济业务或资产和负债(包括期后事项)是否均记入相关账户,若有没完全记入账户的要进行责任取证。

(1) 检查已发生的经济业务和支付事项是否及时进行了相应的会计处理,到期或已收到的收入是否及时记入相关账户,如已经收到的投资收益,是否仍在账外循环,没有在被审计单位的会计账簿中反映。

(2) 检查与所审计的会计年度相关的业务、支出或收入是否被错误地记录在另一个会计期间,如本期发生的生产费用计入了上个会计期间或下个会计期间,却没有反映在本期会计账簿中。

(3) 检查未轧平的账户平时是否经过复核、结清,或者至少在年底进行清理、结账,有无人为平账。

(4) 检查已购买的资产、产生的债权或负债是否如实在资产负债表中反映。

三、对会计账户真实性进行责任取证

检查被审计企业已记录入账的经济业务是否确实发生并与所属会计期间相关,若有问题,要进行责任取证。

(1) 检查会计账簿内是否存在已作会计记录但没有真实的业务和支付事项发生的业务,如虚增销售、虚列费用现象。

(2) 检查会计账簿内是否记录有属于另一会计期间的收支业务,并查明原因,如是否是工作失误或人为操纵。

(3) 检查会计账簿内的不合理的大额开支或负债。

(4) 检查企业发生的与合同、工程或项目有关的应在未来收益期内分期摊销的成本费用,是否全部计入本会计期间,如分期收款发出商品销售,将库存成本一次性结转。

(5) 检查应收、应付款的明细账户是否出现了串户或记录了不正确的债务人、债权人(受益人或支取人),如应收甲单位的欠款,误记入了乙单位的名下。

(6) 检查会计记录中的支出是否确实属于受益人,有无支付给了不当的支取人。

(7) 检查购买产品或劳务的支出是否给了没有提供或没有全额提供产品或劳务的供应商;承担的义务与实际情况是否相称,如对于未按合同如期发运产品或提供劳务的供应商,被审计企业却全额支付了产品价款和劳务费用,对于接受的服务不符合订单或合同要求却全额支付服务费用等情况。

(8) 检查重新收回的应收款项是否属于真正的债务人原欠款项,如账面反映应收甲单位的欠款在坏账报损后又重新收回,但经查原始记录,报销坏账时并没有甲单位存在。

四、对资产的存在性与所有权方面存在的问题进行责任取证

要对被审计企业在资产负债表中的所有资产和负债确定存在并归本单位所有或所欠等存在的问题进行取证。

(1) 检查企业会计账户期初余额中是否包含了以前年度已经处理而没有进行相应的会计处理的资产,如会计账户中是否存在以前年度已销售、残损或被盗的资产,以前年度没有减少账面余额而结转至本年。

(2) 检查资产负债表项目中增加的金额是否真正代表资产或负债的增加,有无虚构债权、债务。

(3) 检查已处理的或残损的资产是否及时冲减账面余额,有无当年已清理或报废的资产没有从账面相应减少而包含在当年余额中。

(4) 检查丢失或被盗的资产是否仍在账内反映,没有相应冲减账面余额。

(5) 检查从债务人处收到的款项或支付给债权人的款项在资产负债表中是否如实及时体现,有无不及时处理造成资产与负债同时虚增。

(6) 检查会计账户中记录的资产是否由被审计单位完全拥有,有无不是或不完全是被审计企业拥有的资产,如租借的办公室、租入的交通工具和设备,反映在被审计单位自己的资产中。

五、对资产、负债、损益的计量存在的问题进行责任取证

检查被审计单位记录经济业务发生的金额是否正确,对不正确的原因及责任进行取证。

(1) 检查业务活动、款项支付、收回的资金或收入是否以正确的金额记录在账户中,有无收入或支出因为记录差错与实际收支金额不一致。

(2) 检查会计记录的金额是否采用正确的计算基础入账,如商品购进或销售是否采用正确的价格和数量计算成本、收入,是否以正确的汇率计算进口商品成本,以正确的退税率计算应收出口退税,有无单纯计算错误造成收入、成本不正确;在结转应收、应付货款时是否考虑原先的预付、预收款或商业折扣,以及考虑业务活动中的各种折扣、罚款、罚金、进货退出或销货退回等调整因素,确保入账金额与实际相符。

六、对有关资产、负债的计价方面存在的问题进行责任取证,要根据被审计单位的资产和负债是否以适当的价值记录入账进行取证

(1) 检查企业资产是否以正确的价值记录,如正常情况下应收账款、固定资产应以原值反映,但被审计企业却用重估价反映在资产负债表中。

(2) 检查企业资产增加和处理是否以正确的金额记录,如被审计企业固定资产购建成本中是否包含了购建过程中发生的增值税、相关外汇折算差异、资本化利息。

(3) 检查计价的会计政策运用是否正确,如固定资产折旧是否按国家规定的使用年限和折旧方法计提。

(4) 检查计价基础是否与以前年度一致,有无随意改变折旧率、坏账准备率,造成会计账户余额不真实。

(5) 检查应该进行重新估价的债权或其他资产,是否按其实际重估价、可收回性或可变现性重新计价。

七、对会计报表的表达与披露方面存在的问题进行责任取证

检查被审计企业的资产和负债的揭示、分类和描述是否符合现行财务报表编报要求,对不合要求的原因及责任情况进行取证。

(1) 检查收入与支出是否如实全额反映,有无收入直接与支出相抵,或支出直接与收入相抵,不如实反映收入、支出全貌。

(2) 检查应记"红字支出"的项目是否直接作为收入,或应记"红字收入"的是否直接作为支出入账。

(3) 检查是否遵循国家会计准则和相关财经法规对表达与披露的其他特殊要求,有无应说明的期后事项没有附注说明,应披露的会计政策没有如实反映。

八、对领导层管理、决策行为存在的问题进行责任取证

(1) 检查办公会议纪要、董事会会议纪要,查看被审计责任人表态、发言情况,以明确其责任。

(2) 检查被审计人的述职报告、任职期间工作总结、纪检、监察部门的检查报告,寻找重大决策和管理问题线索,以便进行责任分析、取证。

(3) 检查决策程序合规性,以查看被审计单位有无滥用职权、暗箱操作情况。

延伸阅读 4-1

新常态下国有企业经济责任审计有效方法

随着时代的不断发展以及国内经济水平的不断提高,现如今中国的经济发展规模、速度都已经进入新常态,同时随着经济发展时期的变化,各经济主体的发展模式也随之发生了很大变化。国有企业经济体制的变化为其工作开展过程中的经济责任审计工作提出了更高的要求与崭新的挑战,这可以说是在新常态经济发展背景下国有经济责任审计工作面临的机遇与挑战。本文将结合实际案例来对相关的国有经济责任审计工作进行说明,针对其中的问题与不足提出相应的改进建议与措施,希望通过切实提升员工的专业素质、落实相关领导的责任范围、不断完善国有企业的管理体系,促进国有企业经济健康稳定发展。

一、国有企业经济责任审计工作新形势

相关数据表明,在所有的国有资本统计当中,国有企业所占的比重一直居高不下,而且随着一系列新战略的实施,在部分国家重点建设地区,国有企业如雨后春笋般不断涌现。在这种形势下,国有企业经济责任审计工作难度也日渐提升。

(一) 审计对象变化速度加快

改革开放以来,随着国内改革开放的不断深入,国有企业改革进程也在不断加快。在过去的几年时间里,很多国有企业逐渐开始转型建立有限责任公司,这一操作也使得国有控股公司的数量日益缩减,从根本上导致了审计对象变化速度加快,以及审计对象消失、审计空间进一步缩减的现状,为国有企业的经济责任审计工作带来更大难度。

(二)需要进行审计的工作内容逐年增多

究其本质而言,经济责任审计工作的关键内容还是财务审计,它主要通过对资产的关注,从资产的保值增值以及盈亏等一系列的价值变动来对审计对象进行评价。国有资产中的绝大部分流入了大型企业以及与民生相关的热点问题企业,而当前传统的骨干型企业开始向综合型的企业转变,已经出现新投资的企业也已经逐步转向综合化。国有企业的综合化转变使其内部业务呈现出多样化、复杂化、工作领域扩大化的特征,这也使得国有企业经济责任审计工作不单单要对企业内部的财政收支情况进行审查,还要针对相关领导在任职期间对于企业的资产负债配比以及相关重要决策是否符合有关部门规定及市场经济原理进行审查,通过这种进一步扩大化、全面覆盖化的经济责任审计模式来确保审计工作无死角、无盲点,促进国有经济健康发展。

二、在经济发展新常态下国有企业经济责任审计存在的问题

(一)针对不同的企业经济责任审计标准不同

由于国有企业所在的行业多种多样,并且不同国有企业的发展方向以及行业相关准则也不尽相同,在实际开展国有企业经济责任审计时,在国内的不同地区、不同行业、不同发展水平之间存在着较大的标准差异,同时在审查过程中,部分地区相关部门及人员的专业素质有待提升。基于以上原因,可能会出现在不同地区针对同一种行为却得出了不同的审计结果的情况。并且这一结果还会受到当地政府以及市场经济政策的影响,导致审计结果缺乏应有的准确性与科学性,无法有效地对国有企业相关领导进行经济责任划分。

(二)相关经济责任审计技术人员专业素质不同

在经济责任审计过程中,由于工作涉及范围较广,并且需要采用复杂的专业技术进行更加科学合理的责任审核,所以在这个过程中,需要相关技术人员拥有过硬的技术本领来面对不同领域的工作需求。但是,在现实生活中,经济责任审计技术人员的专业技能水平参差不齐,还有一些专业技术人员的专业技能和知识非常匮乏,这就造成他们在工作中很难及时根据现有的情况作出准确合理的判断,并且在评判过程中出现不同意见时无法及时得出统一有效的结论,因而无法客观真实地反映出在审计过程中暴露的实际问题。同时,由于专业性不足,一些专业技术人员在审计报告的撰写过程中也会出现用词不当等现象,影响审计工作的合理性与公平性。

三、新常态下国有企业经济责任审计改革方法

在经济发展新常态下,审计工作的要求越来越高,面临更高难度、更多领域的新形势,需要更好的审计手段。这也体现出在经济领域复杂化的当今社会,审计方法多样性的重要性。在审计工作开展过程中,要针对国有企业内部领导在日常工作中担任的职务、处理的工作、工作的效率等一系列方面来对相关领导定责。通过这些调查可以为企业的奖罚、人事调动提供更好的依据。在面临不同岗位时,可以通过内部管理、风险监测评估,以及面临风险时领导的处置能力等,对相关责任人的经济责任落实情况进行评判。

资料来源:王丹,罗欣伟.新常态下国有企业经济责任审计有效方法探析[J].营销界,2022(12):119-121.

第二节 经济责任审计的分析方法

经济责任审计的分析方法又称分析性复核,分析性复核是指通过对被审计单位会计报表和其他会计资料进行分析,发现重要或异常项目,并调查重要或异常变动项目以及这些重要比率或趋势与预测数据和相关信息的差异。在整个审计过程中,审计人员都可以应用分析性复核。在审计计划和实施阶段,经常利用分析性复核发现和确定重要项目或异常变动项目,查明其合理性和正确性;对于异常变动项目,还应重新考虑所采用的审计方法是否适当,是否考虑追加审计程序,以获取更充分的审计证据。在审计完成阶段,应用分析性复核,

对会计报表进行总体复核,以评价审计过程形成的审计结论的恰当性和会计报表整体反映的公允性。

根据重要性原则,重要项目就是审计重点。异常变动项目产生的可能原因之一就是发生会计错误或不合规、不正常应收票据的经济业务。因此,对异常变动的项目,审计人员必须查明应收账款原因,并确定其原因是真实、合规、正确的经济业务引起的,而不是错误或不合规经济业务引起的。如果分析性复核其他应收款未发现任何异常变动,就表明存在重大错误或不合规、不正常经济业务的可能性很小,在这种情况下,就可以减少有关账户的细节测试。

分析性复核常用的方法有比较分析法、比率分析法、结构分析法和趋势分析法四种。

一、比较分析法

比较分析法是指通过某一会计报表项目与其既定标准的比较,以发现重要或异常变动项目的一种技术方法。它一般可包括本期未审计数与上期已审计数、本期计划数、预算数、同行业标准或审计人员计算结果之间的比较等。

二、比率分析法

比率分析法是指对将会计报表中的某一项目同其相关的另一项目相比所得的比率进行分析,既获取审计证据又提供进一步审计方向的一种技术方法。一般结合比较分析法使用就更能发现问题,如通过计算毛利润率,并与以前年度、行业平均毛利润率、合理毛利率等进行比较,就可判断被审计企业年度毛利率水平是否有重大问题,从而可初步判断主营业务收入、主营业务成本的合理性。

三、结构分析法

结构分析法是指通过计算会计报表的每一个项目占某一项目的百分比,确定各个项目重要性程度并确定审计策略的一种技术方法。在资产负债表的结构分析中,一般以资产总额为基础,计算各项目占资产总额的百分比;在利润表中,一般则以主营业务收入总额为基础,分别计算各项目占主营业务收入的百分比,在此基础上,确定所要采用的审计策略。

我们将比较分析法和结构分析法所得的结论进行综合,就可确定审计重点,并确定相应审计策略。

四、趋势分析法

趋势分析法是指通过对连续若干期某一会计报表项目的变动金额及其百分比的计算,分析该项目的增减变动方向和幅度,以获取有关审计证据和进一步获取审计线索的一种技术方法。

这些分析性复核方法同样可以用于对一些主要成本费用账户的发生额进行分析,如对管理费用、财务费用、销售费用、主要产品生产成本、制造费用等发生额进行分析,并初步确定其构成、发展变动趋势是否正常,并确定进一步审计线索。

在审计过程中,不能孤立地使用其中的某一种方法,而应当结合使用这些方法,从不同的途径收集审计证据,通过审计证据之间的相互补充和验证,提高审计证据的可靠性和增强审计证据的证明力。

> 相关思考 4-1

河北农机补贴成"唐僧肉",引发集体腐败坑害农民

2010年12月20日,河北省南和县农机局原局长尹尚文因犯单位受贿罪、受贿罪,数罪并罚,被法院判处有期徒刑3年,缓刑5年。尹尚文利用职务之便,伙同原副局长韩占其、王占国和会计黄建红非法收受农机经销商"农机推广费"43万元;以先缴费为购机条件,非法收取购机农户"培训、服务费"累计27万元不入账。此外,尹尚文个人还非法收受农机经销商张志强5万元现金。韩占其、王占国、黄建红犯单位受贿罪,被法院判处免于刑事处罚;张志强犯行贿罪被判处有期徒刑3年,缓刑5年。这是河北省邢台市检察院2010年以来在全市范围内组织开展查办农机补贴领域贪污贿赂案件专项行动的一个典型案例。

农机补贴成为"唐僧肉",官商勾结妄做发财梦

"为鼓励和支持农民使用先进适用的农业机械,国家每年投入大量资金补贴农机购置户。没想到,这些农机补贴资金却成了不法厂商和腐败分子的'唐僧肉'。一些农机干部与农机经销厂商相互勾结,弄虚作假,从中套取和瓜分补贴,严重损害农民利益,破坏国家惠农政策。"河北省检察院反贪局负责人介绍说,2009年以来,河北衡水、邢台、保定三市检察机关共立案查处农机补贴领域贪污贿赂犯罪39件共78人,涉案金额达1 080余万元。

"农机补贴领域的贪污贿赂犯罪具有一定的普遍性。"这位负责人分析说,衡水立案查办的12件案件中,涉及7个县(市)农机部门,占全市10个县(市)农机部门的70%;邢台立案的19件案件中,共涉及14个县(市),占全市17个县(市)的82%;保定5个县立案8件共18人,检察机关在办案中发现还有4个县(市)农机部门存在类似问题,占全市22个县(市)的41%。可以说,农机补贴已成为贪污贿赂犯罪的易发多发领域。

一项调查分析数据显示:在三市查办的78人中,贿赂犯罪共60人,占76.9%。其中受贿48人,行贿12人。从犯罪形式上看,一人向多地多人行贿,一人收受多人贿赂比较普遍,单打一现象很少。如南宫市凤岗农机排灌经销处经理邢培德,2006—2009年,分别向邢台县农机局行贿15万元,向南宫市农机局行贿15万元,向临西县农机局行贿36.75万元。邢台县农机局原副局长孟拉顺、县农技推广站原站长赵二虎,2007年以来接受8家农机经销商回扣款47万元。柏乡县农机局原局长王胜田,在2008年、2009年2年内共收受30家厂商和60多个购机户贿赂达100余万元。有的受贿回扣定额还逐年提升,如临西县农机局原局长王福信,2006年以来,将东方红牌拖拉机的回扣定额由2006年每台4 440元,逐年升高为2007年每台5 888元、2008年每台6 666元。行贿受贿已成为推销农机获得国家补贴的重要非法手段。

集体腐败特征明显,单位受贿日益凸显

2007年,河北省农业厅、财政厅联合下文,由省财政拨款补助"节水精播"项目资金。安国市共补助50台节水精播机,补助金额10万元。因享受农机补助的节水精播机在市场销售不理想,该市农牧局原副局长霍立军和农机办管理科原科长石永刚到河北农哈哈集团(以下简称农哈哈)找到集团负责人,经与负责人张某协商决定,农哈哈将用于补助50台节水精播机的10万元折合成40台玉米播种机给安国农机办。在霍立军的授意下,石永刚作出安国农机办按规定享受补助的节水精播机50台的假手续报送上级单位,从中骗取省财政拨付10万元补助款。

据办案检察官介绍,从目前查办的案件来看,一是窝案串案多,所办案件中,3人以上窝案22件,占56.4%;二是班子成员落马多,共涉及县农机(牧)局局长、副局长25人,占总人数的32%;连同15名农机站长、副站长共40人,占51.3%。如南和县农机局原局长尹尚文,原副局长王占国、韩占其等4人,2005—2009年共收受经销商贿赂款43万元;深州市农牧局原副局长骆奎清接受市农机公司贿赂款14.3万元。博野、临城、故城等8个县农机局正副局长均被立案侦查。主要班子成员的落马,充分反映出该领域贪污腐

败的严重性。

"个人受贿与单位受贿交织,个体腐败与单位'创收'相互依存。"检察官们在办案中发现,在农机补贴领域的贿赂犯罪中,个人受贿的背后多半有单位受贿。由于单位从中获得很大利益,个人受贿很容易隐蔽在其内不被发现,两者相互依存、相互掩饰。在查处的39件案件中,有11件涉嫌单位受贿犯罪。如深州市农机局受贿47万余元、枣强县农机局受贿54万余元、武邑县农机局受贿47万余元、故城县农机局受贿64万余元、武强县农机局受贿33万余元、安平县农机局受贿19万余元、南和农机局受贿43万余元、广宗县农机公司受贿21万余元……而在单位受贿的同时,这些单位的领导均有个人贪污受贿的问题。

抬高机价巧列名目,农民未受益反受害

办案检察官对农机领域近年来贪污贿赂犯罪进行了专项调查。在调查中发现,厂家为扩大销售额,经销厂商为获得更多的销售折扣,都在成本中扣除行贿费用。他们普遍的做法是抬高农机具价格,将行贿费用转嫁到应当由购机农享受的补贴资金上。例如,山东淄博桓台巨明机械有限公司业务员郑某在负责石家庄、保定、沧州等地销售大型联合收割机过程中,通过每台农机抬高价格1万元,给对方回扣1万元的手段,2年内共向三地销售79台收割机,以回扣名义向三地农机部门行贿79万元,抬价利润全部抵用行贿。

办案人员发现,由于购机申请、签订协议、指定供货、上报补贴均由农机部门掌控和运作,且由少数人甚至一人决定着农机在本地市场的准入。国家补贴直接补给经销厂商。为此,县级农机局就成为各地厂商不择手段的进攻对象。一些农机部门干部经不起"推广费""服务费""宣传费""回扣"等贿赂的诱惑,或收受贿赂后为厂商造假谋利,或收受贿赂后指定本地质次价高厂商经销,或收受贿赂后指定亲友、关系户经销,或收受贿赂后空卖购机协议使行贿人倒卖获利,甚至有的还公开索贿,讨价还价争取高比例分成。

据办案检察官介绍,农机购置补贴是国家重要的惠农政策,其惠及对象是农民,而实践中大量的补贴资金被农机干部与不法厂商所瓜分,农民一般情况下仅能得到不足30%的补贴。有的地方,甚至分文补贴都得不到,均被不法厂商和农机部门或5:5分成、或4:6分成所瓜分。如衡水、邢台等地,农民购买一台洛阳产收割机,按政策应得国家补贴3.69万元,但是经销商借机抬高销售价格1.25万元,而农民须给经销商1.4万元好处费后才能得到这个购机指标。这样,农民实际享受到的国家补贴最多只有1.04万元,只有政策规定的28%。安国市农牧局原副局长霍立军等人与不法厂家相勾结,于2007年伪造销售手续和发票,骗取节水精播机国家补贴后与厂商5:5分成,随后厂商将50台普通玉米播种机给农牧局销售。农民不仅没有享受到国家补贴,买到的还全是不节水的普通播种机。农机补贴领域的贪污贿赂犯罪,不仅严重破坏了国家的惠农政策,还损害了农民的切身利益,更严重损害了政府的形象。

四大犯罪成因不容忽视,惠农补贴改革势在必行

办案检察官在对农机补贴领域贪污贿赂犯罪专项调查分析后认为,这一领域犯罪的突发多发,与农机购置补贴的制度设计和工作机制上存在的问题密切相关。

一是农机定价不合理。按照财政部、农业部《农业机械购置补贴专项资金使用管理暂行办法》的规定,补贴率不超过机具价格的30%,且单机补贴额原则上不超过5万元,同一种型号、同一种配置的机具全省执行统一补贴标准。但在实践中,农机部门往往不参照出厂价、市场价定价,人为制造价格空间,国家农机补贴政策在实际执行中并没有按理想的设计推进。

二是补贴方法不合理。办案人员发现,农机补贴之所以没有用到或很少用到购机农户身上,与补贴方法不合理有着重要关系。在当前几十种农业补贴中,农机购置补贴是农民受益金额最大的补贴,但也是不直接补给农民,而是转补给厂商。这样不仅不能使农民直接享受到国家的惠民政策,也势必引起厂商间的不正当竞争。这也是厂商甘冒风险、不惜血本进行行贿的重要原因。

三是提货方式不合理。根据政策规定,农户购机的提货方式有三种:农机生产企业直接到项目县农机管理部门供货;县农机管理部门组织农民到农机生产企业提货;农机生产企业指定经销商对项目县就近供货,农民可任选一种。但在实际操作中,无一不是农机部门指定购机者到指定经销处提货。农民并无真正

意义上的自主选择。从表面上看,指定提货"方便"了厂商、"方便"了农民,但它为厂商争夺指定权提供了空间,也为本无多少决定权、以服务为主的县级农机管理部门提供了最终决定权的空间,并且成为农机管理部门易发多发贪污腐败的重要原因。

  四是监督检查不到位。首先是群众监督不到位。目前,农民参与监督的渠道不多,利用法律、政策保护自身合法权益意识较弱,又缺乏对国家各种支农惠农政策的了解,很难参与对政策执行落实情况的监督。其次,内部监督不到位。在农机管理部门内部,项目申请、审查把关等关键环节往往是少数人说了算,缺少内部监督制约机制,个别班子成员甚至同流合污,内部监督有名无实。再次,系统监督和地方政府监管不到位。上级农机管理部门的监督主要是通过书面、报表等形式进行审查把关,缺少可操作性的监督措施。由于农机补贴资金来源于中央和省级财政,地方政府主要关心获得补贴的多少,农业机械化程度的表上数据,对农机补贴的监督检查几乎没有相应措施。而一旦有人案发,又担心上级削减补贴指标,从而宽容甚于监督,包容甚于制约。

  为有效遏制和预防农机补贴领域贪污贿赂犯罪的高发势头,检察官提出如下对策和建议:一要实行政务公开,加大补贴宣传力度。农机管理部门应进一步加大农机补贴政策的宣传力度,一方面,将补贴政策的内容、程序、要求等向社会公开,让农民了解政策;另一方面,也应将享受补贴标准、购机农户姓名、补贴机型、补贴数额等情况向社会公开,以保障农机补贴工作始终处于社会的监督之下。二要改进价格设定方式,引入招投标机制。在充分考虑产品质量,生产厂家及经销商合法利润的基础上,对列入国家产品目录的机具定价,应引入招投标机制,取消弹性价格,并在补贴产品目录价格公布后的年度内不允许向上浮动。三要改进产品名录指定方式,增加农民购机选择权。农机生产企业是市场经济的主体,应鼓励它们积极投入市场竞争,不应以行政手段直接或变相干预市场的公平竞争。在经销活动中,要严格执行补贴产品经销商由生产企业自主推荐而不是由农机部门指定的做法,并由农民自主选择经销商和补贴产品,切实保障农民的自主选择权。四要减少中间环节,堵塞流转漏洞。农机部门作为政府职能部门,不应成为农机产品流通环节中的合同主体,而应是监管主体。产品的流转也应从"农户—农机局—经销商—农户"的做法,改变为从"农户—经销商"的直通流转;补贴资金亦应从支付给经销厂商,改变为直补到购机农户。农机部门仅作为监督主体依法审查农户购机资格和补贴的发放,不得干预双方交易。

  资料来源:河北农机补贴成"唐僧肉",引发集体腐败坑害农民,中国网 news.china.com.cn,2011-01-05。

本章重要概念

  责任取证 经济责任审计分析方法 比较分析法 比率分析法 结构分析法 趋势分析法

本章练习

一、选择题

1. 经济责任审计的分析方法包括(　　)。
  A. 比较分析法 B. 比率分析法 C. 综合分析法 D. 趋势分析法
2. 下列关于趋势分析法的说法中,正确的是(　　)。
  A. 可用于会计报表比较分析
  B. 可用于会计报表项目构成的比较分析
  C. 应用时必须注意各时期的指标口径必须一致
  D. 要应用例外原则

3. 运用趋势分析法时,必须注意的问题包括( )。
   A. 用于对比的指标,计算口径必须一致
   B. 必须剔除偶发性项目的影响
   C. 对比项目的相关性
   D. 要重点分析显著变动的指标
4. 对会计记录完整性进行责任取证包括( )。
   A. 检查到期或已收到的收入是否及时记入相关账户
   B. 检查已发生的经济业务和支付事项是否及时进行了相应的会计处理
   C. 检查已购买的资产是否如实在资产负债表中反映
   D. 检查企业资产是否以正确的价值记录
5. 趋势分析法包括( )。
   A. 纵向分析法　　B. 杜邦分析法　　C. 标准分析法　　D. 横向分析法

二、简答题
1. 在经济责任审计工作中进行取证应注意哪些内容?
2. 经济责任审计工作中的审计重点是什么?
3. 如何在经济责任审计中使用不同的分析方法?

第五章　党政领导干部经济责任审计

- 内容提要
- 重点难点
- 学习目标
- 知识框架
- 第一节　党政领导干部经济责任审计概述
- 第二节　党政领导干部经济责任审计的审计内容和审计程序
- 第三节　党政领导干部经济责任审计的审计评价
- 本章重要概念
- 本章练习

内容提要

本章主要讲解了党政领导干部经济责任审计的审计对象和组织实施;党政领导干部经济责任审计的审计内容和审计程序;党政领导干部经济责任审计的审计评价。

重点难点

本章重点为党政领导干部经济责任审计的组织实施、审计内容和具体的审计程序,党政领导干部经济责任审计的审计评价原则、评价方法;难点为党政领导干部经济责任审计的审计程序。

学习目标

通过本章学习,学生应掌握党政领导干部经济责任审计的审计对象的确定、审计具体实施的组织;掌握党政领导干部经济责任审计的审计内容和审计程序;掌握党政领导干部经济责任审计的评价原则和评价方法;了解党政领导干部经济责任审计的公示方法和对审计结果的运用。

知识框架

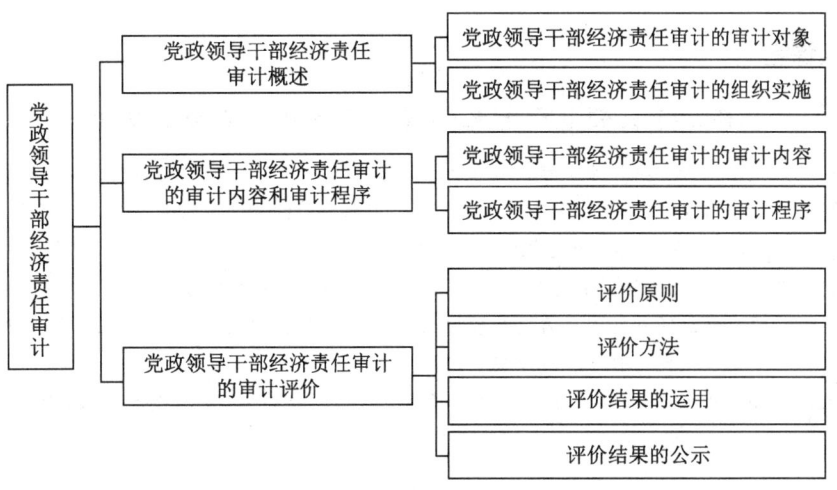

 **引入案例**

重庆:贯彻落实新规定
深化区县党政领导干部经济责任审计工作

近日,为贯彻落实新修订的《党政主要领导干部和国有企事业单位主要领导人员经济责任审计规定》(以下简称《规定》),切实做好2019年区县党政主要领导干部经济责任审计工作,重庆市审计局专门组织召开2019年区县党政主要领导干部经济责任审计碰头会,对标对表《规定》要求,及时调整优化审计内容,突出经济责任审计重点,创新审计组织管理,着力提高经济责任审计工作实效。

一是调整优化审计内容。围绕领导干部权力运行和责任落实,及时调整修改原审计实施方案中确定的审计内容,进一步突出审计重点,加大对贯彻执行党和国家经济方针政策、决策部署情况的审计力度,增加对区域经济社会发展规划和政策措施的制定、执行、效果情况的审计,关注在贯彻上级决策部署、经济决策、财务管理等过程中经济风险的防范情况,继续关注政府投资的重点项目建设管理情况,关注在预算管理中执行机构编制管理规定的情况,关注以往审计发现问题的整改情况。

二是加大项目统筹力度。创新审计组织管理,建立健全审计工作结果共享机制。按年度计划在组织实施区县党政主要领导干部经济责任审计时,同步开展领导干部自然资源资产离任审计、工业园区建设管理审计调查、重大政策跟踪审计、区县审计局局长任期经济责任审计等审计项目,对于在结合实施的项目中发现的与领导干部履职相关的重大问题,在经济责任审计报告中予以反映。充分运用年初实施的2018年度区县财政预算执行审计结果,同一事项不重复审计,提高审计工作质效。

三是精准进行定责和评价。审计取证注意收集相关问题与领导干部履职的关联证据,根据相关问题与领导干部履职的关联程度以及"三个区分开来"的要求,准确界定领导干部应承担的责任。根据审计结果,对领导干部履行经济责任情况、遵守廉洁从政规定情况作出审计评价,坚持审什么、评什么,坚持客观审慎原则。

四是提高经济责任审计成效。按照审计工作"治已病,防未病"的要求,在经济责任审计过程中既注重揭示和查处领导干部违纪违规的重大问题,发挥审计的警示性、震慑性作用,也注重分析领导干部履职中的苗头性、普遍性、倾向性问题,并从体制机制制度层面分析原因,提出建议,形成审计信息供市委、市政府决策参考,更好地发挥审计的建设性作用。

党政领导干部经济责任审计具体审什么?怎么审?带着这些问题,我们开始这一章知识的学习。

资料来源:重庆:贯彻落实新规定 深化区县党政领导干部经济责任审计工作,中华人民共和国审计署 http://www.audit.gov.cn/n4/n20/n524/c134133/content.html,2019年9月2日。

 **思政课堂**

地方党政领导干部经济责任审计评价与管理路径

作为中国特有、以党政主要领导干部为对象开展的责任履行情况的审计模式,经济责任审计对于全面促进依法治国和完善审计管理体制以及实现审计全覆盖目标具有十分重要的现实意义。在我国,地方党政领导干部对于地方经济社会的发展和进步发挥着承上启下的作用,但是从近年经济责任审计的运行效果来看,固定资产投资增长率、生态保护和环境治理等要素并没有纳入对地方党政领导干部责任的考核范围。因此,有必要进一步提升经济责任审计力度和强度,扩大审计范围。只有这样,才能最大限度地抑制违法违规行为的发生、稳定财政支出增长率和社会福利。

资料来源:杨阳.地方党政领导干部经济责任审计评价与管理路径[J].社会科学家,2018(11):63-67.

第一节 党政领导干部经济责任审计概述

党政领导干部经济责任审计是党管干部的一项经常性制度,是一项常规的干部管理与监督工作。开展经济责任审计,主要是为了加强对党政领导干部的管理和监督,正确评价党政领导干部任期经济责任履行情况;加强对权力的制约,促进党政领导干部树立正确的权力观和政绩观;促进党政领导干部勤政廉政,全面履行职责。

开展党政领导干部经济责任审计也是促进单位内部管理的重要手段。通过对党政领导干部任期内履职情况的审计,全面梳理检查所在单位经济管理情况,及时发现管理缺陷,及时整改,能有效防范内控风险,提高单位管理水平。

一、党政领导干部经济责任审计的审计对象

党政主要领导干部是指地方各级党委、政府、审判机关、检察机关,中央和地方各级党政工作部门、事业单位和人民团体等单位的党委(含党组、党工委,以下统称党委)正职领导干部和行政正职领导干部,包括主持工作1年以上的副职领导干部。

1. 地方各级党委和政府

地方各级党委和政府主要领导干部经济责任审计的对象包括:

(1)省、自治区、直辖市和新疆生产建设兵团,自治州、设区的市、县、自治县、不设区的市、市辖区,以及乡、民族乡、镇的主要领导干部。

(2)行政公署、街道办事处、区公所等履行政府职能的政府派出机关的主要领导干部。

(3)政府设立的开发区、新区等的主要领导干部。

2. 地方各级审判机关、检察机关

地方各级审判机关、检察机关主要领导干部经济责任审计的对象包括地方各级人民法院、人民检察院的党政主要领导干部。

3. 党政工作部门、事业单位和人民团体等单位

党政工作部门、事业单位和人民团体等单位的党政主要领导干部经济责任审计的对象包括:

(1)中央党政工作部门、事业单位和人民团体等单位的主要领导干部。

(2)地方各级党委和政府的工作部门、事业单位和人民团体等单位的主要领导干部。

(3)履行政府职能的政府派出机关的工作部门、事业单位、人民团体等单位的主要领导干部。

(4)政府设立的开发区、新区等的工作部门、事业单位、人民团体等单位的主要领导干部。

(5)上级领导干部兼任有关部门、单位的正职领导干部,且不实际履行经济责任时,实际负责本部门、本单位常务工作的副职领导干部。

(6)党委、政府设立的超过1年以上有独立经济活动的临时机构的主要领导干部。

二、党政领导干部经济责任审计的组织实施

(一)审计主体

党政领导干部经济责任审计,根据有关规定和文件,具体的组织实施可以分为由审计机

关负责组织实施和由单位内部负责组织实施两大类。

1. 审计机关负责组织实施的党政领导干部经济责任审计

根据《县级以下党政领导干部任期经济责任审计暂行规定》及其实施细则的规定,由审计机关负责实施经济责任审计的领导干部主要包括:

(1) 县级以下党政领导干部:县(旗)、自治县、不设区的市、市辖区党委直属的党的机关、县政府直属职能部门和事业单位以及县法院、检察院、群众团体的正职领导干部(包括主持工作的副职);乡(民族乡、镇)的党委和政府正职领导干部(包括主持工作的副职)。县级以上党政领导干部的审计范围参照上述范围确定。

(2) 一些地方还以地方性法规或地方政府规章的形式规定除上述正职领导干部(包括主持工作的副职)外,部门、单位的其他副职领导、主管财务工作的领导人员和组织部门认为有必要对其进行任期经济责任审计的一般干部也属于审计机关经济责任审计的范围。

2. 单位内部负责组织实施的党政领导干部经济责任审计

根据《中央纪委、中央组织部、监察部、人事部、审计署关于进一步做好经济责任审计工作的意见》中关于"各部门(单位)要按照中办、国办文件精神,积极开展对本部门(单位)管理的领导干部的任期经济责任审计工作"的要求和《审计署关于内部审计工作的规定》第9条第3项关于对本单位内设机构及所属单位领导人员的任期经济责任审计是内部审计机构的职责的规定,各部门、单位管理的领导干部(领导人员)经济责任审计的实施主要由部门、单位内部负责,由部门、单位的内部审计机构组织实施。

部门、单位内部管理的领导干部包括部门、单位的下属部门、下属机构、直属单位的领导干部或领导人员或其他领导干部(领导人员)等,如单位的部门主管、直属预算单位的领导干部等。一般情况下,需要进行经济责任审计的领导干部,主要是所在单位具有独立财务或独立承担一定经济责任的领导干部。

知识拓展 5-1

不再进行经济责任审计的情况

下列情况发生时不再安排经济责任审计:

(1) 领导干部已经离开任职岗位1年以上。
(2) 领导干部已经被纪检监察机关或司法机关立案调查。
(3) 领导干部已经提拔或任用到可能影响经济责任审计公正进行的岗位。
(4) 其他由于客观原因致使经济责任审计无法正常实施的情况。

(二) 实施时间

根据《县级以下党政领导干部任期经济责任审计暂行规定》及其实施细则的规定,党政领导干部任期届满,或者任期内办理调任、转任、轮岗、免职、辞职、退休等事项前,应当接受任期经济责任审计,遇有特殊情况,需要离任后审计、暂缓审计的由组织人事部门、纪检监察部门提出意见,报请本级党委或人民政府批准后执行。

上述规定确立了党政领导干部经济责任审计的先审计后离任的原则。但从目前审计机构的审计力量和经济责任审计的发展水平看,还不能完全达到先审后离的要求。因此,在经济责任审计工作实践中,较符合实际的做法是实行先审后任,突出重点,即离职后需要再任职的领导干部,应当力争在其任新职务前完成对前任的经济责任审计。

为解决审计力量不足与经济责任审计任务重的矛盾,要使审计监督关口前移,开展任中审计,即在领导干部任职期间,有计划地开展常规的经济责任审计,即将本应在离任时实施的经济责任审计在其任期内分段实施。

(三) 经济责任审计的回避制度

回避制度是为避免审计人员以权谋私、违法行政,保证行政行为的客观公正性而设定的一项法律制度,有关行政法律都作出了专门的制度性的规定。《审计法》及其实施条例和《中华人民共和国国家审计准则》等对审计机关和审计人员在审计工作中应当遵守的回避制度也作出了专门的规定。回避制度作为一项法律制度,审计机关和审计人员在进行经济责任审计的过程中必须严格执行;否则,审计机关的审计行政行为将构成违法,审计机关就此应承担相应的法律责任。

根据审计回避制度的规定,审计人员办理审计事项,与被审计单位或者审计事项有直接利害关系的,应当回避。具体来讲,审计人员办理审计事项,遇有下列情形之一的,应当自行回避:

(1) 与被审计单位负责人和有关主管人员之间有夫妻关系、直系血亲关系、三代以内旁系血亲以及近姻亲关系的。

(2) 与被审计单位或者审计事项有经济利益关系的。

(3) 与被审计单位或者审计事项有其他利害关系,可能影响公正执行公务的。

审计人员的回避可以通过以下方式提出:一是审计人员认为自己应当回避的,可以由审计人员自己提出,即审计人员自行回避;二是由审计机关依法作出,当审计机关认为审计人员在实施经济责任审计时应当回避,即可作出有关审计人员实行回避的决定;三是被审计的领导干部或被审计领导干部所在单位及其他具有利害关系的单位或个人如果认为审计人员符合回避的法定条件应当回避的,有权依法申请审计机关要求有关审计人员回避。

审计机关、审计人员、被审计的领导干部或被审计领导干部所在单位决定或要求回避的时间,可以是审计通知书送达后到审计过程终结前的任何时间。

审计人员的回避,由审计机关负责人决定;审计机关负责人的回避,由本级人民政府或者上一级审计机关负责人决定。

第二节 党政领导干部经济责任审计的审计内容和审计程序

一、党政领导干部经济责任审计的审计内容

审计机关应紧紧围绕党政领导干部所负经济责任的相关事项,并根据管理部门的具体要求和党政领导干部所在地区(部门、单位)的实际情况以及可投入的审计力量来确定审计重点。审计机关应以被审计领导干部所在地区、部门、单位的财政财务收支为基础,注重对与社会经济发展密切相关的重大经济事项和重要国有资产运营管理情况进行审计。一般重点选择以下单位进行审计:政府财政部门;政府机关财务管理部门;被审计的领导干部分管

或联系的部门或单位;相关驻外机构;相关重点企业;其他重要相关部门。

1. 党委领导干部任期经济责任审计的重点内容

党委领导干部任期经济责任审计应侧重于其任职期间的经济决策和宏观经济管理活动的审计:

(1) 贯彻执行国家重要经济政策情况,即核查被审计领导干部在任职期间是否严格按照要求贯彻执行国家的重要经济政策,制定的有关经济政策有无与国家经济政策相矛盾或者相抵触的情况。

(2) 重大经济决策和重大经济事项的程序和效果,即审计领导干部在任职期间所作出的重大经济决策和所进行的重大经济事项是否遵循了规定的民主决策程序,该经济决策和经济事项的效果如何,是否造成了重大经济损失或者取得重大经济或社会成效等。

(3) 所在地区财政收支和所在单位的财政财务收支情况,即审计所在地区财政收支和所在单位财务收支的真实、合法情况。

(4) 本人遵守廉政规定情况,即审计被审计领导干部是否存在个人经济上的违法违纪行为,是否有贪污受贿问题,以及其他遵守廉政规定的有关情况等。

(5) 国民生产总值、财政收入、国有资产总值、政府负债等重要经济指标的真实性和变化情况等。

2. 政府领导干部任期经济责任审计的重点内容

政府领导干部任期经济责任审计应对财政部门进行全面审计并对财政收支状况提出意见,对其他单位的审计或审计调查可以围绕与领导干部经济责任的相关程度及审计方案要求有重点地选择进行,审计的重点内容一般包括:

(1) 领导干部任职期间所管辖地区的财政收支、相关单位财务收支及有关重要经济活动的真实性、合法性。

(2) 贯彻执行国家重要经济政策情况,即核查被审计领导干部在任职期间是否严格按照要求贯彻执行国家的重要经济政策,制定的有关经济政策有无与国家经济政策相矛盾或者相抵触的情况。

(3) 重大经济决策和经济事项的程序和效果,即审计领导干部在任职期间所作出的重大经济决策和所进行的重大经济事项是否遵循了规定的民主决策程序,该经济决策和经济事项的效果如何,是否造成了重大经济损失或者取得重大经济成效等。

(4) 领导干部本人遵守廉政规定情况,即审计被审计领导干部是否存在个人经济上的违法违纪行为,是否有贪污受贿问题,以及其他遵守廉政规定的有关情况等。

(5) 领导干部任职期间所管辖地区的国民生产总值、财政收入、政府负债、国有资产总值及上级政府和有关部门当期考核事项等重要经济指标的真实性及其变化情况。

二、党政领导干部经济责任审计的审计程序

经济责任审计程序是指经济责任审计从开始到结束的全过程所实施的工作步骤和内容。科学地制定审计程序,合理确定各步骤的工作内容,选择恰当的审计方法,有利于审计工作的顺利进行,提高审计效率,也有利于对审计质量进行检查和考核,提高审计质量。

(一) 审计项目的选择和确立

党政领导干部经济责任审计由党委、政府经济责任审计领导机构和组织部门、人事、纪

检、监察部门依据领导干部任期届满,或任期内办理调任、轮岗、复职、辞职、退休等情况委托立项。委托分两个层次:一是提出委托计划;二是具体审计项目委托,即由委托部门将具体到个人的审计项目按干部监管、考核要求,随时送达审计机关。审计机关接到《经济责任审计年度计划任务书》和《经济责任审计委托书》后,按被审计对象性质、项目类别和党政干部管理权限规定,确立审计项目,并列入年度审计工作计划或专项审计计划,审计中可与业已开展的财政财务收支审计结合进行。对审计项目的具体要求和有关事宜,审计机关应与经济责任审计领导机构或委托机关协调、商议。审计项目的委托应采用书面形式,委托的内容包括审计对象、范围、具体内容、重点及有关事项。

(二) 审计计划与审前准备

1. 计划阶段考虑的问题

经济责任审计时间紧、政策性强、任务重、风险高、内容广、责任大,要想保证其审计质量,从接到审计委托书起,就要根据干部管理机关的委托要求和被审计领导干部及其单位的具体情况,对被审计内容的选择和审计日程的安排等作充分的考虑。在考虑审计内容时,一般注意被审计单位以下几个方面因素:

(1) 最近一次审计日期和结果。一般来说,对某一业务活动或某一单位的审计间隔期的长短与风险的大小呈正比,理应优先安排审计;同样,如果上一次审计发现的缺陷越多,则可认为控制上存在的问题越多,也应优先安排对其审计。

(2) 资金额度大小。资金一般容易引起注意并存在潜在风险。审计人员应优先安排那些涉及更多资金的项目,因为其中存在更高的潜在风险。

(3) 潜在的损失和风险。对于被审计单位,内部控制系统越弱意味着潜在损失与风险越大,内部控制系统越强意味着潜在损失与风险越小。如法律诉讼、公众形象受损等事项,表面上与财务无关,但这些风险最终都可能对财务产生影响。

(4) 委托者或管理层的要求。审计委托者或被审计单位的管理层,要求实施某项特定的审计工作时,那么就意味着他们可能已意识到某种风险的存在,审计人员应优先安排这些项目的审计。

(5) 经营方案、制度和控制的重大变化。如果被审计单位在基本业务,包括经营方案、制度和控制等方面发生了重大变化,其风险存在的可能性也就增大,因此要优先安排变化后的从未审计过的新业务。

(6) 对审计结果产生积极影响。经济责任审计的内容十分广泛,审计人员应充分考虑审计委托者的需要,被审计领导人及被审计领导者单位接受程度,在相同的风险水平下,应优先考虑能对审计结果产生积极影响的项目。

(7) 审计人员的能力。审计内容的选择,应充分考虑审计人员的组成及其个人的能力,审计人员的技能组合会影响审计工作的侧重点。审计机关应力求对审计人员的经验、受教育程度及能力进行很好的平衡,以助实施更全面的经济责任审计。

如何根据审计的目标,选择适当的审计内容,更多的是靠主观直觉而不是靠科学界定,因此说它是一门艺术而不是一种科学。在选择审计内容和做审计日程安排时,首先,明确选择被审计内容的策略;其次,注意识别潜在的被审计内容;再次,按风险存在的可能性及其大小安排被审计内容的顺序;最后,确定被审计的内容。

在决定审计内容后,审计人员应该着手审计准备工作。审计准备工作一般包括:确定审计目标和审计范围；搜集和研究有关背景资料；成立审计组和准备其他审计资源；准备初步审计方案；通知被审计者；决定怎么审，什么时候审，向谁报告审计结果；获得进行审计的批准等。

2. 组织审计力量

审计机关接受委托后，根据被审计单位的基本情况，委托机关的基本要求和初步估计的业务量大小，审计人员的独立性、执业能力来成立审计小组，并指定审计组负责人，明确审计人员分工。为了保证审计结果的公正性，审计人员办理任期经济责任审计事项，与被审计单位或被审计人有利害关系的，应当依法严格遵守审计回避制度。

审计组应实行组长负责制。审计组长除对审计组工作全面负责外，应十分注意协调处理审计中各方面的事项，对审计过程中遇到的重大问题应及时向派出的审计机关领导请示汇报，按照审计方案的要求组织实施项目审计，合理确定审计组人员分工，审核审计证据和审计工作底稿，检查监督工作进度，解决工作中的疑难问题，审查审计报告、审计意见书和审计决定，检查监督审计意见和审计决定的执行及审计项目资料立卷归档等工作。

审计组其他人员在组长领导和协调下进行工作，并对分担的审计工作负责。审计组长应根据各成员的能力和特点进行合理分工，使每个成员明确自己的职责，各尽其能，在分工基础上相互配合，协调工作，以求有条不紊、高效率地完成任期经济责任审计事项。

审计组的任务包括：下达审计通知书；收集有关资料；制定审计方案；具体实施审计查证；收集审计证据；编制审计工作底稿；对审计事项进行初步评价；起草审计报告，并征求被审计人及其所在单位意见；按照审计机关的要求草拟经济责任审计结果报告、审计意见书、审计决定书；督促审计决定的落实；对经济责任审计的资料进行整理立卷归档。必要时协助审计听证答辩等。

3. 下达审计通知书

《审计法》规定：审计机关根据审计项目计划确定的审计事项组成审计组，并在实施审计三个工作日前，向被审计单位下达经济责任审计通知书，同时抄送委托机关和被审计人本人。审计通知书送达被审计单位时，应要求收件人在审计文书送达回证上签收。审计机关拟写的经济责任审计通知书，其主要内容应包括：被审计单位名称、审计依据、范围、内容和形式，需要追溯和延伸的审计事项，审计的时间安排，要求提供的有关资料及必要的工作条件，审计组组成人员。

审计机关在送达审计通知书时，应当将审计双向承诺书一并送达被审计单位，被审计单位应对所提供的会计资料和其他有关资料的真实性、完整性承担责任，并由被审计单位负责人签字承诺。

审计通知书是审计机关制定的，带有行政命令性质的法律文书。经济责任审计的审计通知书应将审计对象和所在单位即被审计人和被审计单位并列在标题上，通知审计的客体和实施审计的客体必须一致；否则，可能会引起行政复议或行政诉讼。

4. 收集审计证明资料

审计证明材料，即通常所说的审计证据，是证明待证事实是否客观存在的材料，是证明被审计单位财政收支、财务收支及其有关的经济活动真相的凭据。就任期经济责任审计而言，它是审计人员对离任者经济责任进行评价和判断的客观基础，也是审计机关提出审计意见、作出审计决定的客观事实基础。

审计证明材料是审计人员在审计过程中,应用各种审计技术取得的。被审计单位准备并限期提供以下资料:

(1) 被审计人负有直接责任和主管责任的与财务收支事项有关的书面材料。该材料务必于审计工作开始后 3 日内送交审计组。

(2) 被审计人任职期间的被审计单位年度工作总结和个人述职报告。

(3) 任职期间单位各年度经济工作计划及其执行结果资料。

(4) 重大经济决策的相关材料及相关会议纪要。

(5) 任职期末财产清查和债权债务清理资料。

(6) 企业章程、经济合同、有关内控制度及内部机构设置、职责分工资料。

(7) 任期内有关经济监督部门、管理部门检查后提出的检查报告、处理意见以及会计师事务所出具的审计报告。

(8) 任职期内财务会计资料、相关业务资料、计划、统计资料及有关经济指标考核办法。

(9) 任职前后有关经济遗留问题的专门材料。

(10) 审计组认为需要提供的其他有关资料。

(11) 被审计人职责范围。

(12) 被审计人任职期间与目标责任制有关的各项经济指标的完成情况。

(13) 被审计人遵守国家财经法规和廉政规定的情况。

(14) 本人认为任职期内经济方面存在的问题及建议。

(15) 应当向审计组说明的其他情况。

5. 编制审计方案

在编制审计方案前,审计人员会去了解、掌握与任期经济责任审计有关的法律、法规和政策以及被审计单位、被审计人的基本情况,确定审计目标和审计重点,在此基础上制定审计方案。

(1) 审计方案的基本内容包括:

① 审计依据。

② 被审计人及其所在单位名称和基本情况。

③ 审计的目标、范围、内容、方式、重点、具体实施步骤和预定时间。

④ 审计组组长、成员及其分工。

⑤ 编制人、编制日期及审计机关负责人审批意见。

初始方案制定中,极为重要的问题是拟订审计步骤。审计步骤是审计人员为了实现审计目标,而去收集审计证据的工作顺序。而这种审计步骤与实施各种审计方法是分不开的。

(2) 典型的审计方法主要包括以下内容:

① 描述。概述各项业务的程序,或绘制各种流程图和图表。例如,概述有关作业处理程序,或编制业务流程图和组织系统图。

② 比较。比较说明某一审计项目的几种资料,找出其相同之处或不同之处。例如,将规定的标准程度和观察到的操作程序进行比较。

③ 复算。通过重新计算,以证明从他人处取得数据的准确性。例如,复核每月的生产成本和工资总额。

④ 审查。检查材料、设备和文件等审计证据。例如,检查与供应商签订的采购合同。

⑤ 观察。观察被审计单位的经营活动和程序。例如,观察现金收、付程序,或观察材料入库程序。

⑥ 重做。按规定的程序,将已处理的业务重新处理一次,核实其结果与原处理结果是否一致。例如,重做一遍数据输入程序,核实其输出结果与原输出结果是否一致。

⑦ 巡视。亲自到现场调查被审计单位的设备和经营情况。例如,巡视仓库设备。

⑧ 盘点。实地清查。例如清点库存现金、库存材料等。

⑨ 总计。加总明细账余额与其对应的总账余额核对,核实其是否一致。例如,对各种材料明细账加总,并与材料总账余额核对。

⑩ 查询。为证实被审计单位记录的正确性函询外部组织。例如,查询各种投资的余额。

⑪ 调节。依据有关证据调节期初与期末余额的变化,并说明其原因。例如,调节每月银行存款余额及调节部门与总部之间的差异。

⑫ 浏览。快速阅读文件资料,寻找可疑之处。例如,浏览行政会议记录,寻找可能不合理之处。

⑬ 追踪。追踪检查会计记录,从报表追查到凭证。例如,追踪每月发出存货的总账账户余额。

⑭ 保证。为支持最后报告的正确性而审计重要的书面证据。例如,审查保证按时足额支付款项给订约人的有关书面证据。

⑮ 审阅。对书面文件审视阅读。例如,详细审阅会计报表。

⑯ 分析。分析有关数据,说明数字间的关系和趋势。例如,分析存货总额变化,并与上年同期比较。

⑰ 询问。通过面对面询问调查有关情况。例如,询问存货管理状况和工资管理状况。

⑱ 证实和确定。证实某些活动、总数、程序与事实是否相符。例如,证实维修程序的执行。

⑲ 测试与抽样。为对整体作出结论而抽取部分进行检查。例如,测试某项业务处理是否通过授权批准。

⑳ 评价。判断确认事项的是非优劣。例如,评价内部控制制度的可信赖程度的高低。

在制定领导干部经济责任审计方案时,应根据审计委托者要求和确定的审计目标及范围确定必要的审计步骤。

审计方案有不同的格式,但主要应说明被审计的内容、步骤和程序,同时还要说明各事项和各步骤执行审计的人及完成的日期。

(3) 审计方案应规范的环节:

① 审前充分进行调查研究和草拟方案。

② 与委托机关协调,征求其对方案的意见。

③ 审计机关领导办公会审定审计方案。

(三) 审计实施

审计实施阶段是审计组进驻被审计单位,就地审查测试内部控制制度,审计财务会计资料,查阅与审计事项有关的文件、资料,检查现金、实物、有价证券,并向有关单位和人员调查,以取得证明材料的过程。它是审计全过程最主要阶段,是决定审计成败和质量高低的关键。

任期经济责任审计实施阶段应做的主要工作有以下几个方面。

1. 进驻被审计地区、部门或单位

审计组在完成审计准备工作后,应进驻审计现场,与有关部门和人员接洽,并通报有关工作程序及要求其配合的事项。属于地方党政领导和重点部门领导的经济责任审计则应由上级党委、政府经济责任审计领导机构领导与派出审计组的审计机关领导带领审计组与被审计人见面接洽。委托部门和审计机关如果认为有必要,可以在被审计人所在地区、部门、单位进行审计公示,即公布审计事项,列出审计组的办公地址及联系电话,欢迎群众参与审计监督。

2. 接受被审计单位和被审计人提供的资料

审计组根据征求意见的情况和审计工作的需要,向被审计领导人员的所在单位及其个人进一步索取必要的资料;必要时,审计组应采取各种手段收集必需的资料,对于社会审计而言,如各种单证存根、辅助记录、批示原件、会议记录等。收集资料时,应注意不同的资料有不同的来源,如表 5-1 所示。

表 5-1　　　　　　　　　　　审计资料来源

一般来源	具体来源举例
被审计单位的管理人员	部门经理、生产监督人、财务副总裁
被审计单位的非管理人员	送货员、销货员、设计师
被审计单位经营活动以外的人员	被审计单位的上级、收发员、仓库发料员
组织外人员	顾客、供应商、政府官员、银行家或债权人
被审计单位编制的经营文件	生产计划、工作日报、凭证、销售发票等
组织外来的文件	发票、装货单、运货计划、咨询信
组织内非被审计单位发来的文件	预算、转发文件、工作日报
已成文的政策、标准和程序	政策手册、生产流程图、通用会计程序、内部会计指南
被审计单位的活动和业务	设备保养、生产活动、工作报告、审查新申请人的背景、应收账款的处理
法律文件	合同、公司章程、公证、章程细则

值得注意的是,在索取、收集资料时,一定要做好登记、清点、移交工作。收集的资料要当面清点,注意残缺页码,并列表登记,注明资料来源。移交与接收双方,都要在移交表或调查单上签字。

3. 推行双向承诺制

与注册会计师受托进行经济责任审计相比较,国家审计机关作为国家行政机关,具有较大的职权,因而在进行经济责任审计时与民间(社会)审计组织有所不同。在审计程序方面就有所差异,国家审计机关审计实行双向承诺制。

党政领导干部经济责任审计实行审计组与被审计单位双向承诺制度,即审计组进驻被审计单位时,要承诺审计和廉政责任事项,同时要求被审计人和审计涉及的部门、单位有关人员对提供的财政收支、经济指标完成的真实性、个人廉洁自律情况、会计资料的真实性、完整性，是否有账外账等作出书面承诺并承担责任。

被审计单位和被审计人及有关财务人员，对提供的会计资料的真实性、完整性，对是否有账外账，是否存在重大关联方交易或事项以及未决诉讼事项等应承担责任。对提供虚假材料的有关责任人，可以建议被审计人管理机关或纪检监察机关给予必要的组织处理或党纪政纪处分。

4. 根据审计重点，进行审计组内部分工

审计组按专题分成若干个小组，分别实施审计。属于地方党政领导干部的经济责任审计，审计组内部可分出综合组，主要审计政府重大经济事项的决策、重点市政工程的资金筹措、使用及工程建设程序，主要经济指标的完成情况等。财政收支组，主要审计本级财政收支的真实性、合法性、合规性，税收的征收情况及税务政策的执行情况，社保资金的筹措、使用情况。党委、政府机关财务收支组、经贸组，主要审计重点企业的技改项目及资金的筹措、使用，包括效益、效果情况；主要审计机关财务收支的真实性、合法性、合规性和被审计人廉洁自律情况；对外重大经济事项包括招商、引资的真实性、合法性和效益性。具体如何分工，审计组应根据审计重点和现场实际情况来作出确定。

5. 进行调查研究

审计组进入被审计单位后，应召开一定形式的座谈会，通过座谈会的方式讲明经济责任审计的依据、目的和要求，并围绕审计事项，要求被审计人及其单位介绍情况，主要内容包括：基本情况（管理体制、机构设置、财务人员分工以及业务处理程序），财务决算，资产、负债、损益及国有资产的管理，主要经济工作目标，内部控制和管理，被审计人年薪报酬以及遵守国家有关法律、法规、规章制度和廉政建设等情况，存在的主要问题和原因。

审计组可根据实际情况和工作需要，组织有关部门、人员，以个别座谈、问卷调查等方式，听取他们对本单位工作、经营、管理、效益等问题的看法，对被审计人的评价意见，并了解、掌握被审计人个人在财务收支和其他经济活动中存在的侵占国家资产、违反廉政规定和其他违法违纪等问题的线索。

6. 评审被审计单位的内部控制

现代审计是建立在对被审计单位内部控制基础上的抽查审计，对被审计单位内部控制进行评审是现代审计的基本内容和方法。经济责任审计也不例外。注册会计师应当首先通过询问被审计单位有关人员、查阅有关内部控制文件、观察经营业务活动和内部控制运行情况等途径进一步了解被审计单位建立了哪些内部控制；其次通过采用文字（书面）说明、调查表、流程图等方法来记录和描述被审计单位的内部控制，确定已建立的内部控制的健全性；最后通过采用抽查凭证、实地观察、实验（穿行测试）等方法对较为健全、拟信赖的内部控制进行符合性测试，验证其有效性。在此基础上，注册会计师确定被审计单位内部控制的健全性、合理性、有效性，进而评估确定控制风险，并根据控制风险的评估结果对审计计划进行相应的修订。

注册会计师在经济责任审计中对内部控制的评审与在会计报表审计中对内部控制的评审的方法与程序相同。

7. 从银行账户入手进行审计

审计监督以财务收支为中心，财务收支监督以资金为中心，而银行账户，可以说是被审查单位资金的活动中心,它和相关的各种会计账目都有关联,全面、系统、连续地记录和反映了资金运动的情况和结果。从银行账户入手进行审计,注册会计师可以查清资金的来龙去脉,能总体把握资金活动的情况,有利于对被审查单位财务收支情况进行全面、系统和有效的审计监督。

银行账户检查的主要内容有:调查银行开户情况,索取银行账户资料,审查银行账户的管理和使用情况,检查银行账户收支的真实、合法情况;通过银行账户的审查,为进一步深化审计,查证有关问题提供线索,为确定下一步审计重点打下基础;核查财政收支报告,主要是依据被审计人提供的审计期间向人大报告的本级财政收支状况,审核其真实性、合法性和合规性。

对企业领导人员进行审计时,审计组一般应从资产、负债、损益入手,开展具体的审计工作,以进一步深化审计内容,为查证有关问题,确定下一步审计重点打下基础。

8. 审计证据的取得与验证

《审计法》规定,审计人员通过审查会计凭证、会计账簿、会计报表、查阅与审计事项有关的文件、资料、检查现场、实物、有价证券、向有关单位和个人调查等方式进行审计,并取得证明材料。审计证明材料即通常所说的审计证据,是证明印证事实是否客观存在的材料,是证明被审计单位财政收支、财务收支及其有关的经济活动真相的凭证。它是审计人员对审计事项进行评价和判断的客观基础,是审计机关提出审计意见,作出审计决定的客观事实基础,也是审计机关提出审计意见,作出审计决定的客观事实基础。对于国家审计来说,审计证据是指审计机关收集的用于证明审计事项并作为审计结论基础的材料。

审计组在审核检查被审计单位的会计资料及经济活动的过程中,应及时编制审计工作底稿,并取得经被审计单位或其他提供证明资料者鉴证认定的证据材料。审计组可以采取复印、复制、录音、拍照和专业鉴定、勘验等方式取得审计证据。若有特殊情况无法鉴证认定的,审计组应当作出书面说明。

《审计法》第39条中规定的取证方式和途径有审查、审阅、检查和调查等。

(1) 检查。检查或审查是审计人员经常采用的取得审计证据的方式,检查的主要内容是被审计单位的会计凭证、会计账簿、会计报表等书面文件资料;对资产实物的检查,则属监盘的内容。检查主要包括审调和复核。

审计人员在审阅会计记录和其他书面文件时主要审查以下方面是否真实和合法:

① 审阅原始凭证时,应注意有无涂改和伪造现象;记载的业务内容是否合理合法;是否有业务负责人、经手人等签字。

② 审阅会计记录时,应注意是否符合《企业会计准则》及有关财务会计制度的规定。如被审计单位据以入账的原始凭证是否完备;会计分录编制和账户运用是否恰当;账簿记录内容与原始凭证反映是否一致;货币资金收支有无不正常现象;成本计算是否符合国家有关财务会计制度规定等。

③ 审阅会计报表时,应注意会计报表的编制是否符合《企业会计准则》及其他国家有关财务会计制度的规定;会计报表的附注是否对应予揭示的重大问题作了充分的披露。

(2) 监盘。监盘是指审计人员现场监督被审计单位各种实物资产及现金、有价证券等的盘点,并进行适当的抽查。同时,在监盘时,审计人员还应对实物资产的质量及所有权予以关注。

在审计过程中,审计人员只是对被审计单位盘点工作进行监督,对于贵重物资应进行抽查复点。采取监督盘点法的目的是为了确定被审计单位实物形态的资产是否真实存在,是否与账面反映一致,有无短缺、毁损及贪污、盗窃等问题存在。实物盘点工作只能证实实物的存在性,而不能证实其所有权和质量,因此,审计人员一般还要另行审计,以证实其所有权和质量。

(3) 观察。观察是审计人员对被审计单位的经营场所、实物资产和有关业务活动及其内部控制的执行情况所进行的实地察看。观察有利于审计人员了解被审计单位的基本情况,获取审计单位的经营环境、资产状况、业务运转情况及内部控制制度的执行情况等方面的第一手资料,为形成独立、客观、公正的审计结论提供依据。

(4) 查询与函证。查询是审计人员对有关人员进行的书面或口头询问;函证则是指审计人员为了印证被审计单位会计记录事项而向第三者发函询证。查询所取得的证据,其可信性比较差,一般不能作为基本证据。函证所取得的证据,其可靠性虽然较高,但回收率较低。

(5) 计算。计算是审计人员对被审计单位的原始凭证及会计记录中的数据的验算或另行计算。审计人员在进行审计时,往往要对被审计单位的凭证。

对账簿和报表中的数字进行计算,以验证其是否正确。审计人员的计算可根据需要进行,不一定按照被审计单位原来的计算顺序进行;在计算过程中,不仅要注意计算结果是否正确,还要注意过账、转账等方面的差错。计算还包括对会计资料中有关项目的加总或其他运算。其中加总既包括横向数字的加总,又包括纵向数字的加总。在报表审计中,要充分注意利用加总技术来获取必要的审计证据。

(6) 分析性复核。分析性复核是审计人员对被审计单位的重要比率或趋势进行的分析,包括调查异常变动以及这些重要比率或趋势与预期数额和相关信息的差异。对于异常变动项目,审计人员应重新考虑其所采用的审计方法是否合适;必要时,应追加适当的审计程序,以获取相应的审计证据。

在整个审计过程中,审计人员都将运用分析性复核方法:

① 在审计计划阶段,审计人员要对审计单位提供的各种资料进行分析性复核,借以了解被审计单位业务经营情况,潜在风险存在的领域,规划审计工作所需的时间、人员、测试的范围和重点等。

② 在审计实施阶段,审计人员通过分析性复核,收集一定的审计证据,或借以发现尚需进一步检查的事项。

③ 在审计完成阶段,审计人员对会计或有关方面信息进行全面的分析性复核,借以评价局部的审计结论和准备形成完整的审计意见。特别要重点分析在计划和实施阶段所确认的异常事项是否已收集到充分而适当的审计证据;报表中是否还存在重要的未确认的异常事项。

常用的分析性复核方法有比较分析法、比率分析法和趋势分析法等。

9. 汇报交流信息

各审计小组在实施审计过程中,应互相通报情况,交流信息,研究解决审计中遇到的各种问题。审计组还应向派出审计组的审计机关定期汇报工作进度和审计中遇到的重大问题,以便得到上级的指示并求得问题的解决。

10. 汇总审计情况

审计组在审计现场结束前,应对实施情况进行初步归集整理,检查审计方案所列审计事项是否按要求全部实施。对已取得的审计证据进行综合分析,对审计工作底稿进行复核,对审计事项进行初步评价,初步汇总审计情况,并与被审计单位就一些必要事项初步交换意见,为草拟审计报告作准备。

11. 任期经济责任审计实施过程中应注意的问题

(1) 在实施领导干部任期经济责任审计过程中,审计机关有权依照《审计法》的有关规定行使职权。被审计单位或领导干部认为审计人员与其有利害关系,可能影响审计公正,有权申请审计人员回避。审计人员是否回避,由派出审计组的审计机关决定。对非法干预、阻挠审计机关、审计人员进行审计的行为,审计机关应当依法进行处理处罚。

(2) 审计机关认为有必要时,可以建议组织人事部门、纪检监察机关对有关人员采取必要的组织措施,保证审计工作的正常进行。

(3) 在实施领导干部任期经济责任审计过程中,遇到有审计手段难以解决的问题,审计机关应依照法定程序及时移交纪检、监察、组织等有关部门调查核实,调查核实结果报人民政府。

(四) 编制审计工作底稿与审计报告

1. 编制审计工作底稿

审计报告形成以前,审计人员皆有详细的工作记录,有些可直接作为正式的工作底稿。审计工作底稿是审计组工作质量、工作成果的反映,是撰写审计报告的基础,审计工作底稿与审计证明材料既有联系又有区别。审计证明材料是审计工作底稿的组成部分。审计工作底稿包括:

(1) 审计人员在审计准备阶段所形成的材料、收集的有关审计证据、被审计单位的基本情况和审计实施方案等。

(2) 与审计事项有关的证明材料及其鉴定意见。

(3) 审计中发现的问题及产生的原因。

(4) 判断审计事项的法律、法规、政策依据。

(5) 审计人员对审计事项的评价、初步结论和处理意见、建议,以及被审计单位、离任者的意见等。

2. 提出审计报告

审计报告阶段是审计组工作的终结阶段,其主要任务是撰写审计报告。经济责任审计报告不同于一般的财政财务收支审计报告。经济责任审计报告主要应反映被审计的领导干部在其任期内应负的主管责任和直接责任;经济责任审计的报告内容,不仅被审计领导干部及其所在单位所关注,而且被组织人事部门、纪检监察机关及有关党、政领导所关注,因为组织人事部门及纪检监察机关将其作为考核和任用干部的参考资料。

(1) 经济责任审计报告的基本内容。根据两个实施细则第16条和第17条规定:审计组实施审计后应当向审计机关提交经济责任审计报告,其内容包括:

① 实施审计工作的基本情况。

② 被审计的领导干部的职责范围和所在单位、部门、地区财政收支、财务收支工作目标完成情况,被审计的企业领导人员的职责范围和与所在企业资产、负债、损益目标责任制有关的各项经济指标的完成情况。

③ 审计发现被审计的领导干部及其所在单位、部门、地区或企业有违反国家财经法规和领导干部廉政规定的主要问题。

④ 被审计的领导干部对审计发现的违反国家财经法规和廉政规定的问题应当负有的主管责任和直接责任。

⑤ 对被审计的领导干部及其所在单位部门、地区或企业存在的违反国家财经法规问题的处理、处罚意见和改进建议。

⑥ 需要反映的其他情况。

(2) 经济责任审计报告的基本格式。经济责任审计报告的格式既要符合一般审计报告格式的要求，又要符合其基本内容表达的需要，一般应选择长式报告格式，而不适于选择短式报告格式。经济责任审计报告应分为开头、正文、结尾和附件四个部分。

① 开头部分。开头部分主要包括标题、编号、主送人或主送机关。

② 正文部分。经济责任审计报告的正文应紧扣基本内容来写，主要包括实施审计工作的基本情况、审计发现（或审计结果）、意见和建议。

③ 结尾部分。结尾部分主要写明撰写审计报告的××审计组、报告日期及审计组组长签名。

④ 附件部分。附件部分包括必要的附表与专项文字说明。根据经济责任审计的特殊性，有必要将被审计领导干部应负有的主管责任和直接责任作出详细说明，重要的事项要附有影印证据。关于财政财务收支工作各项目标、任务完成情况及各项经济指标完成情况可以列表作为附件说明。

延伸阅读5-1

新时代党政主要领导干部经济责任审计创新与发展

一、新时代地方政府重大经济决策模式的转变

中国特色社会主义进入新时代，社会主要矛盾已经转化为人民日益增长的美好生活需要和不平衡、不充分的发展之间的矛盾。要实现2020年全面建成小康社会的目标，开启全面建设社会主义现代化国家新征程，需围绕当前社会的主要矛盾，贯彻科学发展理念，着重解决当前发展中的不平衡、不充分问题。

不平衡、不充分的发展，表现在经济层面，就是低质量、不可持续的发展。即长期依靠要素投入、外需拉动、投资拉动和规模扩张的增长模式，在国际经济环境复杂多变、生态环境和政府债务约束强化的情况下，经济增速从2012年以前的9%以上，下降到近年来的7%以下，实际经济增长率明显低于潜在增长率。经济增速下降，发展不平衡、不充分，有外部性和周期性因素的影响，但根本原因还是经济结构失衡、体制结构失衡和治理结构失衡。经济结构失衡表现在供给侧结构性供求失衡日益突出，国有企业挤占民营及小微企业生存空间，要素驱动向创新驱动转型滞后等；体制结构性失衡表现在，政府职能转变还跟不上"市场在资源配置中起决定性作用"的要求，政府与市场、政府与企业、政府与社会的关系尚未从体制机制上完全理顺，地方各级政府越位与缺位现象并存；治理结构失衡表现在，城乡区域发展和收入分配差距较大，生态环境破坏，政策执行不力等。

从根本上解决三大失衡，需要不断深化改革，以供给侧结构性改革为主线建设现代化经济体系，通过转变生产方式、优化经济结构、转换增长动力、不断增强经济发展内生动力，实现经济从高速增长向高质量发展的转变。

二、地方政府重大经济决策模式转变对经济责任审计的挑战

新时代地方党政主要领导干部重大经济决策模式的转变，对传统经济责任审计内容、审计组织方式以及审计定责评价都将形成新的挑战。

审计内容方面，重大政策措施落实、地方政府性债务、自然资源资产利用和生态环境保护等已经列入经

济责任审计内容和重点,但十八届三中全会以来,中央强调的以供给侧结构性改革为主线的现代经济体建设等改革内容、地方系统性金融风险防范等内容,尚未得到足够重视。

审计组织方式方面,根据地方主要党政领导干部重大经济决策模式转变,丰富和调整经济责任审计内容和重点后,审计组织方式也面临着新的挑战,一方面,近年来各级审计机关先后开展了政策跟踪审计、政府性债务审计、自然资源资产离任审计、扶贫专项审计,如何处理经济责任审计与这些项目之间的关系成为现实难题;另一方面,在有限的审计资源下,如何科学地安排审计计划,组织项目实施,达到以最小的审计资源投入,既完成各专项审计任务,又在经济责任审计项目中充分利用其成果的目标,值得深入思考。

审计定责和评价方面,传统经济责任审计侧重审计所查证具体问题的责任认定,严格以审计所发现的问题为基础对被审计领导干部进行审计评价。这在以往地方政府以经济发展为中心,经济责任审计内容也相对单一的情况下,似无不可,但在全面决胜建成小康社会和全面深化改革背景下,传统的定责方式和评价标准难以做到客观、公正和全面。

三、新时代地方党政主要领导干部经济责任审计的创新与发展

经济责任审计内容,按决策实施顺序,可以分为决策制定实施中政策措施落实情况、决策程序的合法合规性、重大事项管理、决策实施效益效果等。从这个角度而言,经济责任审计的内容和重点是相对固定的,但按照领导干部决策内容分类,经济责任审计的内容和重点需要与时俱进,体现时代特征和要求。

为加强领导干部监督管理,中央决定自1996年起,对县级以下党政领导干部任期经济责任进行审计,通过对党政领导干部所在部门、单位财政收支、财务收支的真实、合法、效益情况审计,分清领导干部本人应当负有的主管责任和直接责任。由于目的是加强对领导干部的监督,所以审计内容没有突破,重点在于责任的界定。为贯彻科学发展观、构建和谐社会的有关要求,2007年,中央经济责任审计工作联席会议办公室印发《关于2007年经济责任审计工作指导意见》,要求在经济责任审计中重点关注国家环保、土地政策贯彻落实情况,节能降耗指标落实情况,政府债务及风险、重大决策程序与效果等。2010年,中办发〔2010〕32号《规定》明确将促进科学发展作为经济责任审计目标。2014年,为贯彻党的十八届三中全会精神,《实施细则》明确将地方政府债务、自然资源资产利用和生态环境保护等列入审计内容。十九大提出的全面建成小康社会和构建现代经济体系,对应发展和改革两大主题。经济责任审计要贯彻落实中央审计委员会"为全面深化改革现代化经济体系建设保驾护航,促进国家治理体系和治理能力的现代化"的要求,就必须将十九大提出的改革和发展任务并列为审计的主要内容。

发展方面,经济责任审计应当通过客观评价被审计对象深化改革责任履行情况,推动地方党委政府积极解决市场秩序不规范、生产要素市场发展滞后、市场规则不统一、市场竞争不充分等体制机制问题,营造公平竞争的市场环境,进而推动治理体系和治理能力的现代化。审计的主要内容应当围绕以供给侧结构性改革为主线的现代市场经济体系建设,重点关注地方党委政府"三去一降一补"任务的完成情况及效果、简政放权和法治政府建设情况、公平竞争市场体系建设和对民营经济支持情况等。值得注意的是,"三去一降"针对的主要是国有企业,在当前经济环境下,地方党委政府为保增长保稳定,可能违背供给侧结构性改革的初衷,继续支持资金、资源流向当地国有企业的低效率、重复投资项目,挤压民营企业生存空间公平竞争。公平竞争市场体系建设则可关注被审计对象对国务院"放管服"改革任务以及《关于在市场体系建设中建立公平竞争审查制度的意见》的执行情况及效果。

资料来源:陈慧.新时代党政主要领导干部经济责任审计创新与发展[J].金融经济,2019(24):38-40.

第三节 党政领导干部经济责任审计的审计评价

审计评价是审计人员根据审计过程中所查明的结果,对照审计标准,对发现的问题以及被审单位的全部经济活动所作的结论性评定,如评定被审计单位的经济决策、计划、方

案是否先进可行,评定被审计单位的各项经济活动是否合规、合法,评定经济效益的高低优劣等。审计评价是进行审计结果处理的基础;同时,也是审计发挥作用的客观需要。只有通过建立在审核检查基础上的客观公正的审计评价,才能确定被审计单位取得了哪些成绩、存在哪些问题、问题属于什么性质,以及有关经济责任的归属等。因此,每当审核检查终了后,审计人员应从不同的角度,对被审计单位的经济活动作出实事求是、客观公正的评价。

一、评价原则

1. 基本原则

依法评价、实事求是、客观公正是经济责任审计评价的基本原则。

(1) 依法评价。审计机关进行经济责任审计评价必须依法进行,不能超出规定的审计职权范围进行评价,更不能违反有关法律、法规和有关规定进行评价;否则,即属违法行为,审计机关应承担相应的法律责任。

(2) 实事求是。审计机关和审计人员进行经济责任审计评价要依据审计查证的事实进行,审计机关不能作出没有事实依据的判断,更不能虚造编造或掩盖隐匿事实、故意夸大或缩小事实,要根据事物或行为具体情况和客观规律作出判断。

(3) 客观公正。审计评价应当客观公正,始终保持审计机关和审计人员的独立性,不能借以谋取私利或者故意偏袒,更不能掺杂审计人员的主观因素、个人好恶和心理情感等。

2. 评价依据

(1) 法律、法规、规章和规范性文件,中国共产党党内法规和规范性文件。

(2) 各级人民代表大会审议通过的政府工作报告、年度国民经济和社会发展计划报告、年度财政预算报告等。

(3) 中央和地方党委、政府有关经济方针政策和决策部署。

(4) 有关发展规划、年度计划和责任制考核目标。

(5) 领导干部所在单位的"三定"①规定和有关领导的职责分工文件,有关会议记录、纪要、决议和决定,有关预算、决算和合同,有关内部管理制度和绩效目标。

(6) 国家统一的财政财务管理制度。

(7) 国家和行业的有关标准。

(8) 有关职能部门、主管部门发布或者认可的统计数据、考核结果和评价意见。

(9) 专业机构的意见。

(10) 公认的业务惯例或者良好实务。

(11) 其他依据。

3. 注意事项

审计机关和审计人员在进行审计评价中应注意以下问题:

(1) 审计评价应当紧紧围绕被审计领导干部的相关经济责任进行,对与被审计的领导干部不相关的行为和事项不进行评价。经济责任审计由于其自身的特殊性和内容的特定

---

① 根据《党政主要领导干部和国有企业领导人员经济责任审计规定实施细则》,"三定"就是对一个部门的主要职责、内设机构、人员编制及领导职数三大内容进行确定。

性,要求其紧紧围绕与被审计领导干部的相关经济责任进行,其审计内容和审计评价内容应当与财政财务收支审计等有所区别,与被审计的领导干部不相关的行为和事项不评价,不作为经济责任审计评价和审计结果报告的内容。

(2)审计评价应当在审计事项范围内进行,与审计事项不相关的行为和事项不评价。由于经济责任审计所涉及的行为和事项很多,审计机关不必将经济责任审计所涉及的全部内容和审计结果都纳入审计评价的范围,而只需要在已确定的经济责任审计事项的范围内进行审计评价。经济责任审计评价不宜过宽,更不能超出审计的职权范围作出审计评价。

(3)审计评价要依据审计报告所列的事实进行,审计证据不充分的事项不评价。首先,经济责任审计评价必须依据经审计查证的客观事实作出;其次,审计查证的事实必须足以证明所作出的审计评价;再次,作为审计评价依据的审计证据必须有效,即证据本身必须符合法定或规定的要求,证据的取得必须合法。审计证据不充分的事项不评价;否则,将构成审计风险。

(4)审计评价要依据重要性原则进行,对一般性的问题可以不作评价。由于被审计的领导干部所负经济责任的复杂性,经济责任审计的内容也相当繁杂,将经济责任审计的所有内容都加以评价并写入经济责任审计结果报告,会造成经济责任审计结果报告过于繁复而影响其效用。因此,经济责任审计结果报告应当详略得当,突出重点,依据重要性原则进行审计评价,着重评价经济责任审计的重点内容,对一般性问题可以不作评价。

(5)审计评价既要反映被审计的领导干部的问题,又要反映其相关业绩,审计评价要避免相互矛盾。经济责任审计应当较全面地反映领导干部履行经济责任的情况,既要反映被审计的领导干部的问题,又要反映其相关业绩。仅评价其问题或仅评价其业绩都会失之偏颇,造成经济责任审计评价的不充分和不恰当。但同时应注意,审计评价不能相互矛盾,正反两方面的评价不能相互冲突。

(6)审计评价要注意用语规范,表意明确。审计评价语言应简明平实,用词、用意应准确肯定,切忌含糊其词、模棱两可,更不能加入方言土语。

二、评价方法

经济责任审计评价的方法也是审计机关和审计人员极为关注的研究和探索的课题,各级审计机关和审计人员在经济责任审计实践中都不同程度地进行了探索和总结。以下是经济责任审计评价的主要方法。

1. 业绩比较法

业绩比较法包括纵向比较法(即上任时与离任时业绩比较的方法或先确定比较基期再将比较期与之对比的方法)和横向比较法(即将相关业绩与同行业一般状况进行比较的方法)。

2. 量化指标法

量化指标法是指运用能够反映领导干部履行经济责任情况的相关经济指标,分析其完成情况,分析相关经济责任的方法。

3. 环境分析法

环境分析法是指将领导干部履行其经济责任的行为放入相关的社会、政治、经济环境中加以分析,作出实事求是的客观评价的方法。

4. 主客观因素分析法

主客观因素分析法是指对具体行为或事项进行主客观分析,推究其具体的主客观成因,分析该具体行为或事项是成因于领导干部主观过错或主观创造力,还是成因于客观因素的影响,进而作出审计评价的方法。

5. 责任区分法

责任区分法包括区分现任责任与前任责任、个人责任与集体责任、主管责任与直接责任、管理责任与领导责任等方法,正确区分不同责任之间的界限和不同责任人之间的界限,使审计评价做到责任清楚、明确。

6. 其他有效的评价方法

经济责任审计评价的方法很多,既包括上述几种主要方法,也包括上述方法的综合运用。随着经济责任审计工作的不断深入和经济责任审计技术的日益成熟,经济责任审计评价的方法也将不断改进和提高,经济责任审计评价的方法没有特定的范畴,是审计人员在经济责任审计实践中不断探索和改进现有审计方法的结果。

三、评价结果的运用

1. 对问题的处理、处罚

对经济责任审计发现的被审计领导干部所在单位的问题,审计机关有权依照《审计法》及其条例以及相关法律、法规的规定进行处理、处罚。当经济责任审计的管辖与财政财务收支审计的管辖一致时,对被审计的领导干部所在单位违纪违规问题的处理、处罚应由实施经济责任审计的审计机关直接依法进行;当经济责任审计的管辖与财政财务收支审计的管辖不一致时,对被审计领导干部所在单位违纪违规问题的处理、处罚应由有财政财务收支审计管辖权的审计机关进行;经有财政财务收支审计管辖权的审计机关认可,实施经济责任审计的审计机关也可以直接进行处理、处罚。

(1) 审计处理是指审计机关对违反国家规定的财政收支、财务收支行为采取的纠正措施。审计处理的种类有:①责令限期缴纳、上缴应当缴纳或上缴的财政收入;②责令限期退还被侵占的国有资产;③责令限期退还违法所得;④责令冲转或者调整有关会计账目;⑤依法采取的其他处理措施。

(2) 审计处罚是指审计机关依法对违反国家规定的财政收支、财务收支行为和违反《审计法》的行为采取的处罚措施。审计处罚的种类有:①警告、通报批评;②罚款;③没收违法所得;④依法采取的其他处罚措施。

审计机关作出审计处理、处罚决定,应当遵循公正、公平、公开的原则。审计处理、处罚由审计机关依法实施,审计机关不得委托其他组织或者个人实施审计处理、处罚。

2. 对审计结果异议的处理

审计组在现场审计结束后,应当向审计机关提交审计报告。审计报告在提交审计机关前,应当征求被审计领导干部所在单位和被审计领导干部的意见。被审计领导干部如果对经济责任审计结果有异议,应当以书面的形式向审计机关提出对审计报告的意见,被审计领导干部应当阐明自己的观点和具体的意见,并提出有关事实和法律依据等。被审计领导干部对审计报告提出意见必须在收到审计报告后 10 日内提交审计机关,逾期没有提出意见的,视同无异议。如果被审计领导干部对经济责任审计结果报告有异议的,被审计领导干部可以根据有关法律、法规的规定要求审计机关进行复议或者要求审计机关纠正不当的行政行为。

四、评价结果的公示

1. 公示的形式

根据《县级以下党政领导干部任期经济责任审计暂行规定》以及《审计机关公布审计结果准则》的规定,公布经济责任审计结果,是审计机关向社会公众公开审计机关实施的经济责任审计事项的审计结果。审计机关向社会公布经济责任审计结果,应当客观公正、实事求是。

根据经济责任审计的特点,审计机关可以通过下列形式公布经济责任审计结果:

(1) 广播、电视。

(2) 报纸、杂志等出版物。

(3) 互联网。

(4) 新闻发布会。

(5) 公报、公告。

(6) 向被审计单位的职工公示。

(7) 在一定范围内进行通报(如有关部门或有关领导干部、领导人员的范围内进行通报)。

(8) 其他形式。

审计机关向社会公布经济责任审计结果,必须经审计机关主要负责人批准;涉及重大事项的,应当报经本级人民政府同意。审计机关向社会公布经济责任审计结果,应当在审计结果报告、审计意见书、审计决定书等审计结论性文书生效后进行。审计机关向社会公布审计结果,应当依法保守国家秘密和被审计单位及相关单位的商业秘密,并充分考虑可能产生的社会影响。

2. 公示的内容

审计机关公布经济责任审计结果,可以公布有关经济责任审计结果报告、审计意见书、审计决定书等审计结论性文书或其所反映的内容,具体包括下述的一项或几项:

(1) 实施审计工作的基本情况。

(2) 被审计的领导干部的职责范围和所在单位、部门、地区财政收支、财务收支工作各项目标、任务的完成情况。

(3) 审计发现的被审计领导干部及其所在单位、部门、地区违反国家财经法规和领导干部廉政规定的主要问题。

(4) 被审计领导干部对审计发现的违反国家财经法规和廉政规定的问题应当负有的主管责任和直接责任。

(5) 对被审计领导干部及其所在单位、部门、地区存在的违反国家财经法规问题的处理处罚意见和改进建议。

(6) 需要反映的其他情况。

> 延伸阅读 5-2

××区长任期经济责任履行情况审计项目案例

一、项目基本情况概述

为加强对县(区)长经济责任履行情况的审计监督,促进其依法行政、依法管理,2014年12月至2015年4月,根据局年度工作计划,××市审计局派出由市经济责任审计局和财政科人员组成的6人审计组,对××区区长2012—2014年任期经济责任履行情况进行了审计。此项目分别获得审计署2015年度地方表彰项目和安徽省2015年度优秀审计项目。其特点主要有:

一是为财政增收节支金额大。通过审计,促进增收节支13 346.83万元,其中根据审计决定上缴财政资金7 821.43万元,归还原渠道资金5 525.40万元。

二是移交案件线索多。审计移交违规违纪线索7项,市检察院、区纪委已根据移送和审计报告反映的问题对移送的3人进行了立案调查,其中1人因涉嫌受贿被市检察院批捕;1人受到党内严重警告、行政记大过处分;1人受到行政警告处分。

三是反映问题采用多。审计揭示了被审计单位存在的重大风险隐患问题22项,民生问题6项。上报的审计问题类信息被省委、省政府采用2篇(次),被市委、市政府采用5篇(次);分别被市委书记和市委常委、常务副市长批示2篇。

四是出台制度办法多。通过审计,推动了市、区政府出台《关于进一步规范政府系统重大事项决策行为的实施意见》和《区政府公共资源交易管理暂行办法》等7项制度,审计的建设性作用得到了充分彰显。

二、审计过程、方法与成果

(一)基本思路

该区是当时该市国土面积最大的区,下辖11个乡镇、街道,人口46万,区长潘某某自2008年任区长以来,前后任职时间长达8年没有进行审计。由于县(区)长经济责任审计涉及面广,社会关注程度高,怎样在人少事多的情况下圆满完成审计任务,这是一个实实在在的难题。为此,我们确定了基本思路如下:

(1)科学谋划,确立审前调查的内容。审计组围绕重大经济决策、招商引资、财政收支管理、国有资产管理、政府债务和投融资管理、建设项目管理、土地管理、环境保护和所属部门管理九个方面有重点地收集区政府关于经济管理方面的制度;审阅区政府会议纪要和记录,筛选与经济活动有关的决策事项;查阅区政府工作报告,分析经济政策的贯彻执行和上级下达的目标任务完成情况;制作统计表对工程招投标、政府采购、工程决算审计等内容进行统计汇总分析;采集财政数据,分析大额资金流向;收集财政、建设、土地等重点部门的工作总结和审计报告;听取纪检监察部门的情况介绍;通过实地调查,确定实施现场审计的重点内容。

(2)整合资源,进行合理分工。根据市审计局的工作部署,此项目由市经济责任审计局组织实施,市经济责任审计局局长挂帅任组长,审计组成员分成3个审计小组,按每个人的专业特长进行搭配组合,以便发挥最大能量,提高审计的工作效率。

(3)确定重点,审计责任到人。根据审前调查了解的情况,审计组发现,该区在重大经济决策、工程建设、财政管理、政府采购等方面存在薄弱环节,编制现场审计实施方案,明确各小组的审计内容和范围。

(二)审计方法及成果

1. 紧扣全部政府性资金找问题

区长任期经济责任审计中,全部政府性资金审计是绝对的重点,我们紧扣这一重点查找问题。

一是通过对财政数据审核分析,审计发现区财政非税收入7 264.11万元没有及时上缴国库,纳入预算管理,其中拆迁协调资金6 332.93万元放入专户用于调节财政收入的完成。

二是财政支出不实。2012—2013年,区财政把实际发生的支出2 680万元挂暂付款;在基金预算支出中虚列支出1 570万元。

三是预备费动用未经区政府批准。2012—2014 年,区财政动用预备费列支出 3 700 万元,未编制预备费的动用方案,未报经区政府批准。

四是政府采购制度制定不完善。区财政局在制定下达 2013—2014 年区级政府采购限额采购目录文件时执行范围为区直各部门,未包括各乡镇人民政府,仅仅在采购工作会议上提出各乡镇参照执行,从而造成辖区内各乡镇政府采购制度执行不力;区教育系统实行自行采购,没有纳入区政府采购中心统一管理;区财政政府采购预算编制工作没有开展。

2. 盯住疑点不放手

审计过程中发现了一些重大疑点,审计组盯住不放,一查到底,在线索明晰之后,果断出手,立即移送有关部门,毫不手软。

一是围墙支出引发一起受贿案。投资领域是案件高发地带,是审计的重点关注内容。审计人员在对区建设投资公司审计时发现,公司账目上有一笔商品房项目围墙支出 44 万元,这引起了审计人员的怀疑,城投的账目中怎么会有私人商品房建设支出呢?于是审计人员到现场实地查看,发现围墙确实属于一商品房项目。经询问公司管理人员,管理人员拿出了一份公司与私人建筑公司签订的协议,但对 44 万元围墙支出的解释不能自圆其说,明显存在问题。一条案件线索浮出水面。审计人员将此线索移交区纪委。经查,该公司总经理在支付工程款过程中收受贿赂 2 万元。区纪委将该线索移交给区人民检察院。

二是苗木价格虚高引发又一起受贿案。要审透区长任期经济责任审计,必须对部分乡镇进行延伸。审计组将当地一个财政状况最好的一个乡镇作为重点。在审计该镇的支出项目时,审计人员发现了一笔 70 多万元购买苗木的支出,部分苗木价格偏高。审计人员仔细查看所附单据,苗木是镇政府自行采购,未经政府采购,也未进行招标采购。审计人员实地查看苗木后,悄悄地询问了市内一位熟悉苗木行情的专家,证实部分苗木价格确实明显高于同期市场价。审计组当即召开审计现场会,及时进行讨论。会议认为某镇采购苗木 700 145 元,既未经政府采购,也未经招标,事实清楚,定性准确。由于苗木价格市场波动较大,认定苗木单价偏高缺少证据。会议决定审计组赴采购地调查苗木价格。审计组于 2015 年 4 月 20 日到肥西县苗木大市场经对其中购买的苗木进行实地采价,发现多支付苗木款 213 623 元。审计人员将这一线索移交区纪委。经查,时任副镇长董某某收受贿赂 2 万元,给予党内严重警告、行政记大过处分;具体工作人员潘某收受贿赂 1 万元,给予行政警告处分。

二是揭露某镇政府未报招标局备案,自行招标签订计生楼施工合同的问题,移交区纪检会。区纪委约谈镇主要领导,并在全区范围内对该镇主要领导进行通报批评。

四是将某镇政府 2013 年和 2014 年违规支付某市职工保险互助会职工保险金的问题移交区纪委。区纪委向相关人员追回了由财政分期付款的职工保险金,已交费用全部由个人承担。

五是揭露某镇政府违规发放补助 213 700 元的问题,移交区纪委。区纪委已追回违规发放补助,并将此问题作为发生在群众身边的"四风"和腐败问题的典型案例在全区通报。

六是揭露某镇政府 2012 年使用假发票报销招待费 172 468 元的问题,已移交区纪委。区纪委责成补开相同数额的正规发票,涉及偷税问题,移交区地税分局。

3. 防范风险于未然

区一级政府管理的资金规模大,执行国家政策的范围宽,管理的链条长,因此,审计防范和揭示风险就显得十分重要。

一是查堵对外投资风险。区政府(占注册资本 58.3%)与自然人合资成立融资担保公司,该公司在没有经过区政府同意的情况下对外投资 2 000 万元,采取保底收益和利润分成相结合的办法,每年保底收益 100 万元,利润分成按每年所有者权益增加额和投资比例确定,后又修改投资协议取消了利润分成;对外投资 2 000 万元和变更协议放弃利润分成这一重大事项,区政府委派的股东代表(领取兼职工资在审计期间退还)没有报告区政府,协议规定的保底收益也没有按期收取,截至 2014 年 12 月末,欠收投资固定回报 139.17 万元。通过审计,单位收回了对外投资本金收益 2 139.17 万元,防范了投资风险,维护了国家权益。

二是查堵举债和项目建设风险。审查了区城投公司、经济开发区账目凭证,统计分析了该区建设项目或有负债状况,通过审计发现,区地方政府性债务不实,少报地方政府性债务1 000万元;该区未出台综合性的政府性债务管理制度、偿债准备金制度。另外,区建设投资有限责任公司存在通过企业借壳贷款8 430万元等问题。再有,该区存在部分建设项目未经招标,涉及金额4 352.05万元。通过审计,建立了区政府债务管理及项目建设招投标管理系列办法,从制度和机制上,强化管理,堵塞漏洞。

三是经过对招商引资企业实际到位资金进行核实,发现有23 980万元资金不符合规定,虚报招商引资数额。

四是区政府执行财税政策不严格,返还企业税金477.76万元、返还公司土地出让金439.98万元;调整预算没有提请本级人大常委会审查和批准,涉及金额13 822万元。

4. 围绕民生做文章

为切实保障和改善民生,各级政府对民生的投入逐年增加。因此,强化对民生资金的监督,促进民生项目推进,同样是审计机关的重要职责。

一是审计揭示了由于选址不科学、管网不配套、污水处理量不能满足设计要求等问题,区属乡镇污水站运行不正常,已经建成的3座污水处理站其中有2座没有正常运行。《部分乡镇污水站建设和管理亟待加强》一文,分别被《安徽信息·每日快报》《安徽省政务要情》《淮南市政务要情》采用。

二是审计揭示了未报未供即用土地、以租代征使用土地等土地管理方面的问题,并以"部分县区土地出让管理存在乱象问题值得关注"为题提交相关部门,区委副书记、区长对此作出重要批示,要求建立规范的土地出让金成本结算办法,杜绝新发生未批先用、以租代征现象发生。

三是审计发现区环保局将生态村专项资金11.5万元挪用于行政经费开支,违反了《安徽省环境保护专项补助资金使用管理办法》的规定。

三、体会与启示

此次审计项目,涉及面广,审计和审计调查了20个单位和部门;查出违规违纪金额大,审计处理金额13 346.83万元;移送处理问题多,移送处理违规违纪线索7项。主要体会如下:

一是对工作要有高度责任心。作为一名国家审计人员,无论做什么审计项目都要认真对待,踏踏实实地把问题查清,时间紧、人手少都不是理由、借口,本着对职业的忠诚和认真细致的审计态度,把握可能出现问题的重点环节,对审计发现的疑点要逐一落实而不轻易放过。

二是要保持清晰的审计思路。审计的思路和方法要随着审计事项的变化而不断调整,不能停留在就账查账,局限于会计数据的审核。此次审计移交的问题看似手续齐全,支出合理,但通过综合分析、外部调查,还是发现了有价值的案件线索,从而避免了违规违纪问题成为漏网之鱼。

三是审计人员要善于借助外力。审计查案是一个极其复杂的工作,在当前形势下,审计手段仍然十分有限,关键时刻必须依靠纪检、监察等部门联合出击,通过借助各方优势,达到事半功倍的效果。从本次审计中移送的案件处理结果来看,违规违纪金额得到了收缴,涉嫌违法人员被移送司法机关,相关责任人员被问责,增强了审计效果,达到了扩大审计影响的目的。

四是强化制度约束,谨防职务犯罪。从此次审计项目移交处理的人员来看,有科长、有副科长、有办事员,职务犯罪已不仅限于领导干部,只要有机可乘,有些人就经不住诱惑,心存侥幸,出现违法犯罪行为,究其根本原因就是管理制度不健全或执行不力,给人可乘之机。只有以合理的制度作为保障,才能从根本上杜绝职务犯罪的发生,避免给国家带来损失,给家庭带来伤害。

资料来源:××区长任期经济责任履行情况审计项目案例,岳阳市审计局http://www.yueyang.gov.cn/sjj/8723/content_649427.html,2016-12-01。

本章重要概念

党政领导干部　经济责任审计　回避制度　双向承诺制　责任区分法

本章练习

一、选择题

1. 党政主要领导干部经济责任审计对象包括主持工作( )年以上的副职领导干部。
   A. 1   B. 2   C. 3   D. 5

2. 地方党政主要领导干部经济责任审计对象不包括( )。
   A. 民族乡乡长   B. 街道办事处主任
   C. 国有企业主要领导人员   D. 政府设立的开发区区长

3. 不再进行经济责任审计的情况包括( )。
   A. 领导干部已经离开任职岗位1年以上
   B. 领导干部已经被纪检监察机关或司法机关立案调查
   C. 领导干部已经提拔或任用到可能影响经济责任审计公正进行的岗位
   D. 其他由于客观原因致使经济责任审计无法正常实施的情况

4. 党政主要领导干部经济责任审计对象是指地方各级党委、政府、( )、( ),中央和地方各级党政工作部门、事业单位和人民团体等单位的党委正职领导干部和行政正职领导干部,包括主持工作1年以上的副职领导干部。
   A. 司法机关 公安机关   B. 司法机关 检察机关
   C. 公安机关 审判机关   D. 审判机关 检察机关

5. 经济责任审计对象包括党委、政府设立的超过( )年以上有独立经济活动的临时机构的主要领导干部。
   A. 1   B. 2   C. 3   D. 5

二、简答题

1. 党政领导干部经济责任审计的审计对象有哪些?
2. 如何组织党政领导干部经济责任审计?
3. 党政领导干部经济责任审计的评价原则有哪些?
4. 党政领导干部经济责任审计的审计结果公示的形式有哪些?
5. 党政领导干部经济责任审计的审计结果公示的内容有哪些?

第六章 行政事业单位领导干部经济责任审计

- 内容提要
- 重点难点
- 学习目标
- 知识框架
- 第一节 行政事业单位领导干部经济责任审计概述
- 第二节 行政事业单位领导干部经济责任审计内容与程序
- 第三节 行政事业单位领导干部经济责任审计评价
- 本章重要概念
- 本章练习

内容提要

本章主要讲解了行政事业单位领导干部经济责任审计的概念、特征、目的、经济责任认定；行政事业单位领导干部经济责任审计的内容和程序；行政事业单位领导干部经济责任审计的审计依据和指标等。

重点难点

本章重点为行政事业单位领导干部经济责任审计的概念、行政事业单位领导干部经济责任审计的内容和程序；难点为行政事业单位领导干部经济责任审计的程序、行政事业单位领导干部经济责任审计的评价指标和责任认定等。

学习目标

通过本章学习，学生应了解行政事业单位领导干部经济责任审计的范畴、目标；掌握行政事业单位领导干部经济责任审计的主要内容和程序；行政事业单位领导干部经济责任审计的评价指标。

知识框架

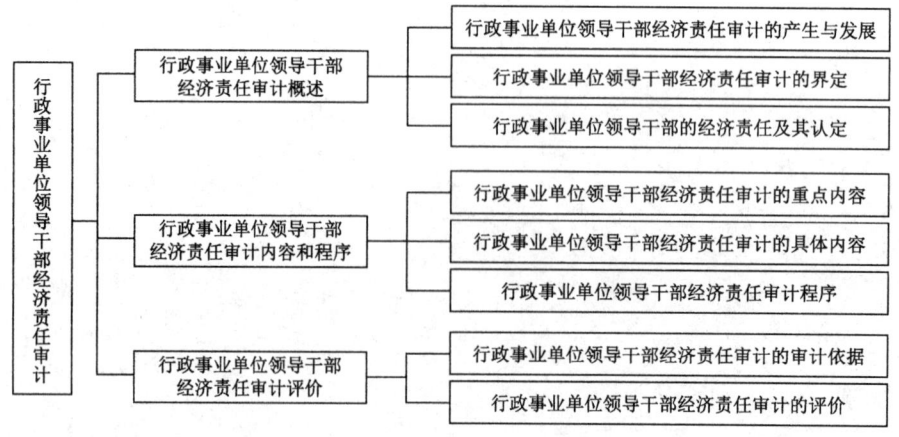

 **引入案例　　　　　行政单位经济责任如何定责**

某市审计局接受委托,对某局李局长自2009年3月至2014年8月的任期经济责任进行审计。在局领导分工中,李局长主管人事部门和财务部门工作,赵副局长主管业务项目审批办、培训中心等部门工作。在审计中,审计人员发现该局存在一些问题。

该局管理制度规定:

(1)大型采购支出和修缮支出、建设支出等资本性支出实行预算管理,每年年初要制定全年预算支出的财务计划。

(2)无预算的5万元以上采购支出、修缮支出以及建设支出等要由局长办公会集体讨论表决通过。

(3)符合招标条件的要通过招标方式予以实施。

2013年,该局进行的培训中心实验室改建项目,虽经办公会集体讨论,但多数局长不同意进行这一改建项目,因此该项目未被通过。年末,李局长以年末财政拨款结余较大为由,独自决定支出120万元启动该项目。2014年又追加工程支出20万元。对此,局内反应较大;经审计认定,该项目以高价材料、虚报明细项目等方式,多支出90多万元,给国家造成严重经济损失。

2014年2月,该局一项修缮业务,符合公开招标条件,但李局长施压局招标办,强令采取邀标方式将此项目交给了一个不够资质条件的建设公司。施工时该公司又将此项目进行了转包。该项目共计支出115万元。事后使用部门对修缮工程质量极为不满。

2009—2011年,违规发放奖金、补贴430万元,主要发放名目有先进单位奖金、工作考核奖、竞赛奖等。该局项目审批部门违规批减免3个项目的建设费,合计610万元,且对社会造成不良影响。

试根据上述案例资料,思考下列问题:

(1)在此次领导干部经济责任审计中,可能涉及哪些评价依据?

(2)在此次领导干部经济责任审计中,可能涉及哪些审计证据?

(3)在该单位出现的上述问题中,任职局长负有何种责任?

资料来源:复旦大学审计处.经济责任审计知识读本[M].上海:复旦大学出版社,2019.

第一节　行政事业单位领导干部经济责任审计概述

要研究行政事业单位经济责任审计,就要了解我国经济责任审计的产生与发展;就要明确什么是经济责任审计,经济责任审计有哪些特征,经济责任审计的目的是什么;就要知道什么是领导者的经济责任,如何划分这些经济责任,以及了解经济责任审计内容。

一、行政事业单位领导干部经济责任审计的产生与发展

领导干部经济责任审计源于党管干部的需要,是伴随着我国经济体制和政治体制改革的不断深入发展而产生的。

1985年,齐齐哈尔审计局率先开展了厂长离任审计。

1999年,中共中央办公厅、国务院办公厅联合下发了《县级以下党政领导干部任期经济责任审计暂行规定》和《国有企业及国有控股企业领导人员任期经济责任审计暂行规定》,并对上述两种审计制度的依据、被审计对象、审查的内容、进行审计的时间、审计执行机构和组织形式等作了全面的规定。县以下领导干部经济责任审计在全国全面铺开。

2001年,对县以上党政领导干部进行经济责任审计试点。

2004年,对地厅级以下党政领导干部经济责任审计制度化,扩大省部级领导干部经济责任审计试点工作。

2006年,《审计法》重新修订,专门增加了经济责任审计的内容,确立了经济责任审计的法律地位。《审计法》第25条规定:"审计机关按照国家有关规定,对国家机关和依法属于审计机关审计监督对象的其他单位的主要负责人,在任职期间对本地区、本部门或者本单位的财政收支、财务收支以及有关经济活动应负经济责任的情况,进行审计监督"。

2010年10月,为贯彻落实中共十七大和十七届四中全会精神重要举措,加强经济责任审计法规制度建设、规范经济责任审计行为、规范经济责任审计工作科学发展的现实需要,中共中央办公厅、国务院办公厅发布了《党政主要领导干部和国有企业领导人员经济责任审计规定》,第1条明确说明"为健全和完善经济责任审计制度,加强对党政主要领导干部和国有企业领导人员的管理监督,推进党风廉政建设"制定本规定。2014年7月,中共中央办公厅、国务院办公厅又发布了《党政主要领导干部和国有企业单位主要领导人员经济责任实施细则》。

《党政主要领导干部和国有企业单位主要领导人员经济责任审计规定》和《党政主要领导干部和国有企业单位主要领导人员经济责任实施细则》的颁布,标志着我国经济责任审计工作进入新的发展时期,标志着经济责任审计的制度化、常态化。它们明确了建立重点地区(部门、单位)、关键岗位领导干部轮审制度;明确了地方各级党委主要领导干部的审计监督重点;对审计对象、审计内容、审计评价、责任界定等方面的审计进行规定;对审计结果运用以及组织领导和审计实施等方面,首次进行了明确、细化和完善。它们是经济责任审计的最直接、最主要的审计法规和审计标准。

2016年1月,中国内部审计协会制定颁布了《第2205号内部审计具体准则——经济责任审计》。该准则明确了领导干部的经济责任、经济责任审计的内容、经济责任审计的对象;规定了经济责任审计的审计依据、审计程序和方法、主要审计内容和审计报告的内容、审计评价,以及审计结果的运用。《第2205号内部审计具体准则——经济责任审计》的颁布,又进一步完善了行政事业单位经济责任审计的制度建设,强化了经济责任审计的法律依据。

目前,我国对各级次、各类别领导干部的经济责任审计已经全面展开。其中,对行政事业单位领导者的经济责任审计开展得最多。经济责任审计也已常态化、制度化,形成了以任中审计为主,任中审计与离任审计相结合的审计模式,建立了重要领导干部任期内的轮审制度。

二、行政事业单位领导干部经济责任审计的界定

1. 行政事业单位领导干部经济责任审计的定义

依据《党政主要领导干部和国有企业领导人员经济责任审计规定实施细则》与《第2205号内部审计具体准则——经济责任审计》的规定,行政事业单位经济责任审计就是指审计机构对行政事业单位领导者、负责人在其任职期内应负经济责任履行情况所进行的审计对以上定义的理解包括以下要点:

(1) 行政事业单位经济责任审计的审计主体——国家审计机构,行政事业单位内部审计机构。

(2) 行政事业单位经济责任审计的对象——行政事业单位的领导者、负责人。

(3) 行政事业单位经济责任审计的职能——监督、评价和鉴证。

经济责任审计是具有我国特色的审计,已是各级政府、行政事业单位和国有企业等机关、单位的一项法定审计业务。

2. 行政事业单位领导干部经济责任审计的特征

开展一项审计,首先要明确其审计对象是谁,这是做好该项审计的关键。例如,财务审计是针对财务活动,经济责任审计是针对某领导者履行职责的情况。经济责任审计的特殊之处就在于其审计对象的特殊性,即对有关"人的事"而不是"单位的事"。只有明确了这点,才能进一步确定经济责任审计的具体内容,才能准确评价其经济责任。由于经济责任审计中被审计负责人种类具有复杂性,也就产生了其应负责任的复杂性,也就产生了经济责任审计的复杂性。

(1) 被审计负责人及其责任的复杂性、广泛性。行政事业单位是行政单位和事业单位的统称。两者经济活动内容不仅极其广泛,而且差异很大。其中,事业单位按功能划分,还分为承担行政职能的事业单位、从事公益服务一类和二类的事业单位以及从事生产经营类的事业单位等。例如,城管监察和环境监察、图书馆与博物馆等。又如,科教文卫体等,其中又可以再细分。因此,不同性质单位其经济活动不同,其领导者具体职责也就不同。

(2) 行政事业单位经济责任审计内容的多样性。行政事业单位经济责任审计涵盖了多种类型的审计内容,即集财务审计、效益审计、内部控制审计等内容于一体,乃至管理审计。但中共中央办公厅、国务院办公厅又以认定负责人应履行的经济责任行为特征。换言之,一项行政事业单位经济责任审计可以直接涉及财务审计与效益审计。财务审计与效益审计,它们都是针对一个单位组织的财务活动及其经济活动进行的审计。经济责任审计是对一个人应履行的经济责任进行的审计,而对一个行政事业单位负责人的经济责任审计,包括对本单位组织的财务活动及其绩效情况的审计,其中还涉及内部控制制度审计。

按照中共中央办公厅、国务院办公厅《党政主要领导干部和国有企业领导人员经济责任审计规定》及《党政主要领导干部和国有企业领导人员经济责任审计规定实施细则》的规定,对领导干部实施经济责任审计,主要是通过审查领导干部所在单位的财务收支的真实、合法、效益来监督、评价和鉴证领导干部经济责任的履行情况。

3. 行政事业单位领导干部经济责任审计的目的

经济责任审计制度是我国领导干部任期经济责任界定和政绩评价的一项基本制度,是加强党政领导干部监督,促进勤政廉政、全面履行职责,以及正确使用干部、促进干部队伍建设的一种有效监督机制。

行政事业单位经济责任审计的主要目的就是"评价责任、提供依据",即分清领导者任职期间在本部门、本单位经济活动中应当负有的责任,为组织人事部门和其他有关部门考核使用干部等提供参考依据。

延伸阅读6-1

党政主要领导干部和国有企事业单位主要领导人员经济责任审计规定

2019年7月15日,中共中央办公厅、国务院办公厅印发了《党政主要领导干部和国有企事业单位主要领导人员经济责任审计规定》(以下简称《规定》),并发出通知,要求各地区各部门认真遵照执行。

通知指出,经济责任审计是中国特色社会主义审计监督制度的重要组成部分。2010年10月,中共中央办公厅、国务院办公厅印发的《党政主要领导干部和国有企业领导人员经济责任审计规定》,在推动经济责任审计工作深化发展方面发挥了重要作用。为适应新形势新要求,完善经济责任审计制度,党中央决定予以修订。

通知强调,《规定》深入贯彻习近平新时代中国特色社会主义思想和党的十九大精神,坚持党对审计工作的集中统一领导,聚焦领导干部经济责任,既强化对权力运行的制约和监督,又贯彻"三个区分开来"要求,对于加强领导干部管理监督,促进领导干部履职尽责、担当作为,确保党中央令行禁止具有重要意义。

通知要求,各级党委和政府要加强对经济责任审计工作的领导,抓好《规定》的学习贯彻。各级党委、审计委员会要加强对经济责任审计工作的统筹谋划和整体推进,促进提高新时代经济责任审计工作质量和水平。有关部门要加强协作配合,把审计监督与纪检监察、组织人事、巡视巡察等监督贯通起来,形成监督合力。各级领导干部要带头贯彻执行《规定》,自觉接受审计监督,做到依法用权、秉公用权、廉洁用权。

资料来源:央广网,2019年7月16日。

 思政课堂

经济责任审计是对领导干部进行有效管理和监督的重要措施,对公正、合理、科学地考核、使用干部,严格财经法纪,促进廉政建设,维护国有资产保值、增值,保障社会和经济的健康发展具有重要作用。当前经济责任审计中存在一些带有普遍性、倾向性的问题,如财政财务收支管理混乱,经济责任审计的时间紧、协调难、审计中抓小放大等等。只有针对这些问题采取有效措施,才能不断完善经济责任审计制度,使之在反腐倡廉中真正发挥出应有的作用。

资料来源:刘湘玲.行政事业单位经济责任审计浅析[J].湖南行政学院学报,2006(03):11-12.

三、行政事业单位领导干部的经济责任及其认定

(一)领导干部经济责任的定义

经济责任是指领导干部任职期间因其所任职务,依法对所在部门、单位、团体或企业(含金融机构)的财政、财务收支以及有关经济活动应当履行的职责、义务。

对经济责任的理解是经济责任审计的核心问题,它事关经济责任审计的成败。对经济责任的理解包括以下要点:

(1)人责特征。该经济责任的实质就是领导干部"应当履行的职责、义务"。

(2)时间特征。该经济责任是专指"领导干部任职期间""应当履行的职责、义务"。

(3)相关特征。该经济责任是专指"领导干部任职期间"对其单位"财政、财务收支以及有关经济活动"应当履行的职责、义务。

(4)责任细化特征。该经济责任又分为直接责任、主管责任和领导责任。

简而言之,经济责任审计中的"经济责任"是指领导者基于其特定职务而应履行、承担的与经济相关的职责、义务,对领导者经济责任的准确界定,是进行经济责任评价的基础。

(二)领导干部经济责任的分类及其认定

1. 直接责任及其认定

《党政主要领导干部和国有企业单位主要领导人员经济责任审计规定实施细则》第25条规定,被审计领导干部对审计发现的问题应当承担直接责任的,具体包括以下情形:

(1)本人或者与他人共同违反有关法律、法规、国家有关规定、单位内部管理规定的。

(2) 授意、指使、强令、纵容、包庇下属人员违反有关法律、法规、国家有关规定和单位内部管理规定的。

(3) 未经民主决策、相关会议讨论或者以文件传签等规定的程序，直接决定、批准、组织实施重大的经济事项，并造成国家利益重大损失、公共资金或国有资产（资源）严重损失浪费、生态环境严重破坏以及严重损害公共利益等后果的。

(4) 主持相关会议讨论或者以文件传签等其他方式研究，在多数人不同意的情况下，直接决定、批准、组织实施重大经济事项，由于决策不当或者决策失误造成国家利益重大损失、公共资金或国有资产（资源）严重损失浪费、生态环境严重破坏以及严重损害公共利益等后果的。

(5) 对有关法律、法规和文件制度规定的被审计领导干部作为第一责任人（负总责）的事项、签订的有关目标责任事项或者应当履行的其他重要职责，由于授权（委托）其他领导干部决策且决策不当或者决策失误造成国家利益重大损失、公共资金或国有资产（资源）严重损失浪费、生态环境严重破坏以及严重损害公共利益等后果的。

(6) 其他失职、渎职或者应当承担直接责任的。

其中，判定直接责任的主要特征是"主观故意"违规违法、有严重后果、授权失责等。

2. 主管责任及其认定

《党政主要领导干部和国有企业领导人员经济责任审计规定实施细则》第26条规定，被审计领导干部对审计发现的问题应当承担主管责任的，具体包括以下情形：

(1) 除直接责任外，领导干部对其直接分管或者主管的工作，不履行或者不正确履行经济责任的。

(2) 除直接责任外，主持相关会议讨论或者以文件传签等其他方式研究，并且在多数人同意的情况下，决定、批准、组织实施重大经济事项，由于决策不当或者决策失误造成国家利益损失、公共资金或国有资产（资源）损失浪费、生态环境破坏以及损害公共利益等后果的。

(3) 疏于监管，致使所管辖地区、分管部门和单位发生重大违纪违法问题或者造成重大损失浪费等后果的。

(4) 其他应当承担主管责任的情形。

判定主管责任的主要特征是"对其直接分管或者主管的工作，不履行或者不正确履行经济责任"。

3. 领导责任及其认定

《党政主要领导干部和国有企业领导人员经济责任审计规定实施细则》第27条规定：两办《规定》第37条所称领导责任，是指除直接责任和主管责任外，被审计领导干部对其责任范围内不履行或者不正确履行经济责任的其他行为应当承担的责任。

(三) 特殊情形下的责任认定

1. 下属单位存在问题的责任认定

下属单位发生重大违纪违法问题或者造成重大损失浪费等后果的，以及涉及管理体制机制层面的普遍性、系统性问题，领导干部应当承担责任。根据领导干部职责分工、参与决策管理过程界定承担哪种责任：

(1) 领导干部直接指使、决策的，或主持相关会议讨论或者以文件传签等其他方式研究,在多数人不同意的情况下直接决定、批准、组织实施的,应承担直接责任。

(2) 领导干部直接分管或兼任下属单位法定代表人的,或主持相关会议讨论或者以文件传签等其他方式研究,并且在多数人同意的情况下决定、批准、组织实施,应当承担主管责任。

(3) 除上述直接责任和主管责任情形外,应承担领导责任。

2. 前任延续问题的责任认定

对审计中发现的领导干部任职之前被审计单位发生的违反有关法律、法规、国家有关规定、单位内部管理规定的问题,领导干部一般不应承担责任;若继续沿用前任领导干部做法的,应对任期内的违法违规行为承担责任。

前任领导干部在重大经济事项方面决策不当或者决策失误,被审计领导干部不予纠正,仍然延续执行该决策,造成国家利益重大损失、公共资金或国有资产(资源)严重损失浪费、生态环境严重破坏以及严重损害公共利益等后果的,应当承担责任;若被审计领导干部予以纠正,虽然采用了适当违规措施或造成部分损失,但避免了继续执行带来的较大损失,可不承担责任。

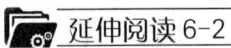

延伸阅读6-2

行政事业单位经济责任审计

经济责任审计是指在行政事业单位领导的任职期间对其所属的单位或者部门的财务以及相关经济活动的科学性、合理性、合法性进行审查的活动。虽然对于领导干部的考核以及审查的方式多种多样,但是不可否认的是,在目前经济责任审计仍然是对领导进行审查的重要方法之一。

一、行政事业单位在经济审计中存在的问题

(一) 缺乏必要的沟通机制

目前来看,我国经济审计的人员,基本上只是在整个审计的期间与被审计的领导进行沟通,其他的时间往往就是不沟通,及时进行了沟通也只不过是一些不必要的沟通,总之,在目前来看,我国行政事业单位的审计沟通的力度比较小,基本的沟通也比较差。也正是由于这个原因,在进行审计的时候,往往被审计者的一些信息难以被获得,这样就对整个审计的质量带来了极为不利的影响,因此,这就是目前来看我国行政事业单位在进行审计的时候面临的主要困难和问题。

(二) 缺乏对经济审计信息的有效管理和使用

对于我国行政事业单位来说,由于我国的行政事业单位在发展的过程中,上下级的关系比较明显,在下级的审计报告传到上级的时候,往往由于上级的问题,使得整个经济审计的信息得到很好的利用,上级对于下级的审计情况也并不是特别认真了解,这就使得当前我国经济审计的质量不高。当前我国行政事业单位在进行经济审计的时候,往往不具备很好的动态信息管理,这就使得整个信息管理比较滞后,也就是说当前的经济审计信息往往都是一个实点上的,这样的经济审计信息远远不能够满足我国经济审计的要求,所以,这就是目前来看,我国行政事业单位在进行经济审计的时候面临的主要问题,这些问题必须得到有效解决,否则将严重影响我国行政事业单位的管理效率。

二、提升我国行政事业单位经济审计质量的方法

(一) 强化审计管理,整合审计资源

新常态下的经济责任审计的内容和范围大大拓展,要想实现经济责任审计全覆盖,力量不足是现阶段各级审计机关面临的一个重要瓶颈。在现有人员编制不能增加的前提下,如何有效整合现有审计资源,确保足够的审计力量投入,是各级审计机关必须面临的现实问题。可以严格履行公开招投标的程序,引入审计服务外包,通过购买服务方式辅助完成审计新职能的实现。需要注意的是,外包不代表国家审计机关就

能轻轻松松地做"甩手掌柜",必须利用自身专业知识和实践经验,对委托审计项目进行全过程的监督和管理。从而形成以国家审计为主导、内部审计和社会审计为重要组成部分,既分工又协作的审计监督大格局,国家审计应加强对内部审计和社会审计的业务指导和监督,确保审计质量。

(二)成立有效的经济审计联络制度

为了更好地实现我国经济审计的效果,当前需要进行有效的经济审计联络制度,进行有效的信息沟通,目前来看,我国的经济审计质量的提升,需要建立更加完善的沟通机制,也就是说要进行全方位的信息沟通,将原本的事后沟通,转变为当前的全过程的沟通,这样才能实现当前整个经济审计的良好结果。建立良好的经济审计联络制度能够极大提高审计的效率和效果,审计员在自己的单位和被审计单位建立有效的沟通机制,这样才能极大地提升其信息的有效传递,进而帮助整个行政事业单位实现自身的信息透明化,这样我国行政事业单位在进行经济审计的时候,能够很全面地反映自身的经济发展情况,以及对于资金的使用情况。

资料来源:黄光勇.浅议行政事业单位经济责任审计[J].中外企业家,2019(24):30.

第二节 | 行政事业单位领导干部经济责任审计内容和程序

一、行政事业单位领导干部经济责任审计的重点内容

行政事业单位领导干部经济责任审计,要对其经济责任的履行情况进行全面的审查评价,因此,审计的内容主要取决于领导干部在单位中的地位及其应履行的职责,主要包括被审计领导干部所在单位有无建立适当的内部控制制度,财务收支活动是否真实、合法,资产负债是否真实完整,主要业务、经济指标是否完成,有无违反财经法纪与廉政规定。行政事业单位领导干部经济责任审计的主要内容一般包括:

(1)贯彻执行党和国家有关经济方针政策和决策部署,推动组织可持续发展情况。
(2)组织治理结构的健全和运转情况。
(3)组织发展战略的制定和执行情况及其效果。
(4)遵守有关法律、法规和财经纪律情况。
(5)各项管理制度的健全和完善,特别是内部控制制度的制定和执行情况,以及对下属单位的监管情况。
(6)财政、财务收支的真实、合法和效益情况。
(7)有关目标责任制完成情况。
(8)重大经济事项决策程序的执行情况及其效果。
(9)重要项目的投资、建设、管理及效益情况。
(10)资产的管理及保值增值情况。
(11)本人遵守廉洁从业规定情况。
(12)对以往审计中发现问题的整改情况。
(13)其他需要审计的内容。

对上述规定的理解可以概括为以下几点:

(1)被审计领导者对本单位决策职责的履行情况。
(2)被审计领导者领导本单位遵纪守法的职责履行情况。

(3) 被审计领导者应负的管理职责的履行情况。
(4) 其他相关责任的履行情况。

二、行政事业单位领导干部经济责任审计的具体内容

(一) 内部控制制度的审计

现代内部控制制度不仅适用于手工操作的信息系统,同样也适用于电算化系统;不仅适用于企业单位,同样也适用于事业单位和政府部门。任何单位要想进行规范、有效的管理,必须要健全和实施内部控制制度。建立和执行内部控制制度是管理者的责任,更是单位领导者的责任。对事业单位党政领导进行经济责任审计时,首先就应查明被审计领导所在单位有无健全的内部控制制度,各项内部控制制度是否得到很好的贯彻执行,机构设置、岗位设定、职责划分、人员定位、业务处理、作业程序、资产管理、收支手续等是否符合内部控制制度的规定,有无因失控或控制不严而造成管理混乱、损失浪费、差错舞弊等现象的发生。对事业单位内部控制制度进行审计的内容主要包括管理控制和会计控制两个方面,其具体内容如下。

1. 计划与目标审计

计划与目标是实施内部控制的基础,是对其恰当性、实际执行与有效性考核,是审计的主要目标。在检查计划与目标的恰当性方面,应查明目标是否清晰易辨,有无明确的数量标准或质量标准;目标是否与上级所定任务相符,是否与现有资源相宜;计划是否依预算而定,有无偏离现象;计划的执行与各项目标间的协调状况;计划内容是否完备,如有无揭示工作目标、列举资源的需求、实施的方法及对工作进度控制手段等;计划所列资源需求量是否精确、是否符合一般标准,年度计划是否符合长期目标的进程,执行计划的要求与实际条件是否相符等。在检查计划是否切实执行方面,应检查预算收支情况、计划实施后实绩与结果的影响;调阅计划执行的文件与报表,观察有关业务的执行等,以判断计划是否切实施行;检查计划执行的控制措施,查明计划的修改有无正当理由与正式行文。在检查目标的有效实现方面,应检查目标完成的数量、质量与时间;比较预定进度与实际进度,查明未按预定进度执行的计划对其他计划及全部工作绩效影响;通过对各种业务实绩及成果的检查,考核计划不完备、目标不明确的单位;在比较各项目标相对重要性的基础上,进行综合评定,并进一步查明绩效优劣的原因,据以提出改进意见。

2. 组织与职责审计

一要考核组织机构是否有利于业务执行,如检查组织机构是否与计划目标结构相适应,是否与业务处理相适应;比较业务部门工作量与计划分量的适应性,检查部门组织是否具备实现其目标所要求的技术条件;检查对计划实施与控制的机构,是否有利于计划的执行;检查所属机构设置是否符合目标分解落实的需要。二要检查职责划分是否有利于计划协调、控制及执行,如检查各部门的职责是否明确,有无重叠遗漏,有无责任归属,有无办事细则等;检查各部门的业务权责是否明确与相称。如比较同一层各部门的主要职责有无偏离,计划执行权的分配是否适度,相关业务处理有无协调原则等。三要检查一般组织原则的遵循情况,如观察与询问权力系统的统一性,工作人员是否接受多头领导与多元领导,有无越权行事或越权报告等;观察各部门有无适当的控制幅度,主管人员是否能顾及计划、组织、协调等重要工作,中下层工作人员是否因指导不当而造成工作失误,有无因主管人员不及时检查

而影响工作质量,或因监督过度而影响下属主动性等。

3. 政策与规定审计

一要检查业务处理政策与规定是否有利于计划的实现、目标的达成,以及其合法性、适当性、可行性、协调性、稳定性、适应性及经济性。二要检查政策与规定是否得以贯彻执行,如对既定政策有无采取有效措施予以贯彻,各种办法有无矛盾之处。三要检查决策层是否也接受政策约束。四要检查政策贯彻是否有利于目标的有效实现。

4. 制度与程序审计

一要检查制度与程序的完善性,如分析制度与程序的协调性、完善性与经济性,分析制度与程序有无内在的自我调节、自检系统。二要检查制度与程序是否贯彻执行,通过将制度与程序实施的结果与设计的功效及目的进行比较,分析制度与程序实施后的反应与对相关业务的影响等。三要检查有无不必要或不适宜的制度与程序。

5. 资源运用审计

一要检查企业的资源潜力与其所承担任务的适应性,如查明所需要资源与既有和可能有的资源之间的差异,查明文件上记录的资源数与实际存在的资源之间的相符性,比较各部门对资源使用的经济性。二要查明资源使用的恰当性,所有资源是否如数用于其任务,有无用于营业目的之外的情况,有无假公济私或浪费及其他舞弊行为。三要检查资源有无充分而有效地使用,如比较资源是否得到充分利用,检查人员运用是否有效,检查物资设备是否有效运用,检查流动资金是否有效利用,查明各种资源使用不清、不当及不经济的现象,以及对经营绩效的影响。

6. 对一般管理状况审计

(1) 检查管理措施的完善程度,如业务上重大决定有无以客观事实为依据,制定和执行目标、计划、政策、制度是否严肃认真,所需管理资料是否完备和可靠,有无健全的考核机构和严密的考核标准等。

(2) 检查各项管理职能的不足之处,如检查计划职能时,就注意是否按年度明确实现长期计划的目标,年度计划与长期计划是否有脱节现象,计划设计有无可靠的依据,各单位计划是否相互协调,有无各自为政的现象,计划所需资源的计算有无适当的标准等。

(3) 检查各单位是否重视事前协调,有无自发自动的协调手段,是否为苛求协调而过于频繁地采取补救措施,有无与外单位协调的措施等。

(4) 在检查领导职能时,应注意业务指导有无正常的下达渠道及是否有效地按程序指导,重要的指导有无违背基本原则或背离工作目标,有无只强调"权力"指导而忽视了思想沟通等。

(5) 在检查控制职能时,应注意有无控制计划进度与纠正偏差的手段,业务控制有无客观标准及是否有利于及时采取措施,是否有利于区别对待等。

(6) 要检查对一般管理是否进行定期、系统的检查,有无改进管理的计划、程序与时间要求等。

(二) 财务收支活动的审计

(1) 财务收支合规性审计。根据目前我国大多数事业单位管理状况,对事业单位进行财务收支活动审计时,应在内部控制制度一般性审计的基础上,主要查明会计控制制度建立与实施状况。第一,查明被审计的事业单位有无健全的会计机构和核算体系,有无必要的会计制度或会计管理规定,有无建立完善的账簿体系和会计报告体系,有无内部稽核或内部审计组织,或者有无专门从事复核与审查的人员。第二,检查各种作业(包括会计业务处理)有无健全的操作程序和规定应办理的手续,特别在经济收支程序中有无贯彻不相容职务分离的原则,有无部门或一个人包揽重要经济收支的全部过程。第三,检查各项财政、财务收支业务处理是否符合制度的规定,有无不按制度规定或绕过控制处理的现象。第四,检查会计记录是否真实、完整地反映了经济收支事项,所记录的收支事项是否合理、合法,有无真实可靠的原始资料为依据。第五,检查财政补助收入是否按国家规定并按预算级次反映;各项收费有无报批,是否按核定的标准执行;事业性收费收入与经营服务性收入是否分开核算;应"财政专户"的未来性收费收入是否按规定缴存,有无坐支挪用现象;经营服务性收入是否按税法规定缴纳各项税费;各项收入是否按规定完整地记入各收入类账户,有无用"应付账款"类账户截留收入或私设小金库。第六,检查各项支出是否属实,有无真实、合法的原始凭证为依据,有无无据支付或白条支付现象;对于有专门用途的收费是否按规定用途使用,有无利用收费资金给职工滥发钱物或违规建房、购车等问题,结余是否真实反映;对于支出中发现的异常现象,应重点查明,视其是否真实、合理与合法进行处理。

(2) 资产审计。对事业单位资产审计的主要目标是查明资产存在的真实性和完整性,以及资产增减变动的合规性与合理性。资产审计的主要内容:一是要查明有无健全和有效的资产管理制度。例如,有无分口分级管理和专人负责的制度,有无收付、使用和保管制度,有无健全的核算体系和明细核算制度,有无定期核对和财产清查制度等。二是要查明各种资产余额是否真实存在,是否账实相符。例如,在核实账实余额的基础上,核对实物与账面是否相符;如不相符,应查明原因,分清责任。在余额检查中,应特别注意,有无因管理不善、职责不清,而造成资产损失、流失、毁损或被占被盗。三是要查明各种资产增减变动是否真实、合法与合理。例如,通过对资产变动手续的检查,以检查各种固定资产、各种存货、各项货币资金和应收账款增减变动是否真实,是否符合有关规定,是否合情合理,有无舞弊行为。特别要注意对各种资产盘盈盘亏的处理是否合理合法,是否追究了有关责任人责任;注意固定资产清理报废的处理是不是合规,是否得到授权或批准,有无办理必要的手续,其账务处理是否正确。四是要查明各项资产使用有无效益,国有资产是否得到保值增值。

资产使用效益审计,首先,应查明各项资产支付的经济性,是否符合节约的原则,有无浪费行为;其次,要查明投入产出相比是否具有效率,即所有的开支是否取得了应有的所得;最后,要查明资金支用是否实现了预计的效果,预测的目标是否达到。对于事业单位来说,这种目标既包括经济效益目标,更包括社会效益目标。要综合考核资产使用效益,通过收支结余情况审计和净资产增值情况都可以说明资产使用的最终效果。要查明国有资产保值增值情况,首先应计算国有资产保值增值率,其次要查明影响保值增值的各种因素,以及有关责任人的责任。

(3) 负债审计。对事业单位负债审计的主要目标是查明负债存在的真实性以及负债增减变动的真实性、合法性与合理性。负债审计的主要内容:一是要检查各项负债存在是否真实,其分布是否合理,有无虚增或虚减负债的现象,有无以负债账项来截留收入或节余的行为。二是要检查各项负债增减变动有无合法的原始依据,其内容是否合理,有无履行必要的批准手续,其计算和账务处理是否正确,对于应付而付不出的债务是否作了正确处理,有无长期账项或以支预付的现象。

(4) 净资产审计。对事业单位净资产审计的主要目标是查明净资产的存在是否真实,其形成是否合理合法。事业单位的资金来源:一是国家预算拨款;二是预算外收入;三是拨入和自我形成的各项基金。因此,构成事业单位的净资产主要有事业基金、固定基金、专用基金和事业费结余。审计时,首先,查明各项资产的真实性和各项负债的真实性,并确认净资产的真实性。其次,查明各项基金形成和支用的真实性、合法性和合理性,如查明事业基金使用范围是否合法、合规,一般基金的支出是否符合规定要求,投资基金使用是否有论证、立项、概预算和决算等;各项专用基金的计提是否合规,计算是否正确,其使用是否合规和合理等。最后,查明收支结余计算的正确性和其形成的合法性。

3. 经济、效率与效果状况的审计

(1) 资源节约与工作效率审计。事业单位与行政机关相比,在运用各项资源的结构上要复杂得多,在对其资源节约审计中,要重点检查主要物资使用的节约情况。对事业单位人力资源使用情况审计,首先,检查事业单位人员结构是否合理,行政管理人员和专业人员的比例是否适当。其次,检查各技术岗位人员的适应情况,查明有无不适应技术岗位工作的人员。最后,检查事业单位人员出勤情况,各类人员是否出满勤,出勤时能否充分利用有限的时间完成应做完的工作。对事业单位财力使用情况审查:一是要检查其财力来源情况即通过单位资金拨入率、自筹率、自给率检查资金来源结构;二是要检查其财务使用情况,即通过单位资金使用结构,包括固定资产率、流动资产率、资产利用率,检查资金使用结构的合理性;三是检查财力资源节约情况,即通过实际拨入或筹集额,与实际支出额相对比,查明财务节约程度。对于事业单位物力使用情况审查,主要是检查能源使用、原材料的消耗等是否经济节约,即通过能源、材料使用的结构和价格、数量在不同的方案对比下所体现出的经济性,检查能源、材料使用节约情况;同时,还要检查各项资产的利用情况,即通过固定资产和设备的利用率、维修率、完好率、新旧程度等指标评价资产使用情况。

(2) 各项事业目标实现程度审计。事业单位的各项事业目标与其工作目标有着直接的关系。事业目标实现要靠各项工作目标的完成加以保证。对各项事业具体工作目标实现情况检查,首先,检查每一项事业时间、工时定额确定的合理性,根据各项事业的复杂程度和难易程度分阶段(年或月)划分时间和工时,分析总工时确定的适当性,在此基础上进一步将各项事业完成进度与所耗工时对比,检查人力资源使用情况。其次,检查每一项事业费定额的合理性,根据各事业的难易程度和定额工时,评价经费预算指标确定是否合理,并进一步检查经费节约程度。最后,检查每一项事业物资消耗定额的合理性,即根据事业的具体要求,采用一定的科学方法,评价物资消耗定额是否恰当,并在此基础上,将实际耗用数与消耗定额相对比,检查其物资消耗的节约情况。对于事业综合目标的实现程度进行审查,主要是根据各项事业计划目标结合各项事业的实际情况,评价其完成程度,除此以外还要结合有关经济技术指标进行。例如,科研、施工工程项目使用率,即计划指标与实际完成指标对比;科研成果利用率、投资项目使用率、环境污染治理率、科研成果直接效益率、建设项目直接效益率等。对上述成果进行评价应侧重于社会效益评价。

4. 遵守财经法纪情况的审计

审计财经法纪情况要以财务收支的真实性、合法性、效益性为载体。在审计中,如果发现财务收支不真实、有违反财经法纪情况的,应认真核实,并根据审计结果作出相应的处理和建议。构成犯罪的要移交司法部门,依法追究刑事责任;一般违反财经法纪行为的,应按国家法律、法规作出处理决定和审计建议。

应根据事业单位的特点,审计事业单位及其领导干部有无违反财经法纪与廉政规定问题,重点应查明以下几个方面有无问题:

(1) 审查是否认真贯彻执行国家财经法纪与廉政规定,有无私设"小金库""账外账",有无违反社会集团购买力规定擅自购置专控商品。

(2) 有无任意扩大收费范围和提高收费标准的行为,有无乱摊派行为。

(3) 有无不按基建程序办事,有无乱拉资金搞计划外基建以及有无超标准建设和装修等问题。

(4) 有无外投、外借和外包以谋私利,有无贪占公共财物。

(5) 被审计领导干部任期内的报酬和福利是否合理、是否透明,有无贪污受贿、公款私存等行为。

5. 个人收入及廉洁自律情况的审计

事业单位领导干部的个人收入及廉洁自律情况是经济责任审计的主要内容。通过审计,应查明领导干部个人收入的真实性、合法性及廉洁自律情况,并作出客观、公正、实事求是的评价。

三、行政事业单位领导干部经济责任审计程序

(一) 审计准备阶段

行政事业单位经济责任审计准备阶段的主要工作包括建立审计小组、了解有关情况、制定审计方案、发送审计通知书等准备性工作。

1. 成立经济责任审计项目小组

根据年初审计计划或接受委托,确立某部门或单位领导者的经济责任审计项目。据此成立审计小组,选择确立项目中负责人、小组成员以及职责分工等。

经济责任审计是一项较为复杂的工作,是一项要通过调查取证进行评价鉴证的工作。通过审前调查,以对被审计人的经济责任及其单位获得基本了解,以制定审计方案。

审前调查应包括以下内容:

(1) 要求被审计单位和被审计的领导干部提供下列资料:机构设置、人员编制和被审计单位的其他有关情况;职责范围或者业务经营范围;银行账户、会计报表及其他有关的纸质和电子会计资料;内部审计机构和社会审计机构出具的审计报告;财务会计机构及其工作情况;相关的内部控制及其执行情况;相关的重要会议记录和有关的文件;与审计工作有关的电子数据、数据结构文档;其他需要了解的情况。

(2) 应当与干部管理部门沟通,进行审前调查,听取干部管理部门的意见,了解被审计的领导干部的有关情况。干部管理部门应将所掌握的被审计领导干部的基本情况、有关违法、违纪情况、有关群众举报情况和其他应当关注的重要问题及时通报审计机构。

(3) 应当到纪检监察部门进行审前调查,了解纪检监察部门掌握的被审计领导干部有关违法违纪问题的线索、有关群众举报情况和其他应当关注的重要问题,并听取纪检监察部门的意见和建议。

(4) 应该同时收集、了解与审计事项有关的法律、法规、规章、政策和其他文件资料。对曾经审计过的单位,应当注意查阅了解过去审计的情况,利用原有的审计档案资料。

(5) 其他。必要时可以到其他相关单位,或者与有关人员进行审前调查。

2. 编制审计方案

经济责任审计是一项较为复杂的工作,要做好这项工作,事前一定要有规划、有工作预案、有工作计划,如设计分工、明确各项审计任务、确定时间进度等,就要编制审计方案,包括总体审计方案和具体审计方案。

编制审计方案的主要依据如下:
(1) 经济责任审计活动概况。
(2) 被审计单位内部控制、风险管理体系的设计及运行情况。
(3) 财务、会计资料。
(4) 被审计单位重大经济活动的相关协议、会议记录及其他文件资料,以及其他与审计方案有关的重要情况。

经济责任审计工作方案有如下基本内容:
(1) 被审计单位、审计项目的名称。
(2) 审计目标和范围。
(3) 审计内容和重点。
(4) 审计程序和方法。
(5) 审计组成员的组成及分工。
(6) 审计起止日期。
(7) 对专家和外部审计工作结果的利用。
(8) 其他有关内容。

3. 下发审计通知书

审计通知书是指审计机构在实施审计之前,告知被审计单位或者人员接受审计的书面文件。

(1) 审计通知书的内容。《第2102号内部审计具体准则——审计通知书》第4条明确规定,通知书应当包括:审计项目名称、被审计单位名称或者被审计人员姓名、审计范围和审计内容、审计时间、需要被审计单位提供的资料及其他必要的协助要求、审计组组长及审计组成员名单、内部审计机构的印章和签发日期等七项内容。

(2) 审计通知书下发。经济责任审计是一项预告审计。按照审计准则规定,在进驻被审计单位前,应将审计通知书送达被审计领导干部及其所在组织,并抄送有关部门。

《第2102号内部审计具体准则——审计通知书》第6条规定,内部审计机构应当在实施审计3日前,向被审计单位或者被审计人员送达审计通知书。特殊审计业务的审计通知书可以在实施审计时送达。第7条规定,经济责任审计项目的审计通知书送达被审计人员及其所在单位,并抄送有关部门。

(二) 审计实施阶段

经济责任审计实施阶段的主要工作包括:进驻被审计人单位,召开进点会议、收集有关资料,运用相关审计方法收集审计证据、编制审计工作底稿、与被审计领导干部及其所在组织交换意见。

1. 被审计领导干部参加审计进点会并作述职

经济责任审计进点会是审计机构在派出审计组实施经济责任审计时召开的通知和了解

有关情况的会议,涉及的主要事项如下:

(1) 进点会的参加人——审计组的审计人员;必要时,干部管理部门、纪检监察部门也应派人参加审计进点会;被审计的领导干部或领导人员;如果被审计的领导干部或领导人员已经离职,被审计单位的现任领导干部或领导人员应参加进点会;与审计事项有关的二级单位负责人和财务人员;其他审计组或被审计领导干部认为有必要参加的人员。

(2) 进点会的内容。进点会的内容包含:由审计组通报具体审计工作安排和要求;有关纪检监察、干部管理部门提出经济责任审计工作的工作要求;被审计领导干部述职,并向审计组提交相关书面材料。

如不需要被审计领导干部在进点会上介绍经济责任履行情况的,被审计领导干部可向审计组提交书面材料。

特殊情况下,被审计领导干部不能参加进点会的,应及时提交有关经济责任履行情况的书面材料。必要时,组织部门应负责谈话,转达经济责任审计要求。

2. 进行领导干部经济责任审计现场调查

通过现场调查以进一步了解被审计单位内部管理机制和运行情况以及领导干部任职期间的总体工作思路。

一个内部控制完善、组织机构设置合理的行政事业单位,其内部管理机制必然包括:干部选拔任用、科学民主决策程序、工作分配、重要工作审核把关、工作情况监督检查、工作业绩考核评价以及行政问责制度执行、奖惩激励措施等方面。同时,评价领导者职责的履行必然会涉及被审计领导干部任职期间的事业发展规划、经济规章制度、个人述职述廉报告,被审计单位年度工作计划、工作思路、工作总结、年度业务统计资料,党组(党支部)会议纪要、办公会议纪要等。因此,可以采取以下方法实施现场调查:

(1) 实施问卷调查。其工作包括设计调查内容(问题)、选择征询调查对象、发放调查表、收回整理等。

调查内容如下:本单位经济行为是否有违反党和国家有关经济政策和财经法规情况;本单位完成上级下达的各项经济指标的情况如何;本单位重大经济决策是否由领导班子集体研究决定;本单位各项资金使用的科学性及产生的社会经济效益如何;本单位固定资产管理使用情况如何;审计对象在履行经济责任过程中是否曾因玩忽职守造成重大损失;本单位财务内部控制制度贯彻执行情况如何;审计对象任职以来廉洁自律情况如何等。

(2) 进行个别谈话。在确定谈话人范围后,由审计人员分别与每一位约谈人进行谈话。如通过约请被审计单位党委(党支部)、办公室、人事等重要机构负责人,采取座谈、个别访谈等方法,了解被审计领导干部任职期间机构设置及运转情况。

(3) 调阅和检查领导干部任职期间被审计单位贯彻执行党和国家有关经济法律、法规和方针政策情况的活动记录与文件资料等。

3. 实施贯彻执行有关经济法律、法规、方针政策和决策部署情况审计

结合审计现场调查,实施领导者任职期间贯彻执行党和国家有关经济法律、法规、方针政策,贯彻执行系统内上级单位的重要决策和领导批示,执行部门有关经济规章制度和决策部署情况审计。

4. 实施重要经济决策制定和执行情况审计

(略)

5. 实施预算执行和其他财政收支真实性、合法性、效益性审计

审核行政事业单位财务报表的编制是否符合要求,对会计报表进行合规性审核,并对财务报表进行分析,检查预算的执行情况、国有资产的完整性、政府采购的规范性等。

6. 编制审计工作底稿

审计工作底稿是审计人员在审计工作过程中形成的全部审计工作记录和获取的资料。它是审计证据的载体,可作为审计过程和结果的书面证明,也是形成审计结论、作出审计报告的依据。

审计人员在审计实施过程中,既要整理和记录收集到的证据,也要记录审计工作过程、组织安排等。

(三) 审计报告阶段

行政事业单位经济责任审计报告阶段的工作包括起草审计报告、征求被审计单位意见、审计报告的审定与签发以及出具审计结果报告等法律文书。

1. 起草审计报告

项目组成员对审计工作底稿进行汇总、意见汇总、异常与影响分析等;对审计程序运用、主要财务数据审查、重大事项的审查等进行检查。

撰写经济责任审计报告。报告的基本格式包括标题、正文、附件三部分。

(1) 报告标题。行政事业单位经济责任审计报告的标题一般应涵盖被审计领导干部姓名、原所在工作单位名称、职务等内容,并明确经济责任审计的类型,如任期经济责任审计、离任经济责任审计等。例如,关于对××(单位全称)原院长(被审计领导干部所任职务)××(被审计领导干部姓名)同志任期(离任)经济责任审计的报告。

(2) 报告正文。报告正文主要包括前言、审计依据、被审计单位基本情况、审计结果、审计评价、其他说明事项等六个部分。

前言主要对审计对象、审计范围进行说明,明确管理当局责任和审计责任,简要介绍审计程序实施情况。

审计依据主要为审计准则、会计准则、干部考核规定等。

被审计单位基本情况包含:被审计单位的性质、隶属关系、历史沿革、组织机构情况;职工人数及其知识结构、现有在职人员与离退休人员数量;被审计单位在本行业中所处地位、核算管理体制,如果被审计单位为工程建设单位则应描述基本建设项目概况;对外投资及产权纽带关系情况;被审计领导干部的任职情况,简要描述相关任职、免职的文件依据、任职起止时间、工作交接、领导干部内部分工及其他需要说明的情况。

审计结果包括:被审计领导干部所在单位内部控制制度的建立、执行情况,财政(财务)收支及预算执行的真实、合法和效益情况;资产管理和使用情况,任期内主要经营考核指标和绩效评价指标完成情况;重要投资项目的建设和管理情况,制定和执行重大经济决策情况;被审计领导干部对下属单位财政、财务收支以及有关经济活动的管理和监督情况;与领导干部履行经济责任有关的管理、决策等活动的经济效益、社会效益和环境效益情况;遵守有关廉洁从政(从业)规定情况等所进行的反映和评价。

审计中发现的问题及建议主要陈述经审计确认后的被审计单位会计信息存在的问题、资产质量存在的问题、重大决策存在的问题、遵纪守法和内部控制、管理存在的问题。

审计评价的质量直接关系到对干部的监督和管理,影响到对领导干部使用的导向问题,也关系到经济责任审计作用的最终实现。审计人员应按照审计评价服务于经济责任审计目的的原则,把握审计评价的要点,以责任、业绩为基础,以法律、法规、国家有关规定和政策,以及责任制考核目标和行业标准等为依据,以审计证据和事实为支撑,并结合干部任职实际环境等进行客观、公正的评价。

其他说明事项包含:①利用其他部门的审计结果情况。考虑到任期经济审计的效率问题,审计人员在撰写审计报告时往往会利用其他部门的审计结果,如利用纪检监察部门、社会中介组织、主管部门、内审等对被审计单位的审计结果,对此审计报告也应加以说明。②对未涉及的事项及对其他有需要说明的重大事项,应予以适当说明。

签章及报告日期。签署审计机构单位全称,并加盖其公章,以便明确出具经济责任审计报告的责任单位。报告日期是确定经济责任审计结论并经审计机构负责人签署意见的日期,明确报告的时效,它只对报告日期以前的审计(评价)结果发表意见。

(3) 报告附件。经济责任审计报告附件是对报告正文内容相关事项的补充说明,主要包括:经审计确认的任职期间的财务报表;审计调整分录汇总表;任职期间各年度责任考核表;被审计单位和领导干部的反馈意见;其他有利于报告阅读和理解的相关资料。

2. 征求被审计单位意见

审计组的审计报告按照规定的程序审批后,应当以审计机关的名义书面征求被审计单位意见。被审计单位应当自接到审计报告之日起 10 日内提出书面意见,若 10 日内未提出书面意见的,视同无异议。审计组应当针对被审计单位提出的书面意见,进一步核实情况,对审计组的审计报告作必要修改,连同被审计单位的书面意见一并报送审计机关。

3. 审计报告的审定与签发

审计报告是一项审计工作的最终成果,它也是审计评价意见的载体。审计报告是对被审计领导者及其单位的有关情况进行较为完整详细的说明,也是对审计人员的责任、被审计人及其单位的责任等进行明确的说明,还是对审计问题的评价意见。通过审计报告,可以实现审计的评价和鉴证功能。

审计项目组所在业务部门对审计报告等业务文书、相关审计证据材料进行复核,审计机关审理机构对审计组所在业务部门复核修改后的审计报告、审计决定书等审计项目材料进行审理;审计报告经审计机关审定后,由审计机关负责人签发。

4. 出具审计结果报告等法律文书

由于经济责任审计结果要作为干部考核、任免和奖惩的重要依据,因此相关准则和制度规定,经济责任审计还要出具审计结果报告,它是经济责任审计的特殊要求。该报告的编制基础、提交的部门与目的以及内容是与审计报告有所不同的。

换言之,审计结果报告是审计部门在经济责任审计报告的基础上精简提炼形成的,它是向干部管理监督部门提交的、用于反映审计结果的报告。审计结果报告要重点反映被审计领导干部经济责任的主要情况、审计发现的主要问题和责任认定、审计处理方式和建议。

审计机构要在编制审计报告的基础上,根据经济责任审计的结果,制作经济责任审计结果报告,并向委托审计的组织部门提交,向领导小组(联席会议)有关成员单位抄送,如抄送组织、纪检监察、人事等有关部门。经济责任审计结果报告也可以抄送给被审计的领导干部本人。

此外,如果被审计领导干部所在单位存在违反财经法纪的行为,则依法进行处理、处罚,并出具审计决定书。

第三节 行政事业单位领导干部经济责任审计评价

一、行政事业单位领导干部经济责任审计的审计依据

(一) 审计依据的定义和作用

1. 审计依据的定义

审计依据是指查明审计对象的行为规范,作出审计结论、提出处理意见和建议的客观依据。在审计实践中,还存在着对审计依据的广义理解,它包括审计准则和狭义的审计依据。即广义的审计依据包括对审计事项评价的根据和进行审计工作的根据。

2. 审计依据的作用

(1) 审计依据是衡量与认定审计依据的尺子。

(2) 审计依据是进行审计评价的标准。

(二) 审计依据的一般分类

按审计依据来源渠道分类:外部制定的审计依据和内部制定的审计依据。

按审计依据性质内容分类:法律、法规;规章制度;预算、计划、合同;业务规范、技术经济标准。

按审计依据衡量对象分类:财政审计依据、财务审计依据、经济效益审计依据、经济责任审计依据等。

(三) 经济责任审计的评价依据

《实施细则》第21条规定:

经济责任审计的评价依据一般包括:

(1) 法律、法规、规章和规范性文件,中国共产党党内法规和规范性文件。

(2) 各级人民代表大会审议通过的政府工作报告、年度国民经济和社会发展计划报告及财政预算报告等。

(3) 中央和地方党委、政府有关经济方针、政策和决策部署。

(4) 有关发展规划、年度计划和责任制考核目标。

(5) 领导干部所在单位的"三定"规定和有关领导的职责分工文件,有关会议记录、纪要、决议和决定,有关预算、决算和合同,有关内部管理制度和绩效目标。

(6) 国家统一的财政财务管理制度。

(7) 国家和行业的有关标准。

(8) 有关职能部门、主管部门发布或者认可的统计数据、考核结果和评价意见。

(9) 专业机构的意见。

(10) 公认的业务惯例或者良好实务。

(11) 其他依据。

简而言之,经济责任审计的审计依据包括有关法律、法规、规章制度、单位的预算和计划

以及合同、业务规范与经济技术标准等,如国家预算、会计准则与财务制度、经费标准、公车与办公设备配备标准、会议费标准、接待标准等。

行政单位经济责任如何定责

(1) 评价依据:《党政主要领导干部和国有企业领导人员经济责任审计规定》《党政主要领导干部和国有企业领导人员经济责任审计规定实施细则》;有关发展规划、年度计划和责任考核机制。

(2) 可能涉及的审计证据包括:有关支出的财务账目、凭证;局办公会项目审批、会议纪要决议等;项目招标、发标手续和文件;修缮工程验收报告;业务部门审批档案等。

(3) 责任认定。

问题一:李局长负有直接责任。原因如下:一是他在培训中心实验室改建项目中起到了"决定性作用",二是给国家造成了较大经济损失。换言之,该问题符合《党政主要领导干部和国有企业领导人员经济责任审计规定实施细则》第25条"被审计领导干部对审计发现的问题应当承担直接责任"中的第一款"本人或者与他人共同违反有关法律、法规、国家有关规定、单位内部管理规定",第四款"主持相关会议讨论或者以文件传签等其他方式研究,在多数人不同意的情况下,直接决定、批准、组织实施重大经济事项,由于决策不当或者决策失误造成国家利益重大损失、公共资金或国有资产(资源)严重损失浪费、生态环境严重破坏以及严重损害公共利益等后果的"的规定。

问题二:李局长负有直接责任。因为该问题符合《党政主要领导干部和国有企业领导人员经济责任审计规定实施细则》第25条"被审计领导干部对审计发现的问题应该承担直接责任"中的第二款"授意、指使、强令、纵容、包庇下属人员违反有关法律、法规、国家有关规定和单位内部管理规定的",第三款"未经民主决策、相关会议讨论或者文件传签等规定的程序,直接决定、批准、组织实施重大经济事项,并造成国家利益重大损失、公共资金或国有资产(资源)严重损失浪费、生态环境严重破坏以及严重损害公共利益等后果的"的规定。

问题三:违规发放奖金、补贴的,财务部门负责人负有直接责任,李局长负有主管责任。该问题符合《党政主要领导干部和国有企业领导人员经济责任审计规定实施细则》第26条"被审计领导干部对审计发现的问题应当承担主管责任"中的第一款"领导干部对其直接分管或者主管的工作,不履行或者不正确履行经济责任的"的规定。

问题四:审批部门违规批减免3个项目的建设费。其中,赵副局长负有主管责任,李局长负有领导责任。该问题符合《党政主要领导干部和国有企业领导人员经济责任审计规定实施细则》第27条"领导责任是指除直接责任和主管责任外,被审计领导干部对其职责范围内不履行或者不正确履行经济责任的其他行为应当担的责任"的规定。

二、行政事业单位领导干部经济责任审计的评价

1. 资产负债类指标审计

事业单位资产负债类指标,主要反映被审计领导干部任职期间事业单位资产负债的状况,如资产保值增值状况、资产增长状况、负债增减状况等。其审计具体内容包括以下各项指标:

(1) 资产增长率。其计算公式如下:

$$资产增长率 = \frac{离任时资产总额 - 任职初资产总额}{任职初资产总额} \times 100\%$$

(2) 资产保值增值率。其计算公式如下：

$$资产保值增值率 = \frac{离任时净资产总额}{任职初净资产总额} \times 100\%$$

(3) 负债增减率。其计算公式如下：

$$负债增减率 = \frac{离任时负债总额 - 任职初负债总额}{任职初负债总额} \times 100\%$$

(4) 资产负债率。其计算公式如下：

$$资产负债率 = \frac{离任时负债总额}{离任时资产总额} \times 100\%$$

审查该指标，主要有利于衡量被审计领导干部在其任职期间事业单位利用债权人提供的资金开展业务活动的能力。同时，该指标还反映债权人提供资金的安全保障程度。

2. 经费支出类指标审计

事业单位经费支出类指标，主要反映被审计领导干部任职期间事业单位经费自给情况和各种支出在事业支出中所占的比例。对经费支出类指标进行审计，有利于考察被审计经费自给能力和各种事业支出的合理性。其审计具体内容包括以下指标：

(1) 经费自给率。其计算公式如下：

$$经费自给率 = \frac{事业收入 + 经营收入 + 附属单位上缴收入 + 其他收入}{事业支出 + 经营支出} \times 100\%$$

公式中，经营收入和经营支出是指纳入单位统一核算、统一管理，在专业业务活动及辅助活动之外开展的非独立核算经营活动所发生的收入和支出。经费自给率是综合反映事业单位财务收支状况的重要指标，可用于衡量事业单位各项支出的程度。审计时，应扣除那些影响自给率波动大的临时性或一次性的特殊收支，使其具有可比性。

(2) 人员支出比率。其计算公式如下：

$$人员支出比率 = \frac{人员支出额}{事业支出额} \times 100\%$$

事业支出包括人员支出、公用支出，人员支出主要包括基本工资、补助工资、职工福利费、社会保障费和助学金等。对人员支出比率进行审计，有利于考察被审计领导干部任职期间事业单位人员支出的合理性及其在事业支出中所占比例的恰当性。

(3) 公用支出比率。其计算公式如下：

$$公用支出比率 = \frac{公用支出额}{事业支出额} \times 100\%$$

公用支出是指为了完成事业单位计划任务，用于单位公务、业务活动的开支，如公务费、设备购置费、修缮费和其他费用。对公用支出比率进行审计，有利于考察被审计领导干部任职期间事业单位公用支出的合理性及其在事业支出中所占比例的恰当性。

(4) 业务支出比率。其计算公式如下：

$$业务支出比率 = \frac{业务支出额}{事业支出额} \times 100\%$$

业务支出是指为完成工作任务所需的经费和低值易耗品购置费等。对业务支出比率进行审计,有利于考察被审计领导干部任职期间事业单位业务支出的合理性及其在事业支出中所占比例的恰当性。

(5) 人均费用比率。其计算公式如下:

$$人均费用比率 = \frac{事业支出总额 + 经营支出总额}{单位人数} \times 100\%$$

$$个人支出比率 = \frac{人员支出总额}{单位人数} \times 100\%$$

$$公用支出比率 = \frac{公用支出总额}{单位人数} \times 100\%$$

通过对人均费用比率、个人支出比率和公用支出比率进行审计,有利于考察被审计领导干部任职期间事业单位人均费用总体水平、个人支出水平和公用支出水平。

3. 收入基金类指标

事业单位收入基金类指标,主要反映被审计领导干部任职期间事业单位收入基金的状况,如收支结余情况、收入增长情况、资产创收和收入计划完成情况以及专用基金增长情况。其审计的内容包括以下各项指标:

(1) 收支结余率。其计算公式如下:

$$收支结余率 = \frac{各项收入额 - 各项支出额}{各项收入额} \times 100\%$$

收支结余率是反映事业单位经营管理活动收支情况的综合指标。对收支结余率进行审计有利于查明被审计领导干部任职期间事业单位的收支水平。

(2) 收入增长率。其计算公式如下:

$$收入增长率 = \frac{离任时当年收入额 - 任职初当年收入额}{任职初当年收入额} \times 100\%$$

对收入增长率进行审计,有利于查明被审计领导干部任职期间收入增长水平和其经济实力及经营能力。审计时,应注意当年收入额是指按财政年度计算的全年收入额;如果离任时间在年中的,应注意两者的可比性,一般情况下任职在年中的,可按任职后第一年财政年度的收入数为比率基数;离任在年中的,可按上一个财政年度的收入数为比率基数。此外,收入增长率还可以分为事业收入增长率和经营收入增长率分别进行审计。

(3) 资产创收率和收入计划完成率。其计算公式如下:

$$资产创收率 = \frac{自组收入额}{资产总额} \times 100\%$$

$$收入计划完成率 = \frac{实际完成收入额}{计划收入额} \times 100\%$$

对资产创收率和收入计划完成率进行审计,有利于查明被审计领导干部任职期间事业单位的资产创收水平和收入计划完成水平,有利于衡量领导干部的工作业绩。

(4) 专用基金增长率。其计算公式如下:

$$专用基金增长率 = \frac{离任时专用基金余额 - 任职初专用基金余额}{任职初专用基金余额} \times 100\%$$

对专用基金增长率进行审计,有利于查明被审计领导干部任职期间事业单位的积累能力。

4. 其他类指标

(1) 应收账款周转率。其计算公式如下:

$$应收账款周转率 = \frac{赊销收入净额}{平均应收账款余额} \times 100\%$$

$$赊销收入净额 = 销售收入 - 现销收入 - 销售退回、折让、折扣$$

对应收账款周转率进行审计,有利于衡量被审计领导干部任职期间事业单位的债权管理水平和管理力度。

(2) 招待费支出比率。其计算公式如下:

$$招待费支出比率 = \frac{年(任期内)招待费总额}{年(任期内)公务费总额} \times 100\%$$

或

$$= \frac{当年招待费总额}{当年单位公务费预算额} \times 100\%$$

按照我国现行规定,地方事业单位的招待费支出比率以不超过当年单位预算中"公务费"的2%为合规,超过2%为违规;中央级事业单位以不超过当年单位预算中"公务费"的1%为合规,超过1%为违规。计算时,还应扣除财政安排的专项会议费等一次性经费。对招待费支出比率进行审计,有利于查明被审计领导干部任职期间事业单位的招待费支出水平以及有无铺张浪费等违规现象。

(3) 违规金额比率和账务处理差错率。其计算公式如下:

$$违规金额比率 = \frac{违规行为金额}{审计资金总额} \times 100\%$$

$$财务处理差错率 = \frac{账务处理差错总额}{审计资金总额} \times 100\%$$

对违规金额比率和账务处理差错率进行审计,有利于查明被审计领导干部任职期间事业单位的账务处理水平以及违规状况,有利于评价被审计领导干部的管理能力、管理水平以及财经法纪遵守情况。

本章重要概念

行政事业单位　经济责任　领导干部经济责任审计　审计依据　审计通知书

本 章 练 习

一、选择题

1. 下列关于行政事业单位经济责任审计的方法中,属于调查取证方法的是(　　)。
   A. 调节　　　　B. 分析　　　　C. 直线法　　　　D. 函询法
2. 行政事业单位领导干部经济责任审计的特征(　　)。
   A. 被审计负责人及其责任的广泛性
   B. 被审计负责人及其责任的准确性

C. 行政事业单位经济责任审计内容的多样性
D. 被审计负责人及其责任的复杂性
3. 行政事业单位领导干部经济责任审计程序中的审计报告阶段包括( )。
　　A. 审计报告的审定与签发　　　　B. 起草审计报告
　　C. 征求被审计单位意见　　　　　D. 出具审计结果报告等法律文书
4. 行政事业单位领导干部经济责任审计的审计依据按衡量对象可分为( )。
　　A. 财政审计依据　　　　　　　　B. 内部制定的审计依据
　　C. 规章制度　　　　　　　　　　D. 经济责任审计依据
5. 下列选项中,属于资产负债类指标审计的是( )。
　　A. 资产增长率　　　　　　　　　B. 资产负债率
　　C. 收入增长率　　　　　　　　　D. 资产创收率和收入计划完成率

二、简答题
1. 简述行政事业单位经济责任审计的特征。
2. 简述行政事业单位领导干部经济责任分类及其认定。
3. 简述行政事业单位领导干部经济责任审计的内容。
4. 简述行政事业单位领导干部经济责任审计评价的主要指标。

第七章　国有企业领导人员经济责任审计

- ➢ 内容提要
- ➢ 重点难点
- ➢ 学习目标
- ➢ 知识框架
- ➢ 第一节　国有企业领导人员经济责任审计概述
- ➢ 第二节　国有企业领导人员经济责任审计内容与程序
- ➢ 第三节　国有企业领导人员经济责任审计评价
- ➢ 本章重要概念
- ➢ 本章练习

内容提要

本章主要讲解了国有企业领导人员经济责任审计的概念、特征、范畴、目标;国有企业领导人员经济责任审计的内容与程序;国有企业领导人员经济责任审计的评价内容、指标和方法等。

重点难点

本章重点为国有企业领导人员经济责任审计的概念、国有企业领导人员经济责任审计的内容;国有企业领导人员经济责任审计的评价内容;难点为国有企业领导人员经济责任审计的程序;国有企业领导人员经济责任审计的评价指标和方法。

学习目标

通过本章学习,学生应了解国有企业领导人员经济责任审计的范畴、目标;掌握国有企业领导人员经济责任审计的内容与程序;国有企业领导人员经济责任审计的评价方法。

知识框架

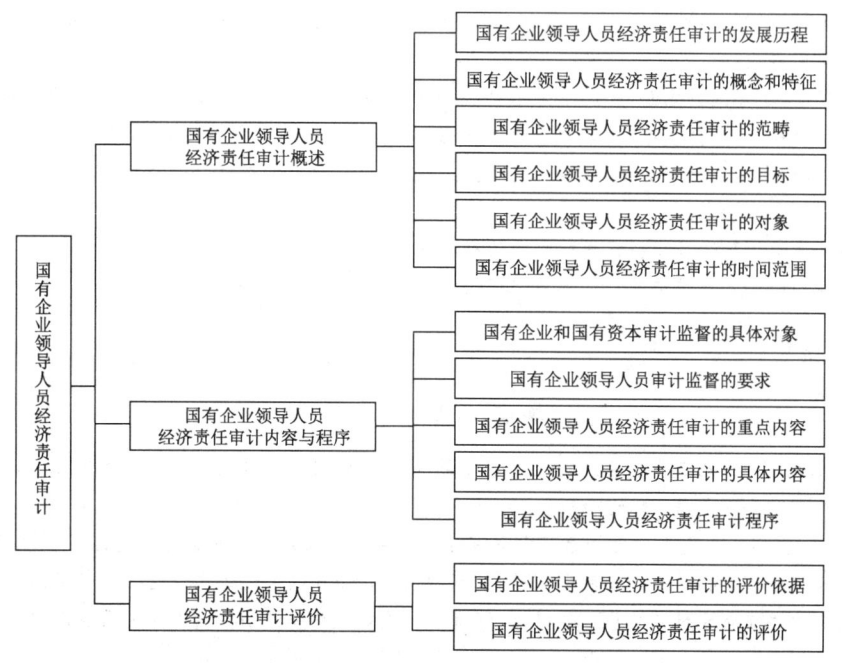

引入案例　　国有企业领导人员，经济责任如何界定

2019年，H省国有化工集团公司董事长王某调往某市任职，受省委组织部和省国有资产管理委员会的委托，H省审计厅对王某任职期间的经济责任进行了审计。审计主要时间范围是2016—2018年，重点审计集团公司财务收支情况、国有资产保值增值情况、重大投资决策情况、内控制度建立和执行情况、履行国有资产出资人管理监督情况、部分权属企业以及王某本人廉洁自律情况等。经审计，发现在一家权属企业改制时，集团公司将资产低价折股卖给职工，而出现亏损后又以原价购回职工股权，损害了国有股权的利益；查阅一家权属企业与外商合资的协议书，审查合资公司的资本到位情况，发现中方的无形资产没有按照约定的比例入股，造成中方国有股权的损失；发现2016—2018年部分权属企业之间发生了多项关联交易，而在合并会计报表时，这些销售收入未进行抵销；查阅集团公司固定资产、递延资产和坏账准备相关的账簿、凭证，经过计算，发现2016—2018年集团公司存在少提折旧、少摊销递延资产、少提坏账准备的问题；查阅相关账簿、凭证、环保部门的监测报告、行政处罚决定书等，发现两家权属企业分别因为污水处理不达标和大气污染物排放超标，被环保部门罚款和责令限期整改。

审计结果表明，王某任期期间，认真贯彻省委、省政府和省国有资产管理委员会关于国有企业改革发展的一系列决策部署，以转变发展方式和提升集团公司核心竞争力为主线，集中精力做好集团公司的企业结构调整和改制重组，构建了以产权为纽带的母子公司体系，进一步优化了集团公司的资源配置，企业的生产经营规模、经济效益和市场竞争力不断扩大和提高，较好地完成了省国资委下达的各年度经营业绩考核指标。但审计也发现，部分权属企业未纳入合并会计报表范围，会计信息不够真实完整。

在企业改组方面，集团公司加大了企业结构调整的力度，一方面对权属企业进行重组改造；另一方面对外通过收购、兼并、控制、参股等使企业的生产经营以较低的成本不断扩大，形成了规模效益。同时，积极引进战略投资伙伴组建合资公司，为确保海上运输线，通过股权收购，取得了一家主要海运公司的控股权。审计也发现，在重大决策方面，王某基本能按照集团公司的决策原则和程序执行，但个别对外担保事项不够谨慎，导致公司承担连带责任，最终造成损失。

在内部控制制度方面，王某通过制定和完善管理规定及办法，加强了企业的内部管理，通过集团公司董事会工作条例加强了议事规则和重大决策的管理；通过对外投资企业管理办法，规范了对外投资控股企业的经营管理；通过物资采购网络招标暂行规定，企业的采购费用得到了较好的控制等。但审计也发现，在对权属企业管理控制方面不够到位，导致部分企业存在未经批准对外投资造成损失、财务核算不真实、违规购买商业保险等问题。

在环境保护、节能减排方面，2016—2018年集团公司共投入资金3.2亿元，用于设备升级和技术改造，取得了较好的效果，3年节约生产成本约8 900万元；生产排放的废气、污水也达到了环保部门规定的排放标准，企业周边的环境得到了有效的保护。但是也有个别权属企业的排放还不达标，环保部门责令其限期整改并给予了罚款处理。

如何界定王某在化工集团公司履职期间的经济责任呢？

资料来源：叶晓钢.新编绩效审计实务[M].北京：中国时代经济出版社，2012.

 **思政课堂**

履职尽责、担当作为

党的十九大和十九届三中全会决定改革审计管理体制，组建中央审计委员会，加强党对审计工作的领导，构建集中统一、全面覆盖、权威高效的审计监督体系。

2018年5月，习近平总书记主持召开中央审计委员会第一次会议并发表重要讲话，深刻阐述了审计工作的一系列根本性、方向性、全局性问题，指明了新时代审计事业的前进方向。这些新部署、新要求，需要制度化地落实到经济责任审计工作中。同时，经济责任审计实践中积累的经验做法也需要以制度的形式固定下来。2019年7月,中共中央办公厅、国务院办公厅印发了《党政主要领导干部和国有企事业单位主要领导人员经济责任审计规定》(以下简称两办新规),是全面贯彻落实党的十九大和十九届二中、三中全会精神以及中央审计委员会第一次会议精神的重要举措,是适应审计管理体制改革,完善审计监督体系的必然要求,对促进领导干部履职尽责、担当作为,确保党中央令行禁止具有重要意义。

其中,"促进领导干部履职尽责、担当作为,确保党中央令行禁止"是两办新规出台的最关键的目的。两办新规更明确了履职尽责、担当作为的方向和内容,即"经济责任审计工作以马克思列宁主义、毛泽东思想、邓小平理论、'三个代表'重要思想、科学发展观、习近平新时代中国特色社会主义思想为指导,增强'四个意识'、坚定'四个自信'、做到'两个维护',认真落实党中央、国务院决策部署,紧紧围绕统筹推进'五位一体'总体布局和协调推进'四个全面'战略布局,贯彻新发展理念,聚焦经济责任,客观评价,揭示问题,促进经济高质量发展,促进全面深化改革,促进权力规范运行,促进反腐倡廉,推进国家治理体系和治理能力现代化"。

国有企业领导人员经济责任审计的意义可见一斑,那么,本章将从国有企业领导人员经济责任审计的概述、内容与程序、评价入手,对其展开学习。

资料来源:深圳市南山区审计局.解读:《党政主要领导干部和国有企事业单位主要领导人员经济责任审计规定》[EB/OL].(2020-11-23)[2023-06-11].http://www.szns.gov.cn/nsqsjj/gkmlpt/content/8/8281/mpost_8281247.html.

第一节 国有企业领导人员经济责任审计概述

国有企业是中国特色社会主义的重要物质基础和政治基础,是党执政兴国的重要支柱和依靠力量。中华人民共和国成立以来特别是改革开放以来,国有企业发展取得了重大成就,为我国经济社会发展作出历史性贡献。

一、国有企业领导人员经济责任审计的发展历程

国家审计机关自1983年成立以来,就对国有企业开展审计。围绕为深化国有企业改革服务,国有企业审计经历了由以严肃财经法纪为重点,又以资产负债损益审计为重点,再以经济责任审计为重点,最后到以维护国有资产安全为中心的发展历程。20世纪80年代初期,我国经济体制改革逐步铺开,国有企业经营自主权不断扩大,但一些企业自我约束机制不健全,经济效益较差,违反财经法纪的现象比较普遍。这一时期的企业审计,主要是开展查错纠弊式的财务收支审计、违纪专项审计、行业审计等,促进企业增收节支、提高经济效益。

中共十四大明确了经济体制改革的目标是建立社会主义市场经济体制,国有企业的改革和发展进入快车道。为适应国有企业改革发展的新形势,1993年我国颁布了《全民所有制工业企业转换经营机制审计监督规定》,审计重点转向企业资产负债损益的真实合法和效益,监督国有资产保值增值,通过在会计领域打假治乱,促进国有资产保值增值。中共十五大明确国有企业改革是经济体制改革的中心环节,确定了"抓大放小"的国有企业改革战略和建立现代企业制度的改革目标。在这一阶段,以1999年《国有企业及国有控股企业领导人员任期经济责任审计暂行规定》的颁布为标志,国有企业审计从查错纠弊为主的传统财务收支审计,逐步转向以资产负债损益的真实性审计为基础,以经济责任审计为重点,以"摸家

底、揭问题、促发展"为主线的路子,围绕企业会计信息、重大经济决策、内部管理和遵守财经法规等,客观评价国有企业领导人员任期经济责任,促进企业加强和改善经营管理,保障国有资产保值增值。2010年,按照中共中央办公厅、国务院办公厅印发的《党政主要领导干部和国有企业领导人员经济责任审计规定》,重点审计企业财务收支的真实、合法和效益情况,有关内部控制制度的建立和执行情况,履行国有资产出资人经济管理和监督职责情况。之后,按照该规定的《实施细则》要求,重点审计国有企业领导人员贯彻执行党和国家有关经济方针政策和决策部署,遵守有关法律、法规和财经纪律,企业发展战略制定和执行,有关目标责任制完成,重大经济决策,企业财务收支的真实、合法和效益,国有资本保值增值和收益上缴,重要项目的投资、建设、管理及效益,企业法人治理结构的健全和运转,履行有关党风廉政建设第一责任人职责,以往审计中发现问题的整改等情况。

中共十八大以来,国有企业审计坚决贯彻落实党中央、国务院要求,以维护国有资产安全,促进国有企业科学发展为目标,不断加强对国有企业资金、权力和责任的审计,通过对国有企业贯彻落实国家重大政策措施情况的审计,促进政令畅通;通过揭示和反映国有经济运行中的风险隐患,维护国有资产安全;通过从体制机制制度层面揭示问题、分析原因和提出建议,促进深化改革;通过加强对国有资产运营相关权力和责任的监督和制约,促进健全权力制约和监督机制;通过全面监督国有企业财务收支的真实、合法和效益,促进企业经营管理制度建设;通过揭露重大违纪违法违规问题,促进廉政建设。

二、国有企业领导人员经济责任审计的概念和特征

1. 国有企业领导人员经济责任审计的概念

国有企业领导人员经济责任审计是指政府审计机关接受国家的委托,对国有或国有控股企业的主要负责人在任职期间履行国家受托经济责任的过程和结果进行监督和评价。国有企业领导人员经济责任审计的对象包括国有和国有控股企业(含国有和国有控股金融企业)的法定代表人。

2. 国有企业领导人员经济责任审计的特征

国有企业与股份制企业、私营企业在组织结构、经济性质等方面存在很多的不同点,因此,国有企业领导人员经济责任审计与常规审计相比,有其不同之处。所谓常规审计是指以政府及其部门、企事业单位的组织经济责任为监督评价对象的审计。两者在本质上的联系在于都是在受托经济责任的客观基础上产生的。两者的不同之处在于:

(1) 审计工作要求不同:经济责任审计要求审计人员不仅要熟悉财经法规和审计知识,还应该掌握党在各个时期的路线、方针、政策,经济工作的中心和重点,地方经济发展战略以及干部管理和监督的制度。

(2) 审计对象不同:常规审计的对象主要是被审计单位的会计资料、财务实物及经济活动,而经济责任审计的对象一般是指国有或国有控股企业的主要负责人其经济责任所涉及的经济决策活动、管理活动。

(3) 审计目的不同:常规审计的目的是促进经济活动的合理性、合法性、有效性,而经济责任审计的目的是监督、评价领导干部在其任职期间经济责任的履行情况。

(4) 审计报告的内容不同:经济责任审计报告往往在常规审计报告的基础上,要反映出领导干部任职期间经济责任的履行情况,要界定领导干部所承担的责任。

(5) 审计时间的跨度不同:常规审计的时间跨度一般情况下和会计年度相一致,而经济责任审计的时间跨度是与被审计领导干部的任职期限相一致的。

三、国有企业领导人员经济责任审计的范畴

对国有企业领导干部经济责任的审计评价,要围绕"经济""责任"四个字。随着我国经济体制改革的深入和经济发展方式的转变,领导干部承担经济责任的内涵和外延也在发展变化。开展国有企业领导人员经济责任审计,先要明确国有企业领导人员应负的经济责任的范畴,国有企业领导人员的经济责任应包括以下几个方面。

1. 经营绩效方面的责任

通过审计国有企业领导人员任期经营目标及企业主要经济指标完成情况,可以评价企业的盈利能力、资产质量、偿债能力和经营状况,从而确认领导人员任期内的经营业绩和经营管理水平。

2. 内部控制方面的责任

通过审计国有企业领导人员内部控制制度及其执行情况,可以评价企业的内部管理状况,内部制度是否合理、是否完善,以及是否得到了有效的执行。

3. 合规性方面的责任

通过审计企业的经营活动和各项财务收支情况,可以评价企业是否合法经营,是否遵守国家的法律、法规和相关规定,是否有偷税漏税、虚报资产或者非法挪用国有资金等的行为。通过对领导人员个人遵纪守法、廉洁自律情况的审计,可以评价领导人员是否遵纪守法、廉洁奉公。

4. 可持续发展方面的责任

通过对企业重大决策的科学性、对员工的培训教育、研发费用的投入等方面的审计,可以评价企业领导的决策水平和企业的发展能力。

5. 社会责任方面的责任

目前国际上普遍认为,企业在创造利润、对股东利益负责的同时,还要承担对社会和环境的责任,包括遵守商业道德、合理回报社会、节约资源、保护环境等。国有企业更应该对社会有所贡献,承担社会责任。

四、国有企业领导人员经济责任审计的目标

国有企业领导人员经济责任审计的实质是通过审计这一特殊手段,保证国有企业经济活动的合法性,达到维护国家整体经济利益的根本目的。具体来说,经济责任审计的目标,是通过国有或国有企业的主要负责人在任职期间经济责任履行情况的检查和评价,进一步促进其经济决策和经营管理活动的真实性、合法性、有效性,加强对国有企业领导人员的管理监督,推进党风廉政建设。这里的真实性是指国有或国有企业的主要负责人,在其管辖范围内提供的各项经济资料、发布的财务信息以及其他经济信息,要建立在真实的基础上。真实性是合法性、有效性的基础。缺乏真实性,对合法性、有效性的评价就缺乏可靠性和公允性。合法性是指国有或国有控股企业的主要负责人在履行各项职责时,必须遵守国家法律、法规的要求,或者符合相应的政策精神。有效性是指在合法的前提下,国有或国有控股企业的主要负责人履行各项职责的行为结果必须有效率、有效益。

五、国有企业领导人员经济责任审计的对象

国有企业领导人员经济责任审计的对象,也就是对国有企业领导人员的界定。中共中央办公厅、国务院办公厅于 2010 年 10 月 12 日印发的《党政主要领导干部和国有企业领导人员经济责任审计规定》第 4 条规定:国有企业领导人员经济责任审计的对象包括国有和国有资本占控股地位或者主导地位的企业(含金融机构,以下统称国有企业)的法定代表人或者不担任法定代表人但实际行使相应职权的主要领导人员。

2014 年 7 月,《党政主要领导干部和国有企业领导人员经济责任审计规定实施细则》进一步明确,根据党委和政府、干部管理监督部门的要求,审计机关可以对上述企业中不担任法定代表人但实际行使相应职权的董事长、总经理、党委书记等企业主要负责人进行经济责任审计。将不担任法定代表人的董事长、总经理、党委书记等企业主要负责人纳入经济责任审计对象范围的主要原因是,这些主要负责人,虽未担任企业法定代表人,但却实际履行企业经营管理等重要职责,并对企业重大决策和经营发展起着重要作用,应当对其进行经济责任审计。

六、国有企业领导人员经济责任审计的时间范围

一个企业的经营管理者,客观上都存在着任期的问题。考虑到国有企业领导人员的经济责任贯穿于整个任职期间,而经济责任审计不仅仅是对领导干部任职期满经济责任履行情况的评价,更重要的是对任职期间经济责任履行过程的一种监督和控制。因此,经济责任审计不能仅仅从任职期满时各项经济指标、经济资料来推断整体,而应该将着眼点放在整个任职期间,全面把握经济责任履行情况。中共中央办公厅、国务院办公厅于 2019 年 7 月印发的《党政主要领导干部和国有企事业单位主要领导人员经济责任审计规定》第 12 条规定,经济责任审计应当有计划地进行,根据干部管理监督需要和审计资源等实际情况,对审计对象实行分类管理,科学制定经济责任审计中长期规划和年度审计项目计划,推进领导干部履行经济责任情况的审计全覆盖。

相关思考 7-1

国有企业财务收支审计与经济责任审计是什么关系

财务收支审计是经济责任审计的基础,经济责任审计是财务收支审计的深化和升华。经济责任审计的落脚点是企业的管理者、负责人,重点是权力的运用和责任的界定,对财务收支审计揭示的问题,经济责任审计要落实相关人员的责任。

经济责任审计的内容比财务收支审计更为广泛,除了反映企业经营管理中的问题,还对企业领导人员的经济责任作出评价,为组织部门考察了解领导人员提供参考,也对从源头上防治腐败起到一定作用。

第二节 国有企业领导人员经济责任审计内容与程序

一、国有企业和国有资本审计监督的具体对象

根据《审计法》及其实施条例,国有企业和国有资本审计的具体对象包括:一是国有独资

企业;二是国有资本占企业资本总额50%以上的企业,以及国有资本占企业资本总额比例不足50%,但是国有资产投资主体实质上拥有控制权的企业;三是国有企业领导人员履行经济责任情况;四是国有资产相关监管机构。

《关于深化国有企业和国有资本审计监督的若干意见》指出,深化国有企业和国有资本审计监督,要围绕国有企业、国有资本、境外投资以及国有企业领导人员履行经济责任情况,做到应审尽审、有审必严。审计内容包括:遵守国家法律、法规、贯彻执行党和国家重大政策措施情况,投资、运营和监管国有资本情况,贯彻落实"三重一大"决策制度情况,公司法人治理及内部控制情况等方面。

二、国有企业领导人员审计监督的要求

《关于深化国有企业和国有资本审计监督的若干意见》指出,深化国有企业和国有资本审计监督,一是对国有企业、国有资本和国有企业领导人员履行经济责任情况实行审计全覆盖,做到应审尽审、有审必严,做到国有企业、国有资本走到哪里,审计就跟进到哪里,不留死角;二是完善审计监督体制机制,改进审计方式方法,推动审计发现的问题整改到位、问责到位;三是充分发挥审计在党和国家监督体系中的作用,促进党和国家方针政策、重大决策部署在国有企业贯彻执行,促进国有企业深化改革,提高经营管理水平、做强做优做大,为国有企业健康发展保驾护航。

《关于深化国有企业和国有资本审计监督的若干意见》还强调,对国有企业和国有资本要依法审计,坚持有利于国有资产保值增值、有利于提高国有经济竞争力、有利于放大国有资本功能的方针,揭露损害国家和人民利益、重大违纪违法、重大履职不到位、重大损失浪费、重大风险隐患和重大破坏资源环境等问题,依法揭露以权谋私、权钱交易、失职渎职、贪污受贿、内幕交易等违纪违法问题。坚持推动发展,着力发现国有企业和国有资本管理运营中存在的普遍性、倾向性、典型性问题,关注体制性障碍和制度性缺陷,反映发展运营中的突出矛盾和风险隐患,积极提出解决重大问题和推动改革发展的建议。坚持客观求实,正确把握改革发展中出现的新情况、新问题,审慎区分无意过失与明知故犯、工作失误与失职渎职、探索实践与以权谋私,客观作出结论和处理。

三、国有企业领导人员经济责任审计的重点内容

按照中共十八大、十八届三中全会的要求,根据国有企业改革发展和干部管理监督的需要,对国有企业领导人员进行经济责任审计时,应当重点关注以下内容:

(1) 贯彻执行党和国家有关经济方针政策和决策部署,推动企业可持续发展情况。
(2) 遵守有关法律、法规和财经纪律情况。
(3) 企业发展战略的制定和执行情况及其效果。
(4) 有关目标责任制完成情况。
(5) 重大经济决策情况。
(6) 企业财务收支的真实、合法和效益情况,以及资产、负债、损益情况。
(7) 国有资本保值增值和收益上缴情况。
(8) 重要项目的投资、建设、管理及效益情况。
(9) 企业法人治理结构的健全和运转情况,以及财务管理、业务管理、风险管理、内部审

计等内部管理制度的制定和执行情况,厉行节约、反对浪费和职务消费等情况,对所属单位的监管情况。

(10) 履行有关党风廉政建设第一责任人的职责情况,以及本人遵守有关廉洁从业规定情况。

(11) 对以往审计中发现问题的整改情况。

(12) 其他需要审计的内容。

国有企业领导人员,经济责任的界定

王某应对为某民营企业担保导致公司承担连带责任而造成的损失问题负直接责任。

王某应对企业改制中低价折股卖给职工,出现亏损后,又原价购回而造成的国有股权利益受到损害问题和在与外商合资中,中方国有股权损失问题负主管责任。王某应对部分权属企业未纳入合并会计报表造成会计信息不真实、不完整,部分权属企业关联交易未抵销、少提折旧、不摊销递延资产、少提坏账准备造成会计核算不真实,部分权属企业未经批准自行投资造成经济损失,部分权属企业虚增利润、隐瞒利润和违规购买保险,部分权属企业因污水、废气排放不达标被环保部门罚款和责令整改等问题负领导责任。

四、国有企业领导人员经济责任审计的具体内容

1. 财务基础审计包含的内容

(1) 财务收支真实性审计:会计信息是否真实、完整,账实、账账、账表是否相符。

(2) 资产质量变动状况审计:确认企业负责人任职期间企业资产质量的变动情况,特别是任职期间不良资产的变动情况,并明确资产质量变动对经营业绩的影响情况。

(3) 经营成果审计:查明企业是否存在人为调节利润,虚增或虚减经营成果的情况。

(4) 重大经营活动和经营决策审计:程序是否合法合规,分析重大经营决策产生的结果,明确企业负责人所应承担的责任。

(5) 经营合法合规性审计。

2. 财务收支真实性审计包含的内容

(1) 资产情况审计:审核账面资产和实物资产的相符程度,核实企业资产的真实性、完整性,处置资产行为的合规性、合理性,查清有无重大资产损失或国有资产流失的现象。

(2) 负债情况审计:审查负债科目的真实性、正确性,负债形成及偿还的合法性、合理性,查清或有负债情况,以及有无通过负债类科目调节企业经营成果以及其他违反财经法规的行为。

(3) 所有者权益情况审计:审查所有者权益有关科目期末余额的真实性、正确性,以及所有者权益有关经济事项的合法性、合规性,查清有无侵蚀国有投资主体权益的行为,区分净资产资本投入性增减、国家政策性增减、企业经营性增减等情况,正确界定净资产增减变化中企业法定代表人应承担的经济责任。

(4) 财务收支合规性审计:是否符合国家财务会计管理方面的有关规章制度,是否存在违反资金规定用途,是否挪用、占用或不当使用资金等行为。

3. 资产质量变动状况审计包含的内容

(1) 任职期间企业资产是否保全,是否存在重大资产损失或国有资产流失。

(2) 确认企业负责人任职期间企业资产质量的变动情况,期末与期初相比,不良资产比例是否下降,配置效率和资产获利能力是否得到改善。

(3) 存货周转率、应收账款周转率、总资产周转率等:

① 流动比例 = $\frac{流动资产}{流动负债}$,若<1,要考虑企业是否存在有持续经营上的问题。

② 资产负债率 = $\frac{总负债}{总资产}$,可以看出企业是否过于依赖负债经营。

③ 毛利率 = $\frac{毛利}{销售收入(营业收入)}$。

④ 存货周转率 = $\frac{销售成本(营业成本)}{平均存货}$;平均存货 = $\frac{期初存货+期末存货}{2}$。

⑤ 应收账款周转率 = $\frac{销售收入(营业收入)}{平均应收账款}$。

⑥ 总资产周转率 = $\frac{总收入}{总资产}$,对于制造业而言,一般在1左右,轻工业会比1高一些,但也很少超过2,重工业一般会低于1,但也很少低于0.5。

⑦ 净利润率,一般低于5%的净利润率偏低。

⑧ 净资产回报率,至少应该高于银行贷款利率。

4. 确认不良资产的内容

(1) 应提未提或少提的各项资产减值准备。

(2) 应转销而未转销的待处理流动资产和固定资产净损失、应提未提及应摊未摊的折旧和费用。

(3) 不符合资本化条件的固定资产装修及修理支出尚未计入当期费用的金额;符合资本化条件的固定资产改良支出,因未遵循谨慎性原则随意延长折旧年限而少计入当期成本费用的金额。

(4) 对外经济担保、未决诉讼、应收票据贴现等或有事项,由于未按照《企业会计准则》规定预计的费用。

(5) 企业持有的拟关停并转企业和未纳入财务决算范围企业的不良资产。

(6) 计提减值准备等因素引起的资产损失。

5. 经营成果审计包含的内容

(1) 有无虚列、多列当期收入,少列、漏列或者转移当期收入等问题。

(2) 成本核算是否真实、完整,是否符合配比原则,有无错列、多列、少列或者漏列成本费用等问题。

(3) 计提的资产减值准备与资产质量是否相匹配。

6. 重大经营活动和经营决策审计包含的内容

(1) 对外投资、担保、大额采购、改组改制、兼并破产等重大经营活动和重大经济决策是否符合国家有关法律、法规、政策及有关规定。

(2) 有关决策是否有相关管理控制制度。

(3) 有关决策是否履行相关管理控制制度,并按照规定程序进行。

(4) 有关决策协议或者合同内容是否符合企业实际、是否存在有损害本企业利益的条款,有无造成企业损失或国有资产流失问题,有无个人谋利行为。

(5) 有关决策的执行是否明确了具体的实施管理部门,有无进行过程监控。

7. 经营合法合规性审计包含的内容

(1) 企业是否存在公款私存、坐收坐支、私设"小金库"、资金账外循环等情况。

(2) 是否存在违规越权炒作股票、期货等高风险金融品种。

(3) 企业是否存在违规拆借资金、是否对外出借账户。

(4) 是否存在违规对外出借资金等其他违反国家有关法律、法规的行为。

五、国有企业领导经济责任审计程序

1. 审计准备阶段

(1) 审计准备阶段是审计机关根据本级政府下达的审计指令或组织部门的委托,进行审计立项,编制经济责任审计工作方案,确定审计项目审计组、搞好审前调查、制定经济责任审计实施方案、向被审计人员和被审计单位送达审计通知书的过程。

(2) 审计立项。审计机关根据本级人民政府下达的审计指令或组织部门的委托,作出审计安排。

(3) 审计机关和审计组在实施审计前,应当编制经济责任审计工作方案和经济责任审计实施方案。

① 经济责任审计工作方案由审计机关有关业务处(科)编制,报审计机关主管领导批准,并下达到具体承担审计任务的下级审计机关或者审计组执行。重要经济责任审计工作方案应当经审计机关审计业务会议审定。

② 具体实施经济责任审计项目的审计组,应当编制经济责任审计实施工作方案。

(4) 经济责任审计工作方案的主要内容:

① 审计工作目标。

② 审计范围。

③ 审计对象。

④ 审计内容与重点。

⑤ 审计组织与分工。

⑥ 工作要求。

(5) 审计机关根据本级政府下达的审计指令或有关管理部门的委托经济责任审计事项,选派审计人员组成审计组。

① 审计组是代表审计机关行使审计监督权的基本单位,由两名(含两名)以上审计人员组成,由审计机关主管领导同意后成立。审计组长由审计机关业务处(科)负责人从具备审计组长任职资格的审计人员中确定。审计组实行审计组长负责制。

② 重要经济责任审计项目,由审计机关的局长或主管局长担任组长。

(6) 审计组在实施审计前应当熟悉与审计事项有关的法律、法规和政策,了解被审计人员和被审计单位的基本情况,编制经济责任审计实施方案。

(7) 审计组在编制经济责任审计实施方案前,应当根据审计项目的规模和性质,安排适当的人员和时间,对被审计人员和被审计单位的有关情况进行审前调查。

(8) 审前调查一般在送达审计通知书之前进行,必要时,可以向被审计人员和审计单位

送达审计通知书后进行审前调查。

① 审计通知书由审计组长或其指定的审计人员起草,经审计组所在处(科)负责人审核,报审计机关主管领导签发。

② 与审计通知书同时送达被审计单位和被审计人员的还应当有审计机关及其审计人员廉洁从政的有关规定和审计组廉洁情况反馈表。

(9) 审前调查。审计组在编写经济责任审计实施方案前,应当调查了解被审计国有企业领导人员及其所在企业的下列情况:

① 被审计国有企业领导人员所在企业的机构设置、人员编制、经营范围、关联方关系、财务状况等基本情况。

② 被审计国有企业领导人员的职责范围和分管的工作。

③ 组织人事部门、纪检监察机关掌握的被审计国有企业领导人员遵守财经法规和廉洁自律规定等方面的情况,以及对经济责任审计的要求。

④ 对实行会计电算化、需要利用计算机进行辅助审计的企业,应了解与审计工作有关的电子数据、数据结构文档等,为计算机辅助审计作准备。

⑤ 相关的内部控制及其执行情况。

⑥ 以往接受审计的情况。

⑦ 其他需要了解的情况。

(10) 编制经济责任审计实施方案。审计组应根据审前调查了解的情况,按照重要性原则、谨慎性原则要求,在评估审计风险的基础上,围绕审计目标确定审计的范围、内容、方法和步骤,编制经济责任审计实施方案。经济责任审计实施方案的主要内容如下:

① 编制的依据。

② 被审计单位的名称和基本情况。

③ 审计的目标。

④ 审计的范围、内容、重点、方式、具体实施步骤。

⑤ 预定的审计工作起讫日期。

⑥ 重要性的确定及审计风险的评估。

⑦ 审计组长、审计组成员及其分工。

⑧ 编制人员和日期。

⑨ 其他有关内容。

(11) 审核经济责任审计实施方案。经济责任审计实施方案由审计组编制,经审计组所在部门负责人审核,报审计机关主管领导批准后,由审计组负责实施。

(12) 审计组分工。审计组根据经济责任审计工作目标和审计业务需要,进行必要的业务分工。对规模较大有总机构的企业,可组成若干个审计组分工实施审计,各审计组应合理分工。

① 企业本部审计小组。企业本部审计小组除承担统揽整个审计项目的组织和对外协调、联络,承担具体的审计任务以外,还应负责审计结果报告的起草工作。

② 下属企业审计小组。下属企业审计小组负责对全资企业、控股子公司的资产、负债、损益的真实、合法、效益情况,重大经济决策及执行情况,经济活动中涉及被审计的国有企业领导人员的经济问题等事项进行审计和审计调查。

(13) 送达审计通知书。审计机关应当在实施审计3日前,向被审计国有企业领导人员和所在企业送达任期经济责任审计通知书,并向送达国有企业领导人员和企业取得送达回证。

(14) 收集与任期经济责任审计有关的资料。依据审计通知书,审计组应当要求被审计国有企业领导人员及其所在企业提供如下资料并作出承诺。

审计组可以要求被审计国有企业领导人员于现场审计开始之日起5日内,提交任期经济责任履行情况的书面材料。其内容如下:

① 职责范围和分管的工作。
② 任期内企业资产、负债、损益情况。
③ 任期内企业重大经营决策情况。
④ 任期内与企业资产、负债、损益目标责任制有关的各项经济指标完成情况。
⑤ 任职前及任期内重大经济遗留问题及其处理的情况。
⑥ 企业和本人遵守国家财经法规和个人廉洁自律规定的情况。
⑦ 需要向审计组说明的其他情况。

审计组可以要求国有企业领导人员所在企业提交的材料如下:

① 公司章程、管理制度、年度工作总结。
② 年度经营计划、国有企业领导人员任期内上级管理部门、国资部门下达的与企业资产、负债、损益相关的考核指标。
③ 国有企业领导人员任期内历年财务会计资料、统计资料、经济活动分析资料。
④ 与重大投资、担保、资产处置等重要经济活动相关的合同、协议及办公会议纪要(记录)、档案等资料。
⑤ 与企业资产、负债、损益有关的内部控制制度建立及执行情况。
⑥ 有关经济遗留问题及其处理情况、重大诉讼事项。
⑦ 有关经济管理监督部门对企业的检查报告、处理意见和社会审计机构、内部审计机构的审计查证资料。
⑧ 审计组要求提供的其他资料。

(15) 送达审计通知书之后,被审计单位或被审计人员要求审计人员回避的,审计机关应当按照回避制度的规定,重新组成审计组,并在实施审计3日前送达审计通知书。

2. 审计实施阶段

(1) 审计实施阶段是审计组依据审计实施方案,对被审计企业领导人员所在企业的资产、负债、损益的真实性、合法性和效益性,国有资产的保值增值,以及对被审计企业领导人员在经营活动中有无重大决策失误、严重损失和浪费及可能存在侵占国有资产、违反领导人员廉洁规定和其他违法违纪等问题,进行检查和初步评价,收集、判断审计证据和编制审计日记、审计工作底稿、提出审计报告及审计报告征求被审计企业领导人员和被审计企业意见的过程。

(2) 召开审计组进点会议。审计组进驻被审计企业时,审计机关应与干部管理部门一起,召开一次有被审计企业有关领导人员和管理人员参加的进点会议。审计机关领导应当说明审计目的和依据,通报工作程序、审计范围、审计内容、参审人员、审计场所、实施时间、审计纪律、举报电话,提出需要协助、配合的有关事项。对被审计企业领导人员应当就履行职责情况作出说明,要求提供书面材料。干部管理部门领导同志应当就如何搞好审计工作问题提出具体要求。

（3）审计组可根据实际情况和工作需要,以召开座谈会、问卷调查、个别询问等调查方式,深入了解被审计企业和国有企业领导人员的有关情况。调查的对象一般包括被审计国有企业领导人员所在企业董事会、监事会成员、其他领导人员、部门负责人、企业工会和职工代表以及其身边的工作人员等。通过调查,听取他们对本企业经营、管理、效益等其他方面问题的看法,对被审计企业领导人员的意见和评价。

访谈的要点如下:

① 访谈人:企业现任领导班子成员,综合、规划、投资、财务、审计、人事等主要职能部门负责人,主要子企业的负责人,职工代表等。

② 确定访谈内容:一是有关方面对被审计人的评价;二是绩效评价中专家评议指标相关的情况;三是企业的发展战略、制度建设、重大事项、存在的主要问题等情况;四是财务基础审计中发现的需要进一步了解核实的问题等。

③ 选择访谈方式:汇报式访谈和谈话式访谈。

④ 开展访谈工作。

访谈工作一般应安排在财务审计现场结束前,结合财务审计发现的问题,有针对性地开展访谈,了解核实情况。

（4）健全性、有效性测评。测评的主要方法是:文字表述法、流程图法和测评表法。测评时,可以任选一种方法,也可以几种方法同时并用。根据测评结果,应当按照规定及时修改审计实施方案,进一步确定经济责任审计工作的具体范围、内容、重点和审计方法。

（5）审计组在实施审计中,应结合对了解到的被审计领导干部及其所在单位的有关情况和内部控制测试结果,发现存在下列情况的,应当调整审计实施方案:

① 审计实施方案与被审计单位情况不相适应的。

② 内部控制测评结果显示审计组需要调整审计重点、步骤和方法的。

③ 发现重大违法案件线索,需要改变审计内容和审计重点的。

④ 审计范围受到限制,不能正常开展工作的。

⑤ 其他需要调整审计实施方案的。

（6）审计组和审计人员实施审计时,可以运用检查、监盘、观察、查询及函证、计算、分析性复核等方法,审查被审计单位银行开户、会计凭证、会计账簿、会计报表,查阅与审计事项有关的文件、资料,检查现金、实物、有价证券和被审计单位运用电子计算机管理财务收支的财务会计核算系统,取得审计证据。对被审计单位运用电子计算机管理财务收支的财务会计核算系统,可以采取复制、拍照等方法取得审计证据。审计证据必须客观、充分,取证必须符合法定程序。

① 审计人员向有关单位和个人进行调查询问时取得的审计证据,应当有提供者的签名和盖章,不能取得提供者签名和盖章的,由审计人员注明原因,并由两人签字予以证明。不能取得签名或者盖章不影响事实存在的,该审计证据仍然有效。

② 审计组长应当对审计人员收集审计证据工作进行督导,并对审计证据进行审核。发现审计证据不符合要求的,应当责成审计人员进一步取证。

（7）审计人员实施审计时,应当对审计实施方案中分工负责审计事项的审计过程、运用专业判断得出的审计结论或者查出问题及其依据进行记录,编制审计日记和审计工作底稿。

① 审计人员应当在实施审计过程中逐日、逐项编写审计日记,真实、完整地记录实施审

计的全过程,不得遗漏、虚构、隐匿、毁弃,其他人不得删改。

② 审计中发现被审计企业领导人员及其所在企业在财务收支、经营活动中有无重大决策失误、严重损失和浪费及可能存在的侵占国有资产、违反领导人员廉洁规定和其他违法违纪等问题,以及对审计结论有重要影响的审计事项,审计人员应当在编写审计日记的基础上,编制审计工作底稿。

③ 审计组长对审计工作底稿进行复核,并提出复核意见。

(8) 审计组实施审计结束前,由审计组长或其指定的审计人员,应对审计工作底稿和审计证据等资料进行初步整理,检查审计实施方案所列审计事项是否按要求已全部实施,对审计工作底稿进行复核,对取得的审计证据进行综合分析,对审计事项进行初步评价,并与被审计企业领导人员及其所在企业初步交换审计意见。

(9) 审计组实施审计后,由审计组长或其指定的审计人员,在对审计工作底稿及相关资料进行分析综合的基础上,撰写任期经济责任审计报告。审计报告经审计组集体讨论,由审计组长审核定稿。

国有企业领导人员任期经济责任审计报告的格式和主要内容如下:

① 标题。关于×××(姓名)同志任×××(单位名称和职务)期间经济责任的审计报告。

② 主送。主送单位为派出审计组的审计机关。

③ 正文。主要包括:

a. 导言。导言主要是概要说明审计的依据,审计范围、内容、方式和起止时间,延伸、追溯审计重要事项的情况,以及被审计国有企业领导人员及其所在企业配合审计工作的情况。

b. 基本情况。基本情况主要包括被审计单位的性质、上级主管部门、国有资产监管关系、财务核算方式、企业会计信息的真实性、任职期间、审计期间;规模大小、结构设置、人员结构、经营范围和方式;被审计国有企业领导人员任期内主管的工作范围等内容。

c. 审计中发现的问题。审计中发现的问题主要包括重大经济决策,内部控制制度的建立、健全和执行,财务收支的真实性、合法性和效益性,国有资产的管理、使用及保值增值,国有企业领导人员个人执行廉政纪律等方面存在的问题。

d. 其他需要说明的情况。本级人民政府指令中或组织人事部门、纪检监察机关任期经济责任审计委托书中特别指定的审计内容;由于审计手段的限制,审计中发现需要有关部门进一步查证的疑点;审计过程中,被审计国有企业领导人员和单位自行纠正违纪违规问题情况。

e. 审计评价。根据审计结果,综合评价被审计国有企业领导人员任职期间的主要成绩,具体包括被审计国有企业领导人员的职责范围和任职期间所在单位、地区经济责任目标,财务收支目标、任务完成情况、主要经济指标,重大经济决策,企业技改投入和新产品开发情况,各项内部管理制度的建立和执行等方面取得的成绩。在评价主要成绩的基础上,还要指出被审计国有企业领导人员对被审计单位违法违规问题应承担主管责任或直接责任;说明国有企业领导人员本人遵纪守法情况。

f. 审计建议。对审计查实的被审计国有企业领导人员违法违纪问题提请有关部门作出行政处理处罚的建议;针对被审计单位存在的问题,提出改进管理、提高经济效益和社会效益的建设性意见;对有关部门提出完善政策、规范管理的建议;针对审计发现的被审计国有企业领导人员或其他人员有关违法违纪问题的线索,提请有关部门进一步审查、核实的建议。

g. 落款。×××(被审计国有企业领导人员姓名)同志任期经济责任审计组、时间。

(10) 审计组根据各业务组的审计汇总材料以及审计工作底稿和相关资料,在综合分析、归类整理、核实的基础上,撰写整个项目的经济责任审计报告。经济责任审计报告应当经审计组集体讨论并由审计组长定稿。

(11) 审计组征求被审计领导干部及其所在单位对经济责任审计报告的意见。

① 被审计国有企业领导人员及其所在企业自收到审计报告之日起 10 日内提出书面意见;在规定期限内没有提出书面意见的,视同无异议,并由审计组写出书面说明,两人签字予以证明。

② 被审计国有企业领导人员及其所在企业对经济责任审计报告有异议的,审计组应当进一步研究、核实。必要时,应当修改审计报告。征求意见的经济责任审计报告应予保留,不得遗弃、增删或者修改。

3. 审计终结阶段

(1) 审计终结阶段是审计组所在处(科)负责人、复核机构和复核人员复核经济责任审计报告,审计机关审定经济责任审计报告和经济责任审计结果报告,出具并送达审计意见书、审计决定书、审计移送处理书,监督审计结果执行落实情况和建立审计档案的过程。

(2) 审计组提交经济责任审计报告。

① 审计组应当在收到被审计国有企业领导人员及其所在企业书面意见或征求意见期限届满之日起 10 日内,重大的、疑难的审计事项经主管领导批准可以在 30 日内提出,但最长不得超过 60 日。

② 审计组应当将经济责任审计报告、被审计国有企业领导人员及其所在企业对经济责任审计报告的书面意见、审计组的书面说明、审计实施方案、审计工作底稿、审计证据以及其他有关材料,报审计组所在处(科)复核。

③ 审计组长应当对提出的经济责任审计报告的真实性负责。审计人员和审计组长均不得将审计过程中查出的被审计企业及被审计国有企业领导人员违反国家财经法规及领导人员廉洁规定的行为和问题隐瞒不报。

(3) 审计组所在处(科)应当对下列事项进行复核,并提出书面复核意见:

① 审计实施方案确定的审计目标是否实现。

② 事实是否清楚。

③ 审计证据是否充分。

④ 适用法律、法规、规章是否正确。

⑤ 评价、定性、处理、处罚和移送处理是否恰当。

⑥ 其他需要复核的事项。

(4) 审计组所在处(科)对经济责任审计报告进行复核后,应当代拟审计意见书、审计决定书或审计移送处理书等审计法律文书,连同被审计单位或被审计人员对审计报告的书面意见以及其他有关材料,报送复核机构或者专职复核人员复核。

(5) 复核机构或者专职复核人员应当对下列事项进行复核:

① 主要事实的表述是否清楚。

② 适用法律、法规、规章是否正确。
③ 评价、定性、处理、处罚和移送处理是否恰当。
④ 审计程序是否符合规定。
⑤ 其他需要复核的事项。

(6) 复核工作结束后,复核机构或者专职复核人员应当在规定的期限内提出复核意见,出具复核意见书。并将复核材料退还审计组所在处(科)。

(7) 审定经济责任审计报告。

① 审计机关根据《中华人民共和国国家审计基本准则》以及国有企业领导人员任期经济责任审计的有关规定,对经济责任审计报告进行审定。

② 审计组所在处(科)应当将经济责任审计报告、代拟的审计意见书、审计决定书、审计移送处理书等审计法律文书,与复核机构或者专职复核人员的复核意见书一起报送审计机关主管领导。一般审计事项的经济责任审计报告和审计意见书、审计决定书、审计移送处理书代拟稿等审计法律文书,由审计机关主管领导审定;重大审计事项的经济责任审计报告,应当由审计机关审计业务会议审定。审定主要包括以下内容:与审计事项有关的事实是否清楚,证据是否确凿;被审计单位对审计报告的意见是否恰当,复核机构或者复核人员提出的复核意见是否正确;审计评价意见是否恰当;定性、处理、处罚意见是否准确、合法、适当,引用的法律、法规是否准确,引用的法律、法规表述是否正确;提出的改进财务收支管理的意见和建议是否恰当、可行;对其他存在的问题,提出的整改意见和建议是否恰当、可行。

(8) 审计业务会议应当在充分讨论的基础上作出审计业务会议决定。审计组所在处(科)应当根据审计业务会议决定修改经济责任审计报告、审计意见书、审计决定书、审计移送处理书等审计法律文书。

(9) 经济责任审计报告审定后,审计机关应根据审定意见,撰写经济责任审计结果报告。

① 基本情况:被审计企业基本情况;企业设立、沿革、发展概况,企业的主营业务情况;企业的产权关系、组织架构、部门设置及重要子企业情况,企业职工人数(包括在岗及离退休人员情况)。

② 被审计企业负责人基本情况:任职经历、任职期间分管的工作范围及工作职责。

③ 审计实施情况:审计范围的实施、审计人员组成及审计分工实施,主要叙述审计资产量、审计户数及审计人员各阶段分组情况。

④ 被审计企业基本财务状况:审计前后企业基本财务数据的变化及原因、审计任期内各年企业的财务状况及变化原因、审计任期内各年经营成果、审计后主要经济指标完成情况。

⑤ 审计中发现的主要问题:会计信息、重大经营决策活动、改组改制、不良资产情况等方面问题。

⑥ 企业内部控制评价:企业内部控制的建设情况、内部控制测试情况、内部控制存在的不足及缺陷。

⑦ 审计建议。
⑧ 其他情况。
⑨ 相关附件。

(10) 经济责任审计结果报告是审计机关审定经济责任审计报告后,向下达审计指令的委托部门报送并抄送有关部门的书面报告。

(11) 国有企业领导人员任期经济责任审计结果报告的格式如下:

① 标题:×××(审计机关)关于×××(姓名)同志任×××(企业名称和职务)期间经济责任的审计结果报告。

② 主送:本级人民政府或组织部门。

③ 正文:正文格式同经济责任审计报告,但以审计业务会议审定经济责任审计报告修改后的内容为准。

④ 附件:被审计国有企业领导人员及其所在企业对经济责任审计报告的意见。

⑤ 落款:审计机关(印章)、时间。

⑥ 抄送:有关部门。

(12) 国有企业领导人员任期经济责任审计结果报告应以审计机关审计业务会议审定经济责任审计报告修改后的内容为准。

(13) 审计组所在处(科)应当将审定后的审计意见书、审计决定书和审计移送处理书代拟稿等审计法律文书,报送审计机关主管领导或主要负责人签发。

(14) 审计机关应当自收到经济责任审计报告,以及审计意见书、审计决定书、审计建议书、移送处理书代拟稿之日起 30 日内,将审计意见书、审计决定书、审计移送处理书、协助执行审计决定通知书等送达被审计单位和有关部门。同时,审计机关向下达审计指令的本级人民政府或委托机关提交被审计企业领导人员任期经济责任审计结果报告,并抄送有关部门。

(15) 审计决定自送达之日起生效,一般应于 90 日内执行完毕。在特殊情况下,审计决定执行完毕的时间可以适当延长,但必须报经审计机关批准。

(16) 审计机关作出的审计处罚决定书或者审计决定书中涉及罚款的事项,应当在审计处罚决定书或者审计决定书送达之日起 15 日内执行完毕。依法没收的违法所得和罚款,填写《行政处罚缴款书》,全部缴入国库。

(17) 审计机关应当自审计意见书和审计决定书送达之日起 90 日内,了解审计意见的采纳情况,监督检查审计决定的执行情况;如发现被审计单位超过决定执行期限未执行审计决定的,审计机关应当报告人民政府或者提请有关主管部门在法定职权范围内依法作出处理,或者向人民法院提出强制执行的申请。

(18) 审计组应当督促被审计单位按照规定期限,将应当缴纳的款项按照财政、财务隶属关系或国家有关规定缴入专门账户。

(19) 审计决定需要有关主管部门协助执行的,应当制发协助执行审计决定通知书。

(20) 被审计单位或有关人员对审计决定有异议的,可以在收到审计意见书和审计决定书的 60 日内,按照《审计机关审计复议实施办法》的有关规定,提起审计行政复议。

(21) 审计事项结束后,审计小组应填写审计结果执行、落实情况报告,具体包括:审计意见书、审计决定书、审计处罚决定书、审计移送处理书、协助执行审计决定通知书等文书。

(22) 经济责任审计项目完成后,审计组应当按照审计机关审计业务档案管理办法的规定,及时收集整理,做到审结卷成。

第三节　国有企业领导人员经济责任审计评价

一、国有企业领导人员经济责任审计的评价依据

对国有企业及国有控股企业领导人员任期经济责任的评价,应当以有关的法律、法规、规章、规范性文件,以及按权责对等原则、重要性原则、客观性原则、准确性原则、历史性原则、谨慎性原则、统一性原则(采用国家标准、部颁标准,或全行业统一标准进行评价)作为评价依据。

二、国有企业领导人员经济责任审计的评价

1. 国有企业领导人员经济责任审计评价的具体要求

(1) 审计评价的内容、范围。

审计人员要严格按照被审计对象的审计实施方案中所规定的内容和职责范围进行审计评价。审计评价不应超出审计的职能范围和实际实施的审计范围。

(2) 对国有企业领导人员任期经济责任审计的评价方法。

审计人员应当参照考核指标或其他有关经济指标,将定量评价、定性评价、对比评价以及其他评价方法结合起来,同时坚持以写实的手法进行评价。评价方法主要包括业绩比较法、量化指标法、环境分析法、主客观因素分析法、责任区分法等。

① 业绩比较法,包括纵向比较法(即任期初与任期末业绩比较法,或先确定比较基期再将比较期与之进行对比的方法)和横向比较法(即将相关业绩与同行业平均水平进行比较的方法)。

② 量化指标法,即运用能够反映企业内管干部履行经济责任情况的相关经济指标,分析其完成情况,总结相关经济责任的方法。

③ 环境分析法,即将企业内管干部履行经济责任的行为置于相关的社会政治、经济环境中加以分析,作出客观评价。

④ 主客观因素分析法,即对具体行为或事项进行主客观分析,推究其具体的主客观原因,分析该具体行为或事项是受企业内管干部主观过错的影响,还是受客观因素的影响,进而作出客观评价。

⑤ 责任区分法,包括区分直接责任、主管责任和领导责任等。

(3) 对企业会计信息真实性的评价,应当以审计机关确认的会计数据差错率5%(含)以下、5%～10%(含)、10%以上,分别作为认定企业会计信息真实、基本真实和多项会计信息不真实的评价标准。

(4) 对企业经济效益状况的评价,应当以审计机关确认的被审计年度企业财务效益、营运状况、偿债能力、发展能力较以前年度提高幅度较大、提高幅度较小、降低幅度较小、降低幅度较大,分别作为认定企业经济效益好、较好、较差和下滑幅度较大的评价标准。

(5) 对企业资产质量优劣程度的评价,应当以审计机关确认的不良资产(包括无使用价值财产、3年以上应收款、长期无回报的对外投资、成本高于售价的存货、闲置财产等)占总资产的比率5%(含)以内、5%～15%(含)、15%以上,分别作为认定企业资产质量优、良、劣

(或部分资产劣)的评价标准。

(6) 对企业资本保值增值状况的评价,应当以审计机关确认的剔除客观因素后的净资产年末额大于年初额、平于年初额和小于年初额,分别作为认定企业资本增值、保值和减值的评价标准。

(7) 对重大经营决策的审计评价,一定要关注经营决策的科学性、客观性、有效性。

① 审查重大对内、对外项目投资的科学性:看是否根据国家有关方针政策对项目可行性进行研究分析;看是否按照国家颁布的一系列经济技术指标及基本参数进行分析判断;看作出的项目投资决策是否科学。

② 审查重大项目投资的客观性:看是否尊重客观资料和数据,尊重客观事实,尊重调查结果,不带主观随意性。

③ 审查重大项目投资的有效性:看有无因决策失误,造成重大损失浪费的情况;项目投资效果是否取得了预期的经济效益或造成重大损失;项目投资是否存在现实或者潜在的风险。

(8) 企业内部管理审计评价结论的重点。

① 看是否有健全的企业内部管理制度。

② 看是否将企业内部管理制度落实到责任人。

③ 看企业内部管理制度是否被执行和遵守。

(9) 任期国有企业领导人员廉洁自律情况审计评价结论的重点。

① 要着重分析企业领导人员有无以权谋私、获取非法收入或侵占国家财产行为。

② 有无行贿、受贿行为。

③ 有无违规借欠企业大额物资、大量实物的行为。

④ 其他违法、违纪问题。

(10) 在区分国有企业领导人员任期经济责任时,应当依据《国有企业及国有控股企业领导人员任期经济责任审计实施细则》的规定,确认被审计企业领导人员本人应当负有的主管责任或直接责任。

(11) 其他需要审计评价的经济事项。

> **延伸阅读 7-1**

行业性、系统性腐败问题严峻

2022 年 5 月以来,中央预算执行和其他财政收支的审计共发现并移送重大违纪违法问题线索 300 多起,涉及 1800 多人。其中,行业性、系统性腐败突出,资金密集、资源富集领域是重灾区。特别是一些国企负责人利用强势地位或国企光环,对外以国企名义承揽业务,私下却中饱私囊、个人侵占。如某国企时任董事长赵某自 2018 年以来在投资建设一科技产业园项目中,先以该国企名义与地方政府洽谈,再利用职权,将项目实施主体最终确定为本人实际控制、与该国企名称相似但毫无关系的民企,并以低于市场价 33% 的价格获得住宅用地,少缴土地出让金 16.15 亿元;违反住宅用地仅限于产业园项目及员工生活配套的协议要求,将部分土地用于开发商品房,至 2022 年 8 月取得售房收入 31 亿元,大多转入本人实际控制的民企。

资料来源:侯凯.国务院关于 2022 年度中央预算执行和其他财政收支的审计工作报告——2023 年 6 月 26 日在第十四届全国人民代表大会常务委员会第三次会议上[EB/OL]. (2023-06-28)[2023-06-29]. http://www.npc.gov.cn/npc/c30834/202306/d6805f1ddfb04c84bbdeb05d25d84d4f.shtml.

2. 国有企业领导人员经济责任审计评价的具体指标

对于企业经济效益的审计,应当在查明企业会计信息真实性的基础上,重点评价企业财务效益状况指标、资产营运状况指标、偿债能力状况指标、发展能力状况指标、社会贡献状况指标五个方面。

1) 财务效益状况指标

(1) 国有资本保值增值率和任期年均国有资本保值增值率。这两个指标结合使用,分别反映企业领导人员任期内国有资本总体保值增值状况和年平均状况。

其计算公式分别为:

$$国有资本保值增值率 = 期(年)末所有者权益 \div 期(年)初所有者权益 \times 100\%$$

当财政(国资)部门有统一的年度国有资本保值增值标准或有相应的考核指标时,应逐年计算国有资本保值增值率并与之对比。

$$任期年均国有资本保值增值率 = \frac{\dfrac{扣除客观因素影响后的期末国有资本}{期初国有资本}}{n} \times 100\%$$

n = 任职年限(完整会计年度)

在计算期末所有者权益时,对于下列因素应作调整。

调减因素包括:国家直接或追加投资增加的国有资本;政府无偿划入增加的国有资本;按国家规定进行资产重估(评估)增加的国有资本;按国家规定进行清产核资增加的国有资本;住房周转金转入增加的国有资本;接受捐赠增加的国有资本;按照国家规定进行"债权转股权"增加的国有资本;中央和地方政府确定的其他客观因素增加的国有资本;非任期内因素造成增加的国有资本。

调增因素包括:经专项批准核减的国有资本;政府无偿划出或分立核减的国有资本;按国家规定进行资产重估(评估)核减的国有资本;按国家规定进行清产核资核减的国有资本;因自然灾害等不可抗拒因素而核减的国有资本;中央和地方政府确定的其他客观因素减少的国有资本;非任期内因素造成减少的国有资本。

(2) 净资产收益率和任期年均净资产收益率。这两个指标结合使用,反映投入企业的资本获取净收益的能力,是评价企业资本经营综合效益的核心指标。净资产收益率用于表示逐年水平,任期年均净资产收益率用于表示任期内各年的平均水平。非完整会计年度不纳入计算范围。

其计算公式分别为:

$$净资产收益率 = 净利润 \div 平均净资产 \times 100\%$$
$$净利润 = 利润总额 - 应交企业所得税$$
$$平均净资产 = (年初净资产余额 + 年末净资产余额) \div 2$$
$$任期年均净资产收益率 = \frac{净利润 \div 平均净资产}{n} \times 100\%$$

2) 资产营运状况指标

(1) 不良资产比率。该指标反映企业资产质量的总体状况。

其计算公式为:

不良资产比率 =（期末不良资产总额 − 已提取的各项减值准备）÷ 期末资产总额 × 100%

在界定不良资产时应对如下内容重点关注：长期结存的应收预付款；银行已付企业未付的长期未达账；账面单价明显高于销售价的产成品（商品）；报废、呆滞、积压的原材料、产成品（商品）；长期闲置、不需使用而影响使用价值的固定资产；未能正确结转固定资产并投入使用，经确认属失效项目或亏损数额较大的在建工程；已不生产的产品商标权和无法使用、创造效益的非专利技术且无法转让的；亏损数额较大的短期投资；长期未见分利的项目投资；按制度规定应摊销但有关部门（或地方政策）同意企业挂账留待以后消化的待摊费用、递延资产；已形成损失但未报批核销的待处理财产损失。

对企业不良资产的具体状况可以通过以下指标予以反映：不良投资比率、3年以上应收账款比率、积压商品物资比率、固定资产闲置比率。

（2）不良投资比率。

其计算公式为：

不良投资比率 = 不良长期投资 ÷ 期（年）末长期投资总额 × 100%

不良长期投资是指企业的各项投资中接受投资的企业已破产、倒闭或者长期亏损，造成难以收回的投资额，或指投资的市场现价远低于投资的价值，包括不良股票投资、不良债券投资和其他不良长期投资等。

（3）3年以上应收账款比率。

其计算公式为：

3年以上应收账款比率 = 3年以上应收账款 ÷ 年末应收账款总额 × 100%

（4）积压商品物资比率。

其计算公式为：

积压商品物资比率 = 积压商品物资 ÷ 年末存货总额 × 100%

（5）固定资产闲置比率。

其计算公式为：

$$固定资产闲置比率 = \frac{年末不需用固定资产原值 + 年末未使用固定资产原值}{年末固定资产原值} \times 100\%$$

3）偿债能力状况指标

资产负债率。该指标反映企业某期间内负债总额同资产总额的比率，是评价企业负债水平状况的综合指标。

其计算公式为：

资产负债率 = 负债总额 ÷ 资产总额 × 100%

4）发展能力状况指标

（1）总资产增长率和任期年均总资产增长率。这两个指标用于衡量企业资产的增长情况，评价企业经营规模总量上的扩张程度。总资产增长率用于表示增长的总体水平，任期年均总资产增长率用于表示任期内各年增长的平均水平。

其计算公式分别为：

$$总资产增长率 = (任期末资产总额 \div 任期初资产总额 - 1) \times 100\%$$

$$任期年均总资产增长率 = \frac{任期末资产总额 \div 任期初资产总额 - 1}{n} \times 100\%$$

$$n = 任职年限(完整会计年度)$$

(2) 利润增长率和任期年均利润增长率。这两个指标分别反映企业利润增长的逐年水平和任期内各年平均水平。当出现亏损时不计算利润增长率(连续亏损时可以计算减亏幅度指标或增亏幅度指标)。当任期内各年度均盈利且利润额逐年增长时,可以计算任期年均利润增长率。非完整会计年度不纳入计算范围。

其计算公式分别为:

$$利润增长率 = \left(\frac{本年利润}{上年利润} - 1\right) \times 100\%$$

$$任期年均利润增长率 = \frac{\frac{扣除客观因素影响后的本年利润}{上年利润} - 1}{n} \times 100\%$$

$$n = 纳入计算的年度数$$

$$减亏幅度 = (上年亏损额 - 本年亏损额) \div 上年亏损额 \times 100\%$$

$$增亏幅度 = (本年亏损额 - 上年亏损额) \div 上年亏损额 \times 100\%$$

(3) 主营业务收入增长率和任期年均主营业务收入增长率。这两指标分别反映企业主营业务收入增长的逐年水平和任期内各年平均水平。当任期内各年度主营业务收入逐年增长时,可以计算任期年均主营业务收入增长率。非完整会计年度不纳入计算范围。

其计算公式分别为:

$$主营业务收入增长率 = (本年主营业务收入 \div 上年主营业务收入 - 1) \times 100\%$$

$$任期年均主营业务收入增长率 = \frac{本年主营业务收入 \div 上年主营业务收入 - 1}{n} \times 100\%$$

$$n = 纳入计算的年度数$$

(4) 固定资产成新率。该指标表示企业固定资产的新旧程度,反映固定资产用于再生产的能力。

其计算公式分别为:

$$固定资产成新率 = 平均固定资产净值 \div 平均固定资产原值 \times 100\%$$

$$平均固定资产净值 = (年初固定资产净值 + 年末固定资产净值) \div 2$$

$$平均固定资产原值 = (年初固定资产原值 + 年末固定资产原值) \div 2$$

5) 社会贡献状况指标

(1) 上缴税收增长率和任期年均上缴税收增长率。这两个指标表示企业上缴国家税收的增长幅度,反映企业创造国家税收的贡献大小。上缴税收增长率用于表示各年增长水平,任期年均上缴税收增长率用于表示任期内各年增长的平均水平。当各年上缴税收逐年增长时,可以计算任期年均上缴税收增长率。非完整会计年度不纳入计算范围。

其计算公式分别为:

$$上缴税收增长率 = (本年上缴税收 \div 上年上缴税收 - 1) \times 100\%$$

$$任期年均上缴税收增长率 = \frac{本年上缴税收 \div 上年上缴税收 - 1}{n} \times 100\%$$

$n =$ 纳入计算的年度数

（2）医疗、养老、失业统筹资金缴纳率。该指标表示企业的医疗、养老、失业三项统筹资金是否足额缴纳，从一个侧面反映企业对职工社会保障的重视程度。

其计算公式为：

医疗、养老、失业统筹资金缴纳率 ＝ 任期累计三项统筹已缴数 ÷ 任期三项统筹应缴数 × 100%

（3）工资总额增长率和职工人均工资收入增长率。这两个指标分别反映企业工资总额和职工人均工资收入的各年增长水平。非完整会计年度不纳入计算范围。

其计算公式分别为：

工资总额增长率 ＝（本年工资总额 ÷ 上年工资总额 － 1）× 100%

职工人均工资收入增长率 ＝（本年职工人均工资收入 ÷ 上年职工人均工资收入 － 1）× 100%

在对上述五方面经济指标完成情况进行审计评价时，要调查了解被审计国有企业领导人员及其所在企业为完成这些经济指标所做的工作。

审计机关可以根据审计内容和审计评价的需要，选择设定评价指标，将定性评价与定量指标相结合。对同一类别、同一层级领导干部履行经济责任情况的评价标准，应当具有一致性和可比性。审计评价应当重点关注经济、社会、事业发展的质量、效益和可持续性，关注与领导干部履行经济责任有关的管理和决策等活动的经济效益、社会效益和环境效益，关注任期内举借债务、自然资源资产管理、环境保护、民生改善、科技创新等重要事项，关注领导干部应承担直接责任的问题。

本章重要概念

国有企业领导人员经济责任审计　审计准备阶段　审计实施阶段　审计终结阶段　量化指标法　国有资本保值增值率　固定资产成新率

本章练习

一、选择题

1. 根据中共中央办公厅、国务院办公厅印发的《党政主要领导干部和国有企事业单位主要领导人员经济责任审计规定》第四条，国有企业领导人员经济责任审计的对象包括国有和国有资本占控股地位或者主导地位的企业（含金融机构）的（　　）。

　　A. 法定代表人

　　B. 法定代表人及总经理

　　C. 法定代表人或者不担任法定代表人但实际行使相应职权的主要领导人员

　　D. 法定代表人及董事、总经理、高级管理层

2. （　　）应当编制经济责任审计实施工作方案。

　　A. 审计机关

　　B. 具体实施经济责任审计项目的审计组

　　C. 经济责任审计科

D. 经济责任审计组组长

3. 国有企业领导人员经济责任审计的范畴不包括( )。
   A. 经营绩效方面的责任　　　　　　　　B. 内部控制方面的责任
   C. 社会责任方面的责任　　　　　　　　D. 财务报表方面的责任

4. "三重一大"事项应以会议形式集体研究决策,允许( )来决策。
   A. 传阅会签
   B. 个别征求意见
   C. 临时动议,由个人或少数人临时决定重大事项
   D. 特殊情况下由个人或少数人临时决定的,决定人应对决策负责,事后应及时报告并按程序予以追认

5. 不良投资比率的计算公式为( )。
   A. 不良长期投资÷期(年)末长期投资总额×100%
   B. 净利润÷平均净资产×100%
   C. 积压商品物资÷年末存货总额×100%
   D. 负债总额÷资产总额×100%

6. 企业内部管理审计评价结论的重点不包括( )。
   A. 看是否有健全的企业内部管理制度
   B. 看是否将企业内部管理制度落实到责任人
   C. 看企业内部管理制度是否被执行和遵守
   D. 看企业经营风险是否得到有效管理

7. 对同一类别、同一层级领导干部履行经济责任情况的评价标准,应当( )。
   A. 具有一致性和可比性　　　　　　　　B. 具有针对性
   C. 使用定量指标　　　　　　　　　　　D. 使用定性指标

8. 国有企业领导人员经济责任审计组进驻被审计单位时,审计机关应( ),召开进点会议。
   A. 保证仅有被审计企业领导人员和管理人员参加
   B. 保证仅有被审计人员参加
   C. 与干部管理部门一起
   D. 组织被审计单位全体员工

9. 对国有企业领导人员任期经济责任审计的评价方法包括( )。
   A. 责任区分法　　B. 量化指标法　　C. 环境分析法　　D. 以上均包括

10. 任期国有企业领导人员廉洁自律情况审计评价结论的重点( )。
    A. 要着重分析企业领导人员有无以权谋私,获取非法收入或侵占国家财产行为
    B. 有无行贿、受贿行为
    C. 有无违规借欠企业大额物资、大量实物的行为
    D. 以上均包括

二、简答题

1. 简述国有企业领导人员经济责任的范畴。
2. 简述国有企业领导人员经济责任审计的对象。
3. 简述国有企业领导人员经济责任审计的重点内容。
4. 简述国有企业领导人员经济责任审计的程序。
5. 简述国有企业领导人员经济责任审计评价的主要指标。

第八章 自然资源资产离任审计

- ➢ 内容提要
- ➢ 重点难点
- ➢ 学习目标
- ➢ 知识框架
- ➢ 第一节 自然资源资产离任审计概述
- ➢ 第二节 自然资源资产离任审计内容和程序
- ➢ 第三节 自然资源资产离任审计评价
- ➢ 本章重要概念
- ➢ 本章练习

内容提要

本章主要讲解了自然资源资产的范围以及自然资源资产离任审计的相关概念;自然资源资产离任审计的内容和程序;自然资源资产离任审计的审计依据和评价指标等。

重点难点

本章重点为自然资源资产离任审计的概念、自然资源资产离任审计的内容和程序;难点为自然资源资产离任审计的评价指标和责任认定等。

学习目标

通过本章学习,学生应了解自然资源资产的范围以及自然资源资产离任审计的范畴、目标;掌握自然资源资产离任审计的主要内容和程序;自然资源资产离任审计的评价指标。

知识框架

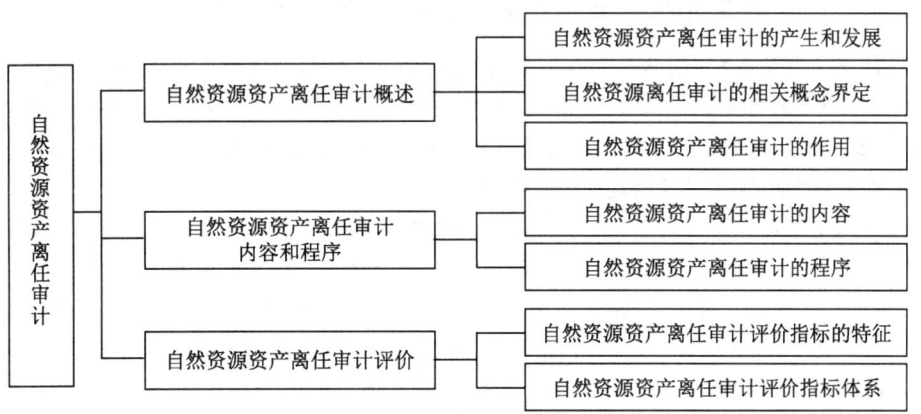

引入案例 从试点到全面推开的自然资源资产离任审计

从 2018 年 3 月 1 日起,领导干部自然资源资产离任审计制度正式由试点阶段进入全面推开阶段,将对完善生态文明绩效评价考核和责任追究发挥更重要的作用。

在经济社会发展过程中,只算经济账,不算生态账,对自然资源采取掠夺性开发,造成严重的污染破坏,会危及每一个人的生存环境。绿色审计的设立,进一步突出了保护生态环境的重要性,同时也给各级领导干部树立了一个新风向标:为官一任,既要守规矩、促发展,也要护好绿水青山。2015年11月,中共中央办公厅、国务院办公厅印发《开展领导干部自然资源资产离任审计试点方案》(下称《方案》)。《方案》要求对被审计领导干部任职期间履行自然资源资产管理和生态环境保护责任情况进行审计评价,界定领导干部应承担的责任。2017年6月,中央全面深化改革工作领导小组会议审议通过了《领导干部自然资源资产离任审计规定(试行)》,对领导干部自然资源资产离任审计工作提出具体要求。从2015年试点开始到2019年10月,全国审计部门共实施审计试点项目827个,涉及被审计领导干部1 210人。

自然资源资产离任审计是一项全新的工作。不少工作人员表示,自然资源资产离任审计内容与传统财政财务收支审计大相径庭,查账等传统审计方法难以实现审计目标,必须探索运用新的审计技术和方法。耕地、林地数据如何确保真实性?矿山开发、生态红线划定的实际情况如何核实?湖北省十堰市运用"大数据"、地理信息技术、卫星遥感影像、无人机等技术手段,拓展数据的收集分析办法。福建省莆田市运用地理信息技术及综合分析方法,对国土、林业、海洋等自然资源资产在数量、质量等方面的变化进行核查,为审计试点工作提供了技术路线和工作经验。我国地大物博,各地自然资源天然禀赋不同,如何抓住突出问题?湖州市以森林资源、水资源和土地资源为审计重点;陕西省延安市以国土资源、林业资源、水资源和环境保护为审计重点。评价标准也在实施过程中日趋完善。江苏省南通市针对"如何评价"这个难点,紧扣资源环境政策执行情况、资源环境责任履行情况、生态保护资金投入绩效情况三个重点,从资源保有和消耗、资源环境损害及治理、生态恢复和效益等6个方面修改完善了评价指标,力争全面、正确、客观评价履职情况。审"绿"并不审一时,各地积极探索长效机制。2017年,山东省审计厅加快推进领导干部自然资源资产离任审计常态化,加大环境保护和生态治理领域的审计力度,集中组织全省审计机关开展了105名领导干部自然资源资产离任审计试点项目,重点关注了履行资源管理和生态保护监督责任履职尽责情况,提出了一系列对策建议,有力地推进了生态保护责任履行。

资料来源:从试点到全面推开的自然资源资产离任审计[J].中国经济导报,2018(10):10-49.

 思政课堂

加强自然资源资产离任审计 助力生态文明建设

人类的生存和发展离不开自然资源,虽然我国自然资源总量较大、种类丰富且潜力巨大,但仍然存在人均占有量较小、开发利用困难以及开发利用不尽合理等问题。受传统只追求经济增速理念的影响,不少领导干部迫于自身政绩考核压力而不顾长远利益,通过乱开发、低效率、高消耗等方式换取个人政绩。党的十八大以来,党中央高度重视生态文明建设与生态文明体制改革。党的十八大报告中,将生态文明建设纳入"五位一体"的总体布局;党的十八届三中全会上通过的《中共中央关于全面深化改革若干重大问题的决定》提出必须建立系统完整的生态文明制度体系,探索编制自然资源资产负债表,对领导干部实行自然资源资产离任审计。2017年,中共中央办公厅、国务院办公厅印发《领导干部自然资源资产离任审计规定(试行)》,标志着此项工作正式开始全面推广。此项工作有利于增强党政领导干部对于资源和环境保护开发的责任意识,并促使其协调好经济发展与环境保护、资源利用之间的关系。

做好自然资源资产离任审计,不仅仅是对领导干部的审核,更是在为国家走出一条生产发展、生活富裕、生态良好的文明发展道路而保驾护航,那么应当如何开展自然资源资产离任审计呢?本章我们将一起学习自然资源资产离任审计的概述、内容与程序、评价。

资料来源:唐洋,董怡颖,阳秋林.国家治理视角下领导干部自然资源资产离任审计理论框架的构建[J].中国内部审计,2023(06):79-83.

第一节 自然资源资产离任审计概述

长期以来,党政领导干部经济责任评价着重于任职期间的经济发展水平,这使得许多领导干部把重心放在发展经济上,对自然资源资产的保护性利用重视不够,导致经济发展与资源承载、环境污染之间的矛盾日益突出。中共十八届三中全会通过的《中共中央关于全面深化改革若干重大问题的决定》,提出实行领导干部自然资源资产离任审计要求,有利于增强党政领导干部的环境责任意识,促使其在对自然资源资产进行开发利用时,更加注重经济、社会、生态三种效益的协调统一。这是党中央为加强生态文明建设采取的一项重要举措,也为审计工作开拓了一个崭新领域。

一、自然资源资产离任审计的产生和发展

自然资源资产离任审计作为一种生态文明建设的重要制度安排,最早是在 2013 年提出的,之后,自然资源资产离任审计制度与其他生态文明制度相融合,随着其他生态文明制度的建设,自然资源资产离任审计的内容也不断拓展。

1. 党中央、国务院及其相关部委发布的相关制度

2013 年 11 月,中共十八届三中全会通过的《中共中央关于全面深化改革若干重大问题的决定》要求:"探索编制自然资源资产负债表,对领导干部实行自然资源资产离任审计。建立生态环境损害责任终身追究制。"2014 年 10 月,国务院发布的《关于加强审计工作的指导意见》,要求探索自然资源资产离任审计。国家发展和改革委员会等 6 部委于 2014 年 7 月发布了《关于开展生态文明建设示范区建设(第一批)的通知》,提出了 30 多项制度创新在实践的探索,要求示范区以制度创新为核心任务,以可复制可推广为基本要求,发挥示范作用,要求贵州省、天津市武清区、河北张家口市、陕西延安市、甘肃定西市、宁夏永宁县等区县市开展自然资源资产离任审计制度创新。

2015 年 4 月,中共中央办公厅、国务院办公厅发布的《关于加快推进生态文明建设的意见》提出,对领导干部实行自然资源资产和环境责任离任审计,既是生态文明制度体系的重要组成部分,也是建立健全系统完整的生态文明制度体系的重要内容,对于促进领导干部树立科学的发展观和正确的政绩观,推动生态文明建设具有重要意义;2015 年 7 月,国家环保部、国家发改委发布了《关于贯彻实施国家主体功能区环境政策的若干意见》,要求在禁止开发区域对领导干部实行自然资源资产离任审计,建立生态环境损害责任终身追究制;2015 年 9 月,中共中央办公厅、国务院办公厅印发了《生态文明体制改革总体方案》,要求在编制自然资源资产负债表和合理考虑客观自然因素的基础上,积极探索领导干部自然资源资产离任审计的目标、内容、方法和评价指标体系,以离任审计结果和生态损害情况为依据进行追责;2015 年 10 月,中共十八届五中全会通过的《中央关于制定国民经济和社会发展五年规划的建议》指出:"以市县级行政区为单元,建立由空间规划、用途管制、领导干部自然资源资产离任审计、差异化绩效考核等构成的空间治理体系。"2015 年 11 月,国务院发布《开展领导干部自然资源资产离任审计试点方案》和《编制自然资源资产负债表试点方案》,揭开了自然资源资产离任审计试点的序幕,要求编制自然资源资产负债表与资源环境生态红线管控、自然资源资产产权和用途管制、自然资源资产离任审计生态环境损害责任追究等重大制

度相衔接;国家发改委等9部委2015年12月发布的《关于开展生态文明建设示范区建设(第二批)的通知》要求西藏日喀则市、甘肃兰州市、宁夏石嘴山市探索自然资源资产和环境保护责任离任审计制度,要求江苏南通市建立完善体现生态文明建设要求的评价、考核、审计和责任追究制度。

2016年3月,全国"两会"期间通过的《国民经济和社会发展第十三个五年规划》,要求实行领导干部环境保护责任离任审计和自然资源资产离任审计;2016年5月,国务院发布的《土壤污染防治行动计划》要求将计划考评结果作为自然资源资产离任审计的重要依据;2016年11月,国务院发布《"十三五"生态环境保护规划》要求统筹推进环保督察巡视、自然资源资产离任审计、编制自然资源资产负债表和生态环境损害责任追究制度;2016年11月,国务院相关部委发布的《耕地草原河湖休养生息规划(2016—2030)》要求建立草原资源与生态评价制度和草原资源环境承载能力预警机制,对领导干部实行自然资源资产离任审计、生态环境损害责任终身追究以及生态环境损害赔偿等制度;2016年12月,国务院发布《生态文明建设目标评价考核办法》,结合领导干部自然资源资产离任审计、领导干部环境保护责任离任审计、环境保护督察等结果,形成领导干部考核报告;2016年12月,中共中央办公厅、国务院办公厅发布的《关于全面推行河长制的意见》,提出到2018年底前全面建立河长制,并规定"将领导干部自然资源资产离任审计结果及整改情况作为考核的重要参考"。

2017年3月,国务院发布《关于划定并严守生态保护红线的若干意见》,要求将考核结果纳入生态文明建设目标评价考核体系,作为党政领导班子和领导干部综合评价及责任追究、离任审计的重要参考。

2. 审计署发布的相关制度

2015年,审计署发布了《关于进一步加大审计力度,促进加快推进生态文明建设的意见》;2016年,审计署发布的《关于适应新常态践行新理念更好地履行审计监督职责的意见》要求"开展领导干部自然资源资产离任审计,促进形成绿色发展方式和生活方式,推动绿色发展"。审计署发布《2016年领导干部自然资源资产离任审计试点工作方案》,并制定了2016年领导干部自然资源资产离任审计的系列操作办法,有力推进了自然资源资产离任审计的试点工作。2016年,审计署按照中共中央办公厅、国务院办公厅要求在一个省、一个县、六个地级市,如呼伦贝尔、湖州等8个地区开展了自然资源资产离任审计试点,同时,32个省级审计机关对32个地区实施审计试点。

2017年4月,审计署发布的《领导干部自然资源资产离任审计暂行规定(征求意见稿)》对自然资源资产离任审计的目的、依据、定义、对象、计划、实施、内容、重点、评价与结果运用、审计保障等内容进行了规范。2017年6月,审计署发布的《2017年地方审计机关开展领导干部自然资源资产离任审计试点工作的指导方案》,确定了2017年地方审计机关自然资源资产离任审计试点的内容和重点,要求:"各省级审计机关应直接对1个地级市(县)开展审计试点,5个计划单列市应直接对1个县区开展审计试点,同时,除4个直辖市、西藏、新疆、新疆生产建设兵团外的各省级审计机关应指导2个以上地市审计机关分别对县区开展审计试点。4个直辖市、西藏、新疆、新疆生产建设兵团可根据自身审计力量酌情确定指导下级审计机关开展审计试点的项目数量。"

根据2016年发布的《审计署"十三五"规划》和相关文件,要求2018年起全面实施自然资源资产离任审计,2020年建立起比较完善的自然资源资产离任审计制度,通过审计,促进切实履行自然资源资产管理和环境保护责任。

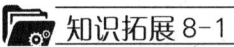 知识拓展 8-1

《领导干部自然资源离任审计规定(试行)》公布

2017年6月,中共中央总书记、国家主席、中央军委主席习近平主持中央全面深化改革工作领导小组会议审议通过了《领导干部自然资源资产离任审计规定(试行)》(以下简称《规定》)。《规定》对领导干部自然资源资产离任审计工作提出具体要求之后,中共中央办公厅、国务院办公厅发出通知,要求各地区各部门结合实际认真遵照执行。

《规定》明确,开展领导干部自然资源资产离任审计,应当坚持依法审计、问题导向、客观求实、鼓励创新、推动改革的原则,主要审计领导干部贯彻执行中央生态文明建设方针政策和决策部署情况,遵守自然资源资产管理和生态环境保护法律、法规情况,自然资源资产管理和生态环境保护重大决策情况,完成自然资源资产管理和生态环境保护目标情况,履行自然资源资产管理和生态环境保护监督责任情况,组织自然资源资产和生态环境保护相关资金征管和项目建设运行情况,以及履行其他相关责任情况。

《规定》强调,审计机关应当根据被审计领导干部任职期间所在地区或者主管业务领域自然资源资产管理和生态环境保护情况,结合审计结果,对被审计领导干部任职期间自然资源资产管理和生态环境保护情况变化产生的原因进行综合分析,客观评价被审计领导干部履行自然资源资产管理和生态环境保护责任情况。

《规定》要求,被审计领导干部及其所在地区、部门(单位),对审计发现的问题应当及时整改。国务院及地方各级政府负有自然资源资产管理和生态环境保护职责的工作部门应当加强部门联动,尽快建立自然资源资产数据共享平台,并向审计机关开放,为审计提供专业支持和制度保障,支持、配合审计机关开展审计。县以上地方各级党委和政府应当加强对本地区领导干部自然资源资产离任审计工作的领导,及时听取本级审计机关的审计工作情况汇报并接受、配合上级审计机关审计。

二、自然资源离任审计的相关概念界定

(一) 自然资源资产

1. 自然资源资产的概念

自然资源是作为生产原料的来源具有一定的利用价值,同时自然资源的天然存在性,也决定了在利用时要注意使用的效率性和效果性。自然资源是人们获取财富及经济发展的基础,但是自然资源的稀缺性和有限性也决定了它不可无限制地满足人们的需求,也不可能无节制地支撑经济的发展。只有把自然资源当作一种资产,在对其运营管理中找到保护平衡点,才能维持自然资源保护与有效利用的动态平衡。

首先,自然资源资产是自然资源资产化的产物。随着市场经济的快速发展,具有不可再生性的自然资源的存量急剧减少,导致自然资源与经济社会需求之间的矛盾加剧,加快了自然资源资产化的过程。自然资源作为收益物,通过向资源型资产的转化形成价值属性,同时在对其运营管理中产生价值增值,最终提高了自然资源的配置效率,解决自然资源资产的价值属性与实物属性之间的矛盾,成为自然资源资产化的重点。

其次,自然性、社会性和经济性是自然资源资产的基本属性。自然资源资产在具有自然资源属性的同时,也表现出特有的属性。第一,自然资源资产具有自然性很大程度上取决于自然资源的特性。自然资源资产和自然资源只是两种不同的表现形式,也就是说,自然资源资产首先表现出自然属性(如生态性、区域分布性等)。第二,自然资源资产具有经济性。资

产本身就有经济性,而自然资源资产是自然资源资产化的产物,所以自然资源资产属于资产的范畴,也具有经济属性。例如,自然资源资产能够满足人类的使用价值,通过开采加工的自然资源进行交换、转让最终实现价值,从而带来经济收益。同时,自然资源资产具有的经济属性是在一定经济社会条件下形成的,随着科技的进步,自然资源资产的价值被不断地放大,那么其经济属性也在不断地变化过程中。第三,自然资源资产的社会性具体表现在,社会对自然资源资产的有效利用,促进社会的发展和人类的进步;反过来,社会对于自然资源资产的无限制开采浪费等,也会引发社会的环境问题,最终会成为社会发展的绊脚石。

最后,实物量与价值量统一于自然资源资产。自然资源资产是自然资源资产化的过程,因此,自然资源资产是实物形态和价值形态的统一是由自然资源的天然属性和资产属性决定的。自然资源资产的这两种形态是辩证统一的,一方面,实物形态强调自然资源的合理开采与利用,为其实现价值创造条件;另一方面,价值形态则强调资源的合理配置,要求我们将自然资源的增值、生态环境补偿与自然资源存量的变化结合起来,遵循自然规律、保护生态环境,实现自然资源的生态、经济和社会三者效益的统一。

2. 自然资源资产的确认

《企业会计准则》规定:"资产是指企业过去经营交易或各项事项形成的,由企业拥有或控制的,预期会给企业带来经济利益的资源。"以此类推,自然资源资产负债表,其会计主体根据表的级别而定,国家级自然资源资产负债表主体为国家,省级、市级自然资源资产负债表对应的主体便是对应的省、市。会计主体必须拥有自然资源资产的所有权或者控制权,这些权利属于产权的一部分,因此,相关产权法律的完善程度将直接影响自然资源资产负债表的编制。除了法律层面,还要考虑到该项资源能否被人类获取和利用,如深层矿产和深层地热等资源,无论是目前的技术手段还是预期未来一段时间的技术发展,都无法实现对其的开采利用,因此在实质上也就不存在控制权,并且也无法满足下文提到的收益条件。

依据货币计量假设,自然资源资产负债表中的资产和负债都必须可以被量化,可以用明确的数字来表示它的数量和质量,这也是编制资产负债表的重点和难点。根据《中共中央关于全面深化改革若干重大问题的决定》,自然资源不仅包括投入经济活动的部分,还包括作为生态系统和聚居环境的环境资源,也就是说,在考虑自然资源预期可以带来的利益时,需要考虑经济效益、社会效益和生态效益三个方面。目前核算社会效益和生态效益具有相当大的难度,暂时只能确认具有经济价值的资源。对于现阶段不具备经济价值的,可参考SEEA2012的主张,单独列示其实物量,把这类资源暂时排除在范围之外。

除了资源本身,自然资源资产还包括生态补偿机制中政府产生收入的部分,如与自然资源资产有关的债权,即政府出于保护自然资源的目的,而向特定的超载使用、资源破坏行为收取费用的权利。将排污的权利作为一种特殊商品,由政府作为代表以配额的形式出售给排污者,不是简单粗暴地禁止排放,而是在一定范围内进行调剂,最终达到保护环境的目的。除此之外,还有政府向生态破坏者收取的生态补偿税、生态补偿费、生态补偿保证金等。

3. 自然资源资产的分类

《2012年环境资产核算体系》(SEEA2012)中将应纳入自然资源资产负债表的资产分为七类:木材资源、矿物与能源资源、水产资源、土地资源、土壤资源、水资源和其他生物资源。2015年发布的《编制自然资源资产负债表试点方案》提出,我国自然资源资产负债表的核算内容主要包括土地资源、林木资源和水资源。这个分类并不全面,显然是考虑到统计、核算难度和资产重要性,由易到难,先从相对简单的开始核算。在后续的不断完善过程中,应当会与国际接轨,逐步扩大核算范围,最终和 SEEA2012 相符,甚至包含更多内容。

在土地资源细化分类方面,2007 年,国土资源部发布的《土地利用现状分类》分了 12 个一级类和 57 个二级类,一级类包括:耕地,园地,林地,草地,商服用地,工矿仓储用地,住宅用地,公共管理与公共服务用地,特殊用地,交通运输用地,水域及水利设施用地和其他土地。林木资源和水资源也有相关的国家标准。具体的分类不仅要考虑到现有的统计系统,还要考虑到对于核算自然资源质量的要求,在实践中不断修正和细化,使得核算更加科学。

(二) 自然资源负债

1. 自然资源负债的概念

大部分学者主张确认自然资源负债存在,也有一部分认为根据目前的技术水平(未来要付出的环境成本无法核算)和 SEEA2012 现行规定(设置功能账户,不确认负债)等原因,暂时无法确认自然资源负债。笔者主张确认负债,因为如果不对环境污染和资源破坏进行核算,仅仅将自然资源负债作为资产的减少,不符合会计的可靠性和实质重于形式的信息质量特征,也无法达到我国编制自然资源资产负债表考核政绩、离任审计的目的。自然资源资产减少的原因是多种多样的,其中有合理的消耗和开采,有自然灾害,也有过度开采、非法排放等,作出区别是非常必要的。

自然资源负债可以视作为了修复被破坏的生态环境、治理已发生的污染、恢复自然资源资产原有质量所需要付出的代价,通过合理、科学的估值方法,核算人类不当行为所导致的损失,以及由于不可控的自然因素造成的损失,是过去行为引致的现时义务。

2. 自然资源负债的确认

确认自然资源负债有两个要点:一是明确权责划分,这也是对领导干部进行考评的根据;二是可以用货币计量,用货币来衡量与现时义务有关的损失或代价,从而明确了解将来可能要偿付多少。预计未来可能偿付的治理成本和保护成本不具备可行性,目前尚没有方法可以作出准确的估计,无法用货币计量便无法确认负债。因此,未来可能发生的对资源使用带来的义务不在核算范围内。

资产的减少与负债既有联系又有区别,资产消耗体现在实物量减少或(和)价值量减少,这一变化不涉及负债,因为减少的资产已经等价转化为人类福利,没有将已经使用的资产再返还或者修复的义务。只有当对自然资源的使用带来负面影响,也就是使人类福利损失的时候,负债才会增加,因为这种情况下补偿义务才会产生。

3. 自然资源负债的分类

张友棠等认为自然资源负债可以分为四类:应付污染治理成本、应付超载补偿成本、应付生态恢复成本和应付生态维护成本。根据负债产生的原因,自然资源可以分为人类不可控的自然现象导致的和人类主观活动产生的。

生态恢复成本和污染治理成本在概念上有重叠,在核算上也难以划清界限,因此统一用污染治理成本来表述。政府在进行资源、环境管理时也会产生成本,类似于企业日常经营活动中发生的管理费用,这部分成本也应纳入自然资源负债中核算,可以反映政府资源管理工作的开销和效率,有助于对其监督和考核。还应该考虑到生态补偿中政府出于鼓励正向的外部影响而支付的各种补贴,如退耕还林、退耕还草补贴款,与应付超载补偿成本概念上有相似之处,但目前生态补偿这一概念被运用得更多。应付污染治理成本是指政府部门治理已发生的污染所要付出的代价;应付生态维护成本主要是指政府部门采取各类保护措施以维护生态环境所付出的成本,是为了预防污染、破坏、滥用而产生的负债。

(三) 自然资源资产负债表

自然资源资产负债表是在自然资源价值理论及其环境经济核算体系基础之上,借鉴国家资产负债表的形式,将自然资源各核算对象基于一定的属性原则按照资产、负债和净资产等基本会计要素分类核算和列报,并最终整合成一张反映国家(地区)自然资源家底的资产负债综合报表或某一类自然资源资产负债表。

自然资源资产价值量的计量就是根据自然资源资产实物量中所确认的内容,对这些内容采用一定的方法进行评估量化。评估量化过程主要分为两部分:首先,针对自然生长的资源,评估资源的直接使用价值及间接使用价值,对于直接使用价值可以利用直接市场评价法获取价值量;对于间接使用价值,价值量估算的方法有多种,但不同种类的资源所具有的间接使用价值不同,价值计量的评估方法也不同。其次,在进行自然资源资产核算时,需要将自然资源区分为天然资源和人工修复资源两部分,对于人工修复资源,其生态功能的发挥与天然资源存在一定差别,其价值量与天然资源价值量也应存在差别,其价值量的计算应在天然资源价值量的计算基础上加以调整,使其真实反映资源的价值量。在此基础上,查找问题,分析评价。

自然资源资产负债表既能反映自然资源存量状况,亦能反映自然资源的开发利用情况。明确自然资源资产负债表的编制,针对自然资源的自然属性及环境责任审计目标,将自然资源资产负债核算划分为实物量核算与价值量核算两个部分;根据自然资源是否具有可再生性,将自然资源资产核算划分为可再生自然资源资产价值(经济价值、生态价值)及不可再生自然资源的调整价值,同样将自然资源负债划分为可再生自然资源的资源损害成本以及不可再生自然资源的资源耗减成本,确定自然资源资产负债核算方式,借鉴会计学资产负债表的格式,编制自然资源资产负债实物量及价值量样表。以此形成对自然资源和生态环境的综合管理制度,充分发挥自然资源资产负债表的作用。

(四) 自然资源资产离任审计

当前自然资源屡遭破坏,审计方式还是以财政收支审计、合规审计为主,因此单纯依靠环境责任审计无法全面反映自然资源的占有、分布与使用效益状态,无法充分发挥审计监督的机制。而将自然资源资产负债表与环境责任审计相融合,作为环境责任审计的创新发展——自然资源资产离任审计有利于掌握自然资源资产的整体状况,并能更好地反映政府、企业等相关主体在自然资源利用与保护的现状,全面反映其受托责任的履行状况。可见将自然资源资产负债表与环境责任审计相融合的自然资源资产离任审计,无疑是当下最佳的方案,这样不仅能很好地核算自然资源的经济价值,又能核算其非经济价值,对于加强和完善我国自然资源管理,推进经济建设、生态文明建设和可持续发展战略具有十分重要的意义。

作为环境责任审计的创新发展,自然资源资产离任审计是审计机关对政府的资金和资产、管理、制度和政策、资源衍生事项等具体行政行为,通过评价其履行职务的行为对生态环境的影响,督促相关领导干部主动推进生态文明建设。

自然资源资产离任审计应当以资金和资产、管理、制度和政策、资源衍生事项等具体业务的行为特点,从生态环境入手,检查领导干部在履行具体行政行为时,生态环境的落实情况,从资金的使用效益整体的统一性出发,关注相关项目的具体落实情况,及时发现问题,并落实整改。

三、自然资源资产离任审计的作用

对于领导干部离任需要算清资源环境账这一创新性的审计形式,自然资源资产离任审计发挥了重要的监督作用,政府通过对自然资源资产离任审计成果的应用,一方面可以限制领导干部对自然资源资产监管权力的滥用;另一方面能够提高领导干部保护资源环境的觉悟。作为向利益相关者传递重要信息的媒介,自然资源资产离任审计报告发挥着重要的作用。

1. 审计报告为干部的考核提供依据

国家审计人员在进行自然资源资产离任审计时,应将任中审计与离任审计相结合,不仅可以及时发现领导干部任期存在的主要问题,达到预防风险的效果,而且能为组织部门提供领导干部日常决策的信息,使离任审计有据可寻,减少审计的高风险性。审计领导干部任期内自然资源资产的保护情况并结合政府组织部门的政绩考核,对那些为追求自身政绩而毁坏生态环境的领导干部作出相应的惩罚,同时对那些为节约集约利用自然资源资产作出贡献的领导干部作出肯定,达到奖惩分明的效果。

2. 审计报告为自然资源资产负债表的编制提供依据

国外仅对自然资源资产的核算进行研究,并未涉及自然资源资产负债表的编制问题。由于我国自然资源资产分布不均衡,各地的地理环境等有所差异,这就决定了编制自然资源资产负债表是具有中国特色的行为,没有先例可循。应用审计报告的结果,可以全面了解所在地的自然资源资产分布及利用状况,减少编制工作的前期准备时间,不断完善审计制度和方法,提高工作效率。

3. 审计报告为惩处腐败提供线索

随着市场经济的高速发展,加强政府领导干部的廉政建设显得尤为重要。国家审计机关对领导干部任期内自然资源资产法律、法规的遵循情况进行审计,检查领导干部是否以公谋私获取暴利,是否存在寻租行为,是否将自然资源资产专项资金挪作他用,进而揭露领导干部任职期间存在的重大违规行为,为纪检部门肃清领导干部的腐败行为提供依据。与此同时,将审计报告以合法的形式向社会公布,让政府领导干部的行为"暴露在阳光下",提高人民群众的监督意识,真正达到"取之于民,用之于民"的效果。然而,自然资源资产离任审计制度,还有很长的路要走,需要从理论上积极地探索,从实践中不断地总结经验教训,逐步做到符合中国国情,形成切实可行的生态环境保护体系。

第二节 自然资源资产离任审计内容和程序

一、自然资源资产离任审计的内容

(一) 自然资源资产负债核算原则

1. 坚持整体设计原则

将自然资源资产负债表编制纳入生态文明制度体系,与资源环境生态红线管控、资源资产产权和用途管制、领导干部自然资源资产离任审计、生态环境损害责任追究等重大制度相衔接。按照生态系统的自然规律和有机联系,统筹设计主要自然资源的资产负债核算。

2. 可行性和可操作性原则

对资源实行资产负债核算时,选取的评价指标应当具备可测性,并具备相应的数据支持。纳入该体系的各项指标因素必须概念明确,内容清晰,能够实际计量或测算,以便进行定量分析。过于抽象的和尚不具备评价条件分析的概念或理论范畴不引入体系;现阶段还无法实际测定的指标也暂时不予考虑;有些指标现阶段可以实际计算,并且,国外已经进行过类似的计算,但是我国目前还未组织过有关的正式调查,则只能作为备选因子列入该指标体系。应该说明的是,关于资源环境价值评价的研究本身也是一个不断完善、不断发展的过程。这不仅因为研究方法需要逐步完善,而且因为随着社会经济条件的变化,往往会不断产生和提出一些新的经济增长和发展问题及发展战略目标,从而要求有关资源环境评估指标体系能够给予适当反映。就这一点来说,倘若追求该指标体系的尽善尽美,将其作为一种绝对全面、一成不变的测度标准,那将是不现实的,也是无益的。

3. 可比性和动态发展性原则

对资源进行资产核算应适当考虑到不同时期的动态对比以及不同地区的空间对比的要求,以保证核算指标体系发挥应有的作用;当然也必须适当反映各项资源的具体特点,但若过于强调特殊性,就会影响地区之间以及与其他省市之间的可比性。此外,考虑到资料的搜集、对比,在制定指标体系时还需要指标体系具有较好的包容性和可比性,以利于实际的分析应用。总之,自然资源资产负债核算体系要含义明确,计算口径一致,既能进行各地区、各部门之间的横向比较,也可满足不同时期社会变化的纵向比较。目前自然资源资产负债核算仍然处于探索过程之中,所以,我们可以根据不同的区域条件、不同资源特点开展局部意义的核算研究。

4. 注重质量指标原则

编制自然资源资产负债表既要反映资源规模的变化,更要反映资源的质量状况。通过质量指标和数量指标的结合,可以更加全面系统地反映资源的变化及其对生态环境的影响。

5. 确保真实准确原则

按照高质、务实、管用的要求,建立健全自然资源统计监测指标体系,充分运用现代科技手段和法治方式提高统计监测能力和统计数据质量,确保基础数据和自然资源资产负债表各项数据真实准确。编制自然资源资产负债表,不涉及自然资源的权属关系和管理关系。

6. 借鉴国际经验

立足我国生态文明建设需要、自然资源禀赋和统计监测基础,参照联合国等国际组织制定的《环境经济核算体系2012》等国际标准,借鉴国际先进经验,通过探索创新,构建科学、规范、管用的自然资源资产负债表编制制度。

(二)自然资源资产离任审计的实施目标

自然资源资产负债表通过对自然资源进行统计调查和监测,核算自然资源资产量和质的实存数量及其变动情况,全面记录核算期内各经济主体对自然资源资产的占有、使用、消耗、恢复情况,目的在于披露核算期内的资源负债情况,彻底摸清自然资源"家底",扭转"唯GDP论"的政府政绩观,纠正我国重经济轻环境的粗放型发展模式、倒逼生态文明制度建设、实现国民经济协调可持续发展。

自然资源资产离任审计目标是开展此项审计工作的逻辑起点,与经济责任审计不同,该审计的目标是通过监督领导干部任职期间在自然资源资产管理方面所存在的问题,并从体制、政策机制等方面分析原因,同时关注自然资源资产使用的合理、合法、经济及效率性,促进领导干部树立正确的绩效观,使领导干部能更好地执行对自然资源资产的开发与保护职责,加强对自然资源资产的利用程度,走集约与节约的道路,最终达到经济效益、生态效益与社会效益的完美统一。

这样,自然资源资产离任审计作为一种制度安排,以促进生态文明建设为目标,是生态文明制度体系的重要组成部分,是资源环境审计的创新发展,这些都有利于更客观地评价领导干部的自然资源责任履行情况,扭转唯 GDP 是从的发展观,最终实现生态文明制度建设总体目标。

(三) 自然资源资产离任审计的对象

自然资源资产负债表核算的内容是某一地区(领导干部辖内)的土地、森林、水等各种资源,需要调取发展改革、财政、国土资源、环境保护、水利、林业等多个部门的数据,并且需要采用一定的方式获取资源变动的动态数据。

而在现有的财政审计、企业审计、环境审计及经济责任审计中,可以根据审计对象是"人"或"事"将其分为两类,而自然资源资产离任审计的对象则为地方政府领导干部,该审计是以地方政府领导干部对自然资源资产保护职责为重点内容的审计,审计内容的改变使得审计监督方式也会发生变化,不再是单独地对人或对事分类监督,而是将两者完美地结合在一起的监督方式。所以,自然资源资产离任审计需要明确地方政府领导干部的职责及管辖范围,明确领导干部处于怎样的责任范围内。如果离开领导干部去单纯评价政府部门的环境保护水平,则自然资源资产离任审计将失去其本质特性。

因此,自然资源资产归全民所有,即国家所有,国家根据宪法和相关法律委托领导干部管理自然资源资产,并赋予他们一定的管理权利。领导干部作为受托人,能够直接对自然资源资产进行处置,根据委托代理理论,委托人有权利对受托人的责任履行情况进行监督检查。

自然资源资产离任审计涉及内容复杂,包括土地、水、森林、草原、矿产资源及矿山生态、自然、大气等多方面,但并不是每一项审计都包含所有的方面,审计内容因审计对象所管辖的区域的不同而不同。根据不同地区各项资产分布的广泛性以及审计的重要性原则,可分别选取不同的审计内容。对于每一项审计内容都具体包括:该项自然资源资产的现状以及变化情况、领导干部在使用该项资产时是否存在问题、与该项资产相关的资金使用情况等。审计人员应根据审计结果,对领导干部自然资源资产管理和生态环境保护责任的履行情况进行客观的评价,指出其主要问题并界定相关责任。

二、自然资源资产离任审计的程序

(一) 确定自然资源资产负债核算及自然资源资产离任审计内容

自然资源资产离任审计涉及内容复杂,包括土地、水、森林、草原、矿产资源及矿山生态、自然、大气等多方面,但并不是每一项审计都包含所有的方面,审计内容因审计对象所管辖的区域的不同而不同。根据各项资产分布的广泛性以及审计的重要性原则,我们将土地、森林、水作为主要的审计内容(区域不同重点也不同)。对于每一项审计内容都具体包括：该项自然资源资产的现状以及变化情况、领导干部在使用该项资产时是否存在问题、与该项资产相关的资金使用情况等。审计人员应根据审计结果，对领导干部自然资源资产管理和生态环境保护责任的履行情况进行客观的评价，指出其主要问题并界定相关责任。

（1）对自然资源资产负债表的整体框架进行设计。首先，确定报表由哪些要素构成。依据企业会计准则，自然资源可以划分为自然资源资产、负债和所有者权益。其次，确定每类要素下包含哪些具体的会计科目，以及计量单位和计量属性等计量方法。

（2）自然资源资产负债表中资产的初始确认。该项内容对自然资源资产的概念进行界定，结合自然资源的自身特点，突破传统的资产确认条件，设计符合自然资源的资产确认条件；在明确概念的基础上，探讨如何对自然资源进行分类，哪些自然资源可以纳入报表当中，对于纳入其中的自然资源，如何对其价值进行正确、合理的估值和定价，完成自然资源资产的初始价值确认。自然资源的核算非常复杂，其所包含的土地、森林、矿产、水和海洋等资源有些潜藏在地下，有些具有很强的流动性，需要考虑如何对这些资源进行数字化或价值化的统计。另外，还可以考虑根据自然资源资产的经济价值、生态价值和社会价值对其进行分类，并采用不同的价值计量标准。

（3）自然资源资产负债表中资产的后续计量。在自然资源资产的后续计量过程中，要探讨是否对纳入报表中的各类自然资源资产计提折耗和减值准备，如果需要，应该采取怎样的方式和方法，以及如何衡量并记录自然资源的价值变动情况。

（4）自然资源资产负债表中负债的确认。该项内容主要探讨如何在资产负债表中正确反映自然资源的负债状况，应该包含哪些内容，如何将自然资源的资产和负债有效地对应起来，以及价值的确认。因为自然资源作为一种特殊的资源形态，每一项自然资源的占用和消耗，都对应着生态恢复的支出、环境破坏和污染治理的支出，如何把这些对应的支出量化，真实地反映在报表中。

（5）自然资源资产负债表中所有者权益的确认。该项内容探讨自然资源资产负债表所反映的所有者权益是什么，内容应该包括哪些。这是一个有关自然资源的产权问题，产权不明也是造成自然资源过度消耗、使用效率低下的重要原因之一。我国的自然资源是公共资源，归国家所有，而自然资源，特别是能够创造经济价值的稀缺自然资源的分配权，掌握在地方政府手中。地方政府拥有资源配置权，如何改变这一现状，需要明确自然资源的产权制度，明确每个公民都享有对自然资源的处置权。自然资源资产负债表的构建就是要探讨把自然资源这一公共资源的所有者权益恰当地反映在报表中。在研究过程中，遵循先易后难的原则，先形成初步的自然资源资产和负债，然后逐步扩大核算范围。

（6）整体而言，自然资源资产负债表的结构框架注重与后续环境审计程序和方法的契合，便于开展环境审计，对自然资源资产负债表作出评估和出具审计意见，能最大限度地发挥编制自然资源资产负债表的作用。

（二）自然资源资产负债的计量

1. 实物量表

坚持实物量表、价值量表相结合，实物量表应是自然资源资产负债报表体系的基本表，价值量表是建立在科学、客观的数量统计数据基础之上的。自然资源种类繁多,不同自然资源性质各异,实物量表需要针对各类自然资源自身特征采用合适的计量单位(面积、重量等)进行相关信息的统计披露。此外,我国自然资源勘测统计技术不断发展,例如,利用遥感技术可以获得精确的土地和森林面积数据,钻井勘探技术则为深海矿产石油资源实物量数据的获取提供了技术支撑,国家统计局、国家林业和草原局、自然资源部等相关部门拥有的各类自然资源的实物量数据都越发翔实,这为实物量表的编制奠定了基础。自然资源资产实物量样表如表8-1所示。

表8-1　　　　　　　　　　**自然资源资产实物量样表**

项目	期初存量	本期增加量			本期减少量			期末存量
		自然增加	人工补偿	其他	自然减损	经济使用或破坏	其他	
森林资源								
水资源								
矿产资源								
土地资源								
……								

但是,不同类型自然资源实物量统计指标不同,不利于自然资源资产负债的横向和纵向对比,单纯的数量信息提供也不能形成全面、客观的自然资源资产负债综合报表,限制了其支撑自然资源有偿使用和生态补偿制度、领导干部离任审计制度的功能发挥,这就需要价值量表的配合。

2. 价值量表

(1)自然资源资产价值量表。目前学者对自然资源资产的界定均强调其权属性、社会经济效益、生态效益等,具有共性,强调自然资源的生态价值可能远远大于经济价值。如果只关注直接经济产品的价值必将导致资产的过低估计,同时,将具有重要生态功能的自然资源资产的生态价值单列为推进生态文明建设所必须,也有利于地方政府比较分析资源不同用途配置的机会成本。因此,在核算审计资源的资产价值时要从经济价值和生态价值两个核算要素进行价值量化。不同的自然资源其经济价值和生态价值具体包含的种类项目不一致,以森林资源为例,其经济价值包括提供木材、苗木、食用植物、药材、生态旅游等方面,其生态价值包括固碳释氧、保持土壤、防治病虫害、防风减灾、科研教育、维护生物多样性等方面。目前对于各类自然资源经济价值及生态价值的分类相对较成熟。对于自然资源资产价值的核算,由于多数实物产品都能在市场中交易而具有市场价格,经济价值的核算可采取直接市场评价法;生态旅游价值核算的比较成熟的方法是替代市场评价法中的旅行费用法;生态价值的核算方法主要包括替代市场评价法、意愿调查法、成果参照法等,针对不同类型生态服务的特点选取适当的价值核算方法;关于各类自然资源经济价值的评价方法及各种方法的评估过程的研究已经较为成熟,各种价值评估方法不再一一列示。自然资源资产价值量样表如表8-2所示。

表 8-2　　　　　　　　　　　　　　自然资源资产价值量样表

项目	期初余额			期末余额		
	实物量	价值量		实物量	价值量	
		经济价值	生态价值		经济价值	生态价值
森林资源						
水资源						
矿产资源						
土地资源						
……						

(2) 自然资源资产负债价值量表。目前对于自然资源负债项目的研究,学者间尚存在较大争议,其争议主要有以下两个方面:一是是否要列报负债项。个别学者认为自然资源没有明确的权属,且作为当前环境经济核算标准的 SEEA2012 也没有涉及自然资源负债的概念,联合国国民经济核算体系(SNA)也仅包括金融负债,因此不主张核算负债项;二是在负债的计量方面,合理使用导致的自然资源减少,尤其是未超过自然资源承载力时资源量的减少是否应计入负债项目。个别学者主张应界定一个合理使用的"门槛值",超过门槛值的资源耗减才导致"负债"产生,而其他学者认为资源的耗减,不管合理使用还是非合理使用,均会产生负债。对于第一方面的争议,我们认为自然资源资产为国家或地区所有,只核算其资产状态而忽略负债状态也即忽视了其所有者或使用者应承担的义务,这将导致重要信息的流失,不能实现自然资源资产负债表加强资源管理、对领导干部实行自然资源损害责任追究的最终目的,因此应对自然资源负债项目进行核算统计。对于第二方面的争议,我们主张不管是自然原因还是人为原因,不管是合理使用还是过度消耗,只要导致了自然资源数量、质量、价值量的净损失,根据权责发生制原则相关主体就应当承担相应责任,即产生"负债",这样才能更加真实客观地反映核算期内社会经济活动与自然资源的关系,也符合自然资源资产负债表试编初期应遵循的可测度、可推广、在实现基本目标基础上尽量简便易行的原则,同时避免了"门槛值"确定时较大的主观性。基于以上分析并结合会计学中"负债"的基本内含,将自然资源负债界定为由于自然灾害或人类活动导致了自然资源的净损失,相关权益主体应当承担而未承担的对受损自然资源进行修复补偿维护以恢复、维持其原有经济生态效益的现时义务。特别说明的是对于不可再生自然资源,从代际公平视角看,其负债中还应包括对后代人福利损失的考虑。自然资源资产负债价值量样表如表 8-3 所示。

表 8-3　　　　　　　　　　　　　自然资源资产负债价值量样表

项目	期初余额				期末余额			
	实物量	价值量			实物量	价值量		
		资源耗减成本	生态维护成本	使用者成本		资源耗减成本	生态维护成本	使用者成本
森林资源								
水资源								

(续表)

项目	期初余额				期末余额			
	实物量	价值量			实物量	价值量		
		资源耗减成本	生态维护成本	使用者成本		资源耗减成本	生态维护成本	使用者成本
矿产资源								
土地资源								
……								

负债账户中资源耗减成本核算采用基于价值损失的核算方法,即以各类自然资源耗减的实物量为基础,采用环境资源价值评估基本方法对资源耗减成本进行量化评估,生态维护成本则需借助核算期内大量的统计调查数据。此处需要加以说明的是针对不可再生资源负债账户中使用者成本的核算方法。

(三) 确定自然资源资产负债核算及自然资源资产离任审计方法

自然资源资产离任审计既保留经济责任离任审计方法,如核对法、观察法、实地考察法等,又创新的自然资源资产离任审计的方法,如地理信息系统和大数据分析。

1. 地理信息系统

地理信息系统(Geographic Information Systems,GIS)充分利用计算机网络技术,依据空间和动态的地理信息模型手段,将自然资源资产离任审计从多个角度融合并获取第一手的审计证据,最终提高审计的效率与效果。

首先,通过 GIS 技术可以摸清家底。将 GIS 技术应用到林业、土地资源等方面,可以获得其对应自然资源资产的保有量、现有状况、资源规划等情况,将获得的基础数据与相关部门记录上报的数据进行比对,可以准确分辨记录的真实性。其次,通过 GIS 技术可以提高审计效率。自然资源资产离任审计涉及面较广,内容较多,如果逐一进行审计不仅耗时较长,且审计准确性也会受到影响。通过 GIS 技术,可以从云图上准确定位审计风险相对较高的区域,从而有针对性地进行审计,提高审计效率。最后,GIS 技术可以相对准确地评价领导干部决策的合理性。领导干部的决策,不仅需要考虑地区经济效益,而且要考虑其对生态环境的影响。通过 GIS 技术,审计人员可以相对准确地分析领导干部决策后一段时间的生态环境状况,从而准确界定领导干部责任。

因此,自然资源资产离任审计方法需要在借鉴经济责任离任审计方法的基础上,着重结合 GIS 技术,提高审计质量和效率。

2. 大数据分析

大数据又称为巨量资料,是指所涉及的数据规模太庞大,以至于现有的主流软件工具很难在一定的时间内对数据实现收集、分析、处理而最终转化为对决策者有用的信息。大数据具有四个显著的特征:数据体量大、处理速度快、数据种类多、价值密度低且总量高,现行的自然资源离任审计特点与大数据的特点能够比较完美地融合。自然资源资产离任审计内容较多,数据体量大,现有的软件很难对如此大量的数据进行处理;自然资源资产离任审计项目一般需要限时完成,大数据能够对海量数据进行快速的处理,能够符合项目的时间要求;

自然资源资产离任审计需要对土地、森林、水、矿产等各种不同标准的数据一起进行处理，符合大数据数据种类多的特点；自然资源资产种类庞杂，总体价值很高，但分布范围广泛，因此整体价值密度较低，正好符合大数据的要求，因此在自然资源资产离任审计中使用大数据分析进行审计势在必行。

自然资源资产离任审计涉及内容较广，将大量不同类型的数据汇总到一起会给使用传统方法审计的审计人员造成很大的困难，而且其中大部分的资金运用和项目决策都符合规范，违法违纪问题只存在于隐蔽的少数项目之中。如果用传统的审计方法对所有的数据进行比对分析需要较长的时间，而如果采用抽样审计的方法又很可能避开有问题的数据，增加了审计风险。采用大数据分析审计，可以有效地解决这些问题。大数据不依赖抽样分析，它可以对所有的数据进行采集、处理、分析，而且大数据处理速度较快，用传统审计方法需要几天甚至十几天完成的比对分析工作，运用大数据分析只要几分钟就能够完成，这种工作效率的提高将会极大地改善审计的质量。

（四）自然资源资产离任审计报告

自然资源资产离任审计还处在试点阶段，现阶段并没有一个统一的审计报告要求。依据自然资源资产负债表，根据自然资源资产离任审计对象、目标、内容的要求，自然资源资产离任审计报告应至少包含以下几项内容。

1. 前言部分

该部分对于自然资源资产离任审计的时间、地点、对象、必要的追溯及延伸事项、被审计的党政领导干部及其所辖单位的配合情况等作出必要的阐述。

2. 正文部分

正文主要分以下几个部分：

（1）被审计党政领导干部及其所辖地区自然资源资产基本情况。明确领导干部在任职期间的管理权限，严格界定管理的自然资源资产种类及范围；根据自然资源资产的总量，计算其人均保有量所处水平，从而能够因地制宜地评价党政领导干部的责任履行情况。

（2）责任履行情况。本部分内容与自然资源资产离任审计的审计内容相对应，包括：领导干部上任以及离任两个时间点上所在辖区自然资源资产的变化情况，在领导干部任期内自然资源资产的开发、保护情况，对于被污染破坏的自然资源资产修复再利用的情况。

（3）审计结论。以被审计领导干部的职责分工为依据，根据审计证据和结论，综合评价被审计领导干部对当地自然资源资产的贡献或危害，并对领导干部工作中行为的合法性作出判断，对审计发现的主要问题界定被审计领导干部应该承担的主要责任和主管责任，客观公正地评价领导干部在任期间是否做到促进自然资源的可持续性发展，并通过自然资源资产的开发利用来促进地区或单位的经济发展。

（4）审计建议。针对审计结果提出对领导干部的处理意见以及对审计出现的问题提出改进建议，从而增强领导干部对自然资源资产的重视，提高自然资源的开发利用效率和经济效益。实施自然资源资产离任审计的目的：一方面是考核领导干部业绩；另一方面是促进地区可持续发展。由审计人员根据现实情况提出的改进建议对发展地方经济和合理使用自然资源资产有很大的现实意义。

在构建相适应的自然资源资产离任审计报告后，首先，自然资源资产离任审计则可以实现其功能和内容的拓展——对自然资源资产负债表展开环境审计,对表中数据的真实性、合理性、效益性进行鉴证。其次,设计针对自然资源资产负债表的环境审计目标、环境审计规范、环境审计标准和环境审计控制手段。按照环境审计程序,接受委托—风险评估—审计计划—审计证据搜集与整理—审计完成与审计报告,并进行详细的论述。最后,对自然资源资产负债表与环境审计信息的披露问题进行研究。

第三节 自然资源资产离任审计评价

一、自然资源资产离任审计评价指标的特征

构建合理的指标体系是自然资源资产离任审计的突出重点,也是难点。评价指标应满足五个方面的基本特征:

(1) 指标应选择关键性指标,数量不宜过多,否则会增大评价复杂性和数据收集成本。开展自然资源资产离任审计评价需要与自然资源资产负债核算相契合,应基于自然资源资产负债核算结果构建评价指标体系。

(2) 评价指标应具有针对性和适用性,不同地区可因资源类型不同选择不同的指标进行评价。

(3) 以定量指标为主,数据要具有可靠性与可得性。

(4) 综合考虑各种类型的自然资源资产。

(5) 指标应明确具体,笼统含糊的指标会增加审计难度以及降低评价结果的可运用程度。

> **知识拓展 8-2**
>
> **自然资源离任审计首入法,"生态账"究竟如何审**
>
> "雨污分流达到90%多?这个数据我有疑虑。"金秋十月,云南省审计厅自然资源和生态环境审计处副处长边静正在现场通过施建方设计院的图纸,弄清各类管网的长度和分布,仔细核对城市雨污分流管网的比例。
>
> 不论是黑臭水、两污处理现场,还是河流、湖泊等自然保护区,这样边查看设施边复核数据、边采集样本边评估项目实施效果的身影经常出现——他们就是"深入山水"的自然资源资产审计工作人员。
>
> 日前,全国人大常委会会议表决通过关于修改审计法的决定,其中,领导干部自然资源资产离任审计的法律地位首次得以明确。新修改的审计法不仅让自然资源资产审计上升到法律层面,也让"生态账"这个新名词越发耳熟能详。
>
> 我国地大物博、环境多样,自然资源资产审计究竟怎么审,内容和重点分别是什么?摸清生态家底和其他审计相比,区别在哪里?难点又是什么?
>
> "主要就是回答山水林田湖草沙冰等各类自然资源是多了还是少了,生态环境是好了还是坏了。"记者在与审计人员交流中经常听到这样的说法,言简意赅、通俗易懂。
>
> 目前,我国资源环境审计主要包括三大块内容,除了领导干部自然资源资产离任审计,还有生态环保资金审计和生态文明重大政策措施专项审计。
>
> "从水污染防治到土壤环境整治,近几年,资源环境审计项目一个接着一个,这充分表明我国推动保护

生态环境的决心和力度。"多次担任项目主审、天津市审计局自然资源和生态环境审计一处青年审计干部彭鹏对此深有感触。

参与审计的工作人员常说"政策落实到哪里，财政资金使用到哪里，审计就跟进到哪里"。资源环境审计不仅要沿着财政资金流向追踪查看资金使用情况和实际效益，还要关注管理责任。

特别是围绕领导干部开展的自然资源资产离任审计，将根据部署，依法监督领导干部任期内生态文明建设责任，最终给出好、较好、一般、较差、差的等级评价。这是一项理论、制度创新，既有利于事前预警，也有利于实现事后追责。自2017年《领导干部自然资源资产离任审计规定（试行）》全面实施以来，全国审计机关共实施审计项目8400余个，涉及领导干部逾1.24万人。

新事物带来新挑战。核查过程中难免会遇到棘手事情，如数据基础不完善怎么解决？发现同一块地既是耕地又是林地怎么办？地方或主管部门出具的80%森林覆盖率如何进行量算？

专业事必需专业器。面对新问题，审计人员将新科技手段和大数据分析广泛运用到工作当中：卫星影像、空间遥感、无人机高空观测等"黑科技"闪亮登场。在此基础上，审计机关还会引入独立权威的第三方对被审计单位的数据进行复核，从而确保审计结果全面、真实、准确、客观和公允。

"资环审计涉及面广、内容复杂，特别是有部分问题还属于陈年旧账。"彭鹏说，作为一线人员，想干好资环审计就要加强学习、深入钻研，一方面掌握财务知识和资源环境业务，另一方面，也要在工作中创新审计方式，切实提高自身素质能力，让审计结果经得起历史和人民检验。

北京林业大学生态法研究中心主任杨朝霞认为，自然资源属于公共产品的范畴，特别是森林、草原、湿地、水域等自然资源兼有典型生态环境的属性，难以完全通过产权和市场的方式进行有效保护，需要借助政府提供的公共服务来加强保护。将自然资源离任审计写入法律是生态文明建设的重要举措，有利于引导地方党政责任人调整自己的政绩观，在推进经济社会发展的同时能兼顾生态环境和自然资源保护，打造生产发达、生活美好、生态平衡的格局。

资料来源：邹多为.自然资源离任审计首入法，"生态账"究竟如何审？[EB/OL].(2021-11-02)[2023-06-29]. http://www.npc.gov.cn/npc/c30834/202111/ecdf8cac098a40adad61c5ffdba5f151.html.

二、自然资源资产离任审计评价指标体系

结合自然资源资产负债表，构建层次化指标体系（表8-4）来综合评估领导干部自然资源责任的履行情况，该指标体系分为三个层次：

（1）最高层为决策层（一级指标），即需要评估的领导干部自然资源责任的履行情况。

（2）中间层为准则层（二级指标），是评价的主指标层。

（3）最底层（三级指标）为子指标层，是对主评价指标的具体化。针对具体指标的选取，除了考虑自然资源资产、负债方面因素，为保证评价结果的全面性，还应当将生态指数及资源环境投入指数同时列入了评价指标体系。

将环境审计纳入领导干部政绩考核体系，即调整评价的内容，改变之前以GDP为评价标准，要考虑地区的综合发展，综合发展不仅包含经济发展，也包含生态建设和环境保护。经济发展程度可以以GDP作为衡量指标，而生态建设和环境保护如何来衡量，可以借鉴基于自然资源资产负债表的环境审计结果，把环境指标和经济指标相结合进行评价。首先，在考核GDP增量的同时，将自然资源的消耗量与之相配比，形成自然资源利用效率指标；其次，在考核GDP增长率的同时，将自然资源的存量变化率与之相配比，形成自然资源消耗与经济增长的差量比率；再次，在考核人均GDP的同时，将人均自然资源负债与之相配比，形成净人均占有量；最后，考察生态建设和环境保护的资金投入比例，以及生态恢复质量，既要保证充分的资金投入，又要确保环境保护的效果。

表 8-4　　自然资源资产离任审计综合评价指标体系及指标说明

一级指标	二级指标	三级指标	三级指标说明
自然资源离任审计评价 A	B1 待评价资源资产状态指数	C11 资源实物变化量	期末资源实物量—期初资源实物量
		C12 资源经济价值变化量	期末资源经济价值—期初资源经济价值
		C13 资源生态价值变化量	期末资源生态价值—期初资源生态价值
	B2 待评价资源负债责任指数	C21 资源耗减成本变化量	期末资源耗减成本—期初资源耗减成本
		C22 生态维护成本变化量	期末生态维护成本—期初生态维护成本
		C23 使用者成本变化量	期末使用者成本—期初使用者成本
	B3 生态指数	C31 人均工业废水排放量	工业废水排放量÷地区人口总数
		C32 人均 SO_2 排放量	SO_2 排放量÷地区人口总数
		C33 人均工业烟尘排放量	工业烟尘排放量÷地区人口总数
	B4 资源环境投入指数	C41 环境污染投资占 GDP 比重	环境污染投资额÷地区生产总值×100%
		C42 环境污染投资增长率	（期末环境污染投资支出—期初环境污染投资支出）÷期初环境污染投资支出×100%
		C43 环境污染治理法律、法规数量	包括地方政府每年出台的地方性法规、规章、规范性文件及司法文件等（数据来自"北大法宝"数据库网站，用"环境、污染、治理"的搜索结果衡量）

本章重要概念

自然资源资产离任审计　自然资源资产　自然资源负债　自然资源资产负债表　地理信息系统

本章练习

一、选择题

1. 开展领导干部自然资源资产离任审计的主体是（　　）。
   A. 审计署　　　　　　　　　　　　B. 省级审计机关
   C. 市县级审计机关　　　　　　　　D. 全国各级审计机关
2. 承担保护与合理利用土地资源、矿产资源、海洋资源等自然资源的责任的部门是（　　）。
   A. 国土资源部　　　B. 水利部　　　C. 林业局　　　　D. 环境保护部
3. 领导干部自然资源资产离任审计是我国加快推进（　　）的一项重要制度安排。
   A. 生态文明建设　　　　　　　　　B. 物质文明建设
   C. 美好中国建设　　　　　　　　　D. 社会制度建设
4. 下列各项中，不属于资源环境问题的特点的是（　　）。

A. 滞后性 B. 长期性 C. 复杂性 D. 因果性

5. 《生态文明体制改革总体方案》中，领导干部自然资源资产离任审计属于( )。
   A. 自然资源资产产权制度
   B. 国土空间开发保护制度
   C. 资源总量管理和全面节约制度
   D. 生态文明绩效评价考核和责任追究制度

6. 自然资源资产离任审计的作用不包括( )。
   A. 为惩处腐败提供线索
   B. 为自然资源资产负债表的编制提供依据
   C. 为干部的考核提供依据
   D. 增加自然资源资产

7. 党的十八届三中全会通过的《中共中央关于全面深化改革若干重大问题的决定》，提出实行领导干部自然资源资产离任审计要求，有利于增强党政领导干部的环境责任意识，促使其在对自然资源资产进行开发利用时，更加注重( )三种效益的协调统一。
   A. 经济、社会、生态 B. 经济、社会、资源
   C. 经营、社会、资源 D. 经济、国家、资源

8. 2015年发布的《编制自然资源资产负债表试点方案》提出，我国自然资源资产负债表的核算内容主要包括( )，但这个分类并不全面。
   A. 土地资源、农业资源和水资源
   B. 土地资源、林木资源和水资源
   C. 土地资源、矿产资源和海洋资源
   D. 土地资源、林木资源和海洋资源

9. 确认自然资源负债有两个要点：一个是( )，这也是对领导干部进行考评的根据；另一个是可以用货币计量，用货币来衡量与现时义务有关的损失或代价，从而明确了解将来可能要偿付多少。
   A. 明确权责划分 B. 强化领导干部责任
   C. 明确领导干部考核指标 D. 制定规章制度

10. 自然资源资产离任审计涉及内容较广，将大量不同类型的数据汇总到一起会给使用传统方法审计的审计人员制造很大的困难，而且其中大部分的资金运用和项目决策都符合规范，违法违纪问题只存在于隐蔽的少数项目之中，审计人员可以通过采用( )，可以有效地解决这些问题。
    A. 传统审计方法 B. 抽样审计方法
    C. 大数据分析技术 D. 区块链技术

二、简答题

1. 什么是自然资源资产离任审计？
2. 简述自然资源资产离任审计的范畴。
3. 自然资源资产离任审计的评价指标有哪些？

第九章 经济责任审计报告

- ➢ 内容提要
- ➢ 重点难点
- ➢ 学习目标
- ➢ 知识框架
- ➢ 第一节 经济责任审计报告概述
- ➢ 第二节 经济责任审计报告的编制
- ➢ 第三节 经济责任审计报告的格式和内容
- ➢ 本章重要概念
- ➢ 本章练习

内容提要

本章主要讲解了经济责任审计报告的类型、编制、格式和内容；重点掌握经济责任审计报告的内容、经济责任审计报告的编制步骤。

重点难点

本章重点为经济责任审计报告的内容；难点为经济责任审计报告的编制步骤。

学习目标

通过本章学习，学生应掌握如何编制经济责任审计报告，利用报告提出解决问题的办法，可以采用的措施，以及可供选择的方案。

知识框架

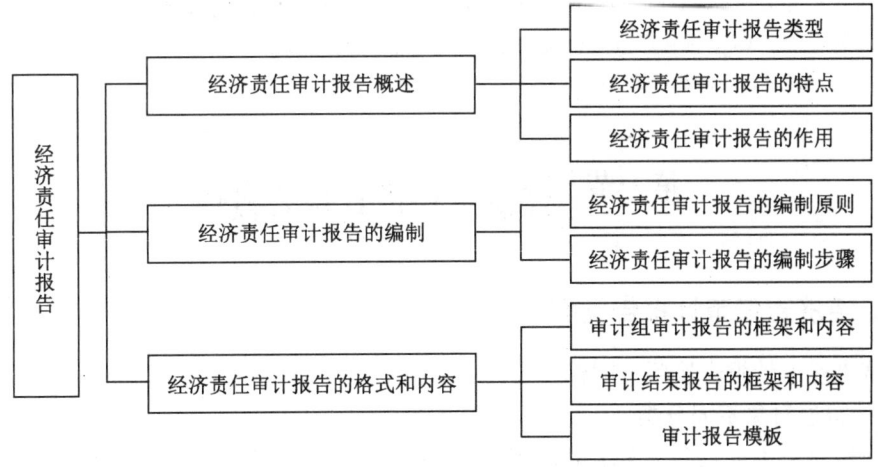

引入案例　　一项经济责任审计牵出上百万元受贿案

如皋市人民法院以受贿罪判处该市原某委党组书记、主任张某有期徒刑4年零8个月，并处罚金人民币55万元；同时责令其退赔全部赃款106.71万元，上缴国库。该市纪委给予张某开除党籍处分，给予该委办公室主任王某以及其他8名乡镇相应部门负责人党内警告处分。至此，该市审计局实施的一项领导干部经济责任审计圆满完结。

该市审计局在对张某的离任经济责任审计中发现,该单位在全市范围内组织参保的一项保险手续费(保险公司返还)未纳入单位财务统一核算。该委经办人员和相关领导解释,手续费是直接列支,无任何记录。随后审计延伸至承保公司时,保险公司与该委说法一致,审计组无功而返,似乎陷入了窘境。但审计发现的问题必须厘清,绝不能在当事双方统一口径、拒不提供依据的情况下束手无策。审计组经集体讨论研究,决定从外围突破,向乡镇具体组织参保工作的部门收集保费数据,并结合已知的手续费比率计算出手续费金额。经外围摸底,审计组得出了严谨的数据,在事实面前,保险公司与该委不得不承认4年来共有296.23万元手续费游离于账外。

审计组认为,该委的做法违反了国务院和财政部"预算外资金要上缴财政专户,实行收支两条线管理"以及如皋市财政局"各单位向协作单位领取的手续费、劳务费、奖金等必须全额入账"的规定,有违法嫌疑。随即,审计组将案件线索移送该市纪委进一步查处,最终牵引出一桩上百万元的受贿案,其中,张某在该保险业务方面的受贿金额高达63.81万元。

 **思政课堂**

提高经济责任审计报告质量 坚定不移全面推进从严治党

党的二十大报告再次强调,要"坚定不移全面从严治党,深入推进新时代党的建设新的伟大工程"。作为中国特色社会主义审计制度的重要组成部分,经济责任审计是加强企业主要领导人员监督管理的重要机制安排,在监督对象、监督内容、监督目标等方面均与全面从严治党是耦合的。但实践中,经济责任审计报告存在反映内容针对性不强、报告利用率不高、分析评价数据搜集不充分、评价结果可信度不高、原因分析不透彻、责任界定不准确等问题。在加快推进中国式现代化的进程中,各审计主体应当进一步深化经济责任审计工作,牢牢把握审计内容、扎实做好具体项目实施、强化研究型审计思维的运用、深化审计成果利用,切实发挥经济责任审计这一监督"利剑"在全面从严治党中的重要作用,并且从制度体系、人员建设、数字化建设等方面保障经济责任审计的有效开展。

提高经济责任审计报告质量能够保障经济责任审计的意义得以实现,有助于全面推进从严治党,那么经济责任审计报告有哪些内容呢?应当如何编制呢?本章就让我们一起探索这些问题。

资料来源:张小凤.全面从严治党视域下关于深化企业经济责任审计的思考——基于党的二十大报告视角[J].中国内部审计,2023(05):30-35.

第一节 经济责任审计报告概述

一、经济责任审计报告类型

经济责任审计报告按照不同标准可作如下分类。

1. 按报送对象不同分类

按报送对象不同,经济责任审计报告可分为审计组报告、审计结果报告和审计工作报告。

审计组报告是指审计组实施经济责任审计后,就审计工作情况和审计结果向派出的审计机构提交的审计报告。审计结果报告是指审计机构审定审计组的审计报告后,对企业负责人所在企业存在的问题分清责任,对经营业绩作出客观评价,向本级人民政府或委托部门提交的审计报告。审计结果报告一般抄送同级组织人事、纪检监察机关和企业负责人管理部门。审计工作报告是审计机构对一定时期经济责任审计工作进行归纳、综合和总结以后，向本级人民政府、人民代表大会或本企业领导所作的总结性报告。

2. 按审计工作的范围和性质不同分类

按审计工作范围和性质不同，经济责任审计报告可分为标准审计报告和非标准审计报告。

标准审计报告是指格式和措辞基本统一的审计报告。经济责任审计报告特别是其中的审计结果报告，是对企业负责人生产经营活动中的是非功过进行评价，事关当事人的前途和命运，是一项严肃的工作，应当做到评价标准和指标统一，措辞准确恰当，因此应当采用标准式审计报告。非标准审计报告是指格式和措辞不统一，可以根据具体项目来决定的审计报告。当对企业经济责任审计某项或某几个方面的内容，或者是某个特定事项进行审计后而提交审计报告时，因为其目的、内容、重点不一致，可以采用非标准审计报告。

3. 按审计报告的详细程度不同分类

按审计报告的详细程度不同，经济责任审计报告可分为简式审计报告和详式审计报告。

简式审计报告又称短式审计报告或文本式审计报告。它反映的内容是非特定多数的利害关系人共同认为必要的审计事项，适用于对外公布或提供，且具有格式规范、简洁明了的优点，所以审计结果报告宜采用简式审计报告形式。详式审计报告又称长式审计报告。它是对经济责任审计事项作详细说明和分析的审计报告，能全面详细地反映审计事项的来龙去脉，分析前因后果，使报告阅读者能深入了解审计情况和结果，一般适用于非对外公布。审计组向审计机构提交的审计报告可以采用详式审计报告。

4. 按审计主体不同分类

按审计主体不同，经济责任审计报告可分为国家审计报告、内部审计报告和社会审计报告。

国家审计报告是指国家审计机关接受政府指令或组织、人事等部门的委托依法对企业负责人履行经济责任情况进行审计后提出的审计报告。内部审计报告是指企业内部审计机构依据规定对下属企业单位负责人履行经济责任情况进行审计后，向本企业管理当局提出的审计报告。社会审计报告是指会计师事务所等社会审计组织接受国家审计机关等部门或企业委托，对企业负责人履行经济责任情况进行审计后，向委托方提交的审计报告。

二、经济责任审计报告的特点

1. 为组织部门选拔干部提供客观、准确的依据

审计报告是审计结果的载体，审计报告的质量直接影响审计成果的运用效果。经济责任审计报告的内容，要完整地体现被审计对象任期经营业绩和廉洁自律情况，能够揭示其存在的问题和不足。它不同于一般的审计项目，审计对象主要涉及被审计对象个人。审计人员通过检查被审计单位的资产经营情况，对被审计对象履行经济责任进行客观综合的评价。由于被审计对象为所在单位的行政负责人，审计评价将作为人事部门使用干部的参考依据，关系被审计对象的前途命运。少数被审计对象可能存在着以权谋私、违规违纪的问题，如果审计结论中没有反映出来，不仅会给国家、企业造成损失，而且将会形成潜在的审计风险。因此应对被审计对象在贯彻执行国家法律、法规及企业内部规章制度、主要管理措施、完成各项任务指标、内部控制、风险管理、资产管理、经营效益、业务营销、职工队伍建设和文明建设等方面进行有针对性的审核。在现场审计中,可通过调阅有关资料,如被审计单位年度行政工作报告、内部控制制度、重要事项会议记录、员工工资发放表及结余情况、公司对被审计单位的年度绩效考核结果奖惩文件资料等,结合审查财务会计资料及个人的述职报告,从总体上有重点地获取审计证据,对被审计对象作出实事求是的评价。

2. 审计内容是被审计对象任职期间经济责任的履行情况

经济责任审计要对离任者或任职者负责,查清其任期内各项绩效考核指标完成情况,各项经济活动是否真实,任期内担负的主管责任和直接责任、领导责任履行情况,各年度盈亏及其累计盈亏情况,国有资产保值增值情况,任期内有无失职、渎职、侵占国有资产、违反廉政规定和其他违纪违规行为,要给离任者或任职者一个明确结论;同时,还要对接任者负责,帮助接任者弄清家底,核实盈亏,给接任者一本明白账,让接任者放心。审计中要突出重点,认真筛选反映被审计对象负有经济责任的事实、性质及严重程度等问题,一般性问题不作为重点予以反映。报告所反映的问题,要实事求是、客观公正,以数据和客观事实为依据,不能夸大和缩小问题。

3. 反映被审计对象在单位管理中是否存在内控薄弱点

审计人员进入被审计单位后,要了解其业务流程,分析其业务操作是否符合控制要求,并从原料采购、生产、销售各环节业务控制流程,审查是否存在不相容职务的分离的问题;通过观察材料仓库进出货物,审查是否存在登记不及时、手续不完备、职责分工不明的问题;通过费用报销审查是否存在违规违纪报销问题;通过抽取一定数量的应收账款、现金账、银行账等账表进行分析性复核,审查内部会计业务管理上是否存在重大漏洞;通过核对大额资金支出去向、用途及原材料购进、入库情况,对往来账目进行清理,对重大疑点进行外调,可以发现被审计对象在单位管理中是否存在内控薄弱点,从而取得涉嫌经济犯罪的线索。

4. 审计评价是以客观事实为依据,结合生产经济环境进行综合分析

审计评价是经济责任审计报告中最关键的部分,是有关部门考核被审计对象工作业绩的主要依据。审计评价是否公正、恰当,直接影响审计项目的质量。所以,审计评价必须坚持实事求是、客观公正的原则,评价时应做到权力与责任相结合,成绩与问题相结合。

经济责任审计报告主要以数据来评价被审计对象的工作,定量分析评价得多、定性分析评价得少。对企业领导任期经济责任审计,通常是对任期单位绩效指标如经营利润、应收账款、不良资产占比等指标与任期期初的数字加以对比,视其是否增长以及增长的幅度来说明被审计对象工作业绩和不足。通过对指标数字的分析,结合国家宏观经济政策及市场经营环境,分清主、客观因素,对被审计对象作出客观、公正的综合评价。

三、经济责任审计报告的作用

审计机关审定审计报告后,向本级党委或人民政府提交审计结果报告,并附被审计领导干部(或企业领导人员)及其所在单位、部门、地区(或企业)的意见,同时抄送组织人事部门(或企业领导人员管理机关)、纪检监察机关(企业监事会)及有关部门。

审计机关对被审计领导干部所在单位、部门、地区的违反财经法规的问题,审计机关对被审计企业领导人员及其所在企业违反财经法规的问题,应当在法定职权范围内作出处理决定;或向主管部门提出处理、处罚意见。可以说,审计结果报告是任期经济责任审计工作成果的总结和最终表现,其作用有以下几个方面。

1. 经济责任审计报告是考察干部的重要资料,避免或减少组织在用人上的失察和失误

经济责任审计成果可以客观、真实地反映被审计者对国家法律、法规、方针政策和公司经营方针、内部管理规定、制度贯彻得如何、经济决策能力如何、民主集中制执行情况如何、经营实绩和廉洁自律情况如何。①审计结果来源于大量的客观经济活动事实。经济责任审计的主要手段是审查会计凭证、会计账簿、会计报表,查阅债权债务资料,盘点检查实物资产,结合年度行政报告、重要会议纪要以及与职工代表座谈等综合分析,相互印证客观经营情况。经济责任审计结果报告重点是对经济责任履行情况进行真实性揭示,这种揭示有大量的、客观可靠的经济活动事实为依据。基于上述来源,经济责任审计提供的结果是具体客观、说服力强的经济责任数据、经济责任结论和经济责任评价,是干部管理部门正确、科学地考察干部、任用干部所不可缺少的。②审计结果来源于经济责任履行情况的综合分析,经济责任审计结果报告是反映领导干部履行经济责任情况的书面载体。对审计对象在任期内遵纪守法、国有资产的保值增值、主要绩效考核指标的完成、对外投资决策及管理能力等多方面进行检查核实,然后综合分析,能对领导干部经济责任的履行情况作出公正、具体、说服力强的评价。通过客观评价,审计机关提出意见和建议,对清正廉洁的领导干部予以褒扬,对违法乱纪的领导干部予以揭露、曝光和惩处。

组织部门对于准备提拔任用的领导干部的考察过程中,把经济责任审计成果作为领导干部考察的重要参考依据,在很大程度上可以弥补传统干部考察方式的缺陷。把经济责任审计成果运用于干部的调整任免,是对领导干部实施有效监督和管理的重要手段。

2. 经济责任审计报告是领导干部反腐倡廉的第一手材料

近年来,违法违纪案件特别是经济领域的案件总体呈上升趋势。经济领域的案件情况复杂、隐蔽性强,发现和揭露的难度大。经济责任审计能够主动发现案件线索,为纪检监察部门和司法机关拓宽办案渠道,促进办案工作的深入开展。经济责任审计作为一项制度,把审计监督机制引入对领导干部的管理之中,促使各级领导干部严格要求自己,廉洁自律,增强领导干部自我约束意识,从制度上开辟了一条反腐倡廉的有效途径。一是经济责任审计制度与党风廉政建设责任制紧密结合起来,进一步完善廉政建设的责任追究制度,把审计发现的重大经济损失作为责任追究的内容之一,对通过审计查实,确属领导干部负有责任的,要坚决依据责任追究的规定处理。二是经济责任审计为从源头上预防和治理腐败提供依据。充分运用经济责任审计成果,可以发现一些苗头性的问题,能够把一些消极腐败现象解决在萌芽状态,防患于未然,可以发现在体制、机制、政策、管理等方面存在的漏洞和薄弱环节,能够有针对性地采取对策,有效地从源头上预防和治理腐败。

3. 经济责任审计报告是领导干部工作业绩的评价材料

经济责任审计结果报告通过对领导干部的经济责任评价,引导和规范领导干部的行政行为和经营行为,用大量具体的审计事实来为大胆改革、业绩突出的领导干部辨明是非,撑腰说话;对那些弄虚作假、投机经营,钻改革空子的领导干部,同样用具体客观的审计事实予以揭露,并依据相关法律、法规及廉政规定建议进行处理。开展经济责任审计,充分运用经济责任审计结果报告,对于正确使用干部具有重要作用。

经济责任审计为领导干部任免提供了依据,成为选拔任用干部的一个重要的手段和关口。经济责任审计作为干部监督管理的一种制度,在对领导干部教育、任用、监督和奖惩中发挥着越来越重要的作用。

第二节　经济责任审计报告的编制

一、经济责任审计报告的编制原则

经济责任审计报告要对责任人任职期间的工作业绩、存在问题及应负的责任作出反映和评价，其审计结果具有结论性的作用，并具有法律效力。因此，编制经济责任审计报告应重点把握以下几个原则。

1. 实事求是

鉴于经济责任审计的特点和潜在风险，经济责任审计报告应坚持以事实为依据，始终围绕"经济责任"这一主题来反映责任人的履职情况，用写实的手法来说明任职期间所在单位的经济营运状况，以及重大决策、对外投资、偿债能力等方面的情况。经济责任审计报告对审计认定在财政、财务收支管理及相关经济活动中所做的工作、取得的业绩等，给予充分肯定并加以表述；对审计查出的问题，就其问题的性质、程度、后果等进行深入分析和评价，并对问题的性质、造成问题的原因和危害性进行实质性的表述，使报告阅读者、使用者对在审计中查出的问题有比较透彻清晰的认识；所作结论要观点明确、是非分明、表述清楚，切忌含含糊糊、模棱两可，甚至造成主次不分，背离经济责任审计的目的。

2. 突出重点

经济责任审计报告反映的事项不能包括被审计单位及责任人履职情况的各个方面和所有细节，必须抓住重点，把审计发现的问题、重点事项、责任界定等，进行认真总结、提炼，归纳到审计报告中。经济责任审计报告对重点、关键问题及事项，要进行必要的展开，说清讲透；对一般问题、次要问题，只作简略叙述，一带而过，使报告阅读者、使用者一目了然，印象深刻，继而据以作出准确判断及相应决策，以发挥经济责任审计报告的效应和作用；注意和避免在反映问题及重点事项时，未加分析、整合、提炼和取舍，而直接堆砌到报告中，致使审计报告表述不清、概念模糊、主次不分明、重点不突出、分类不正确，影响经济责任审计报告的质量和效果运用。

3. 分析到位

经济责任审计报告要提供给上级领导、有关单位、有关人员作判断决策之用，因此相关数字一定要准确可靠。这就要求审计人员以高度负责的态度，从事实出发，客观严谨地核实数据的出处，确保数字准确无误，不能对未经核实或根据逻辑推理妄下结论。审计人员对报告中涉及的数字要进行认真细致的对比分析，对预算计划、指标完成等数据，要与历史同期对比，与同行业、同类型、同规模单位对比，并分析增减变化、高低不同等方面的原因、影响因素等，以增强审计报告的说服力。同时，在对数据进行对比分析时，审计人员要把数据、问题、建议等融为一体，既有定量分析，又有定性判断；既要鲜明、生动地反映客观实际，又要便于阅读、理解和运用。

4. 意见慎重

审计发现问题并作出处理处罚意见、审计建议是审计报告的重点内容。对查出的问题进行正确定性，并提出合理恰当的处理处罚意见，需要审计人员在熟练把握有关法律、法规的基础上，运用正确的分析判定能力，找准违纪事实与适用法规的结合点，针对问题的性质、原因及造成的危害程度，依照有关法律、法规进行正确的定性，实施合理、恰当的处理处罚。审计建议应针对经济责任审计的目标和报告对象的特点，明确建议的目标，充实建议的内容，注重把握建议的主观针对性和客观可行性，针对报告送阅的不同对象，有的放矢。同时，审计建议要符合被审计单位的实际条件与环境，做到切实可行，增强其可操作性。

5. 通俗易懂

经济责任审计报告的阅读者、使用者是被审计单位、责任人及相关部门，而不是审计机关，这就需要"让内行人看得清楚，外行人看得明白"。因此，审计报告要开门见山、内容简洁、观点明确、表述清晰、可读性强、利用价值高。报告用词应谨慎恰当、简单明了，尽量避免出现生僻的专业术语，使报告通俗易懂；要正确、慎重使用判断性质、反映程度、反映数量等方面的词句，克服褒贬过度、内容过滥、范围过宽、篇幅过长的现象；对报告中需要反映的相关数据应尽可能用图、表的形式来反映，并注意加强对审计数据和事实的分析说明，使审计报告更直观、更简洁、更明了，让报告阅读者、使用者"看得懂，用得上"，以提高审计报告的使用价值。

二、经济责任审计报告的编制步骤

1. 经济责任审计报告编制流程

经济责任审计报告编制的一般流程如下：

（1）编制审计情况汇总表。在经济责任审计过程中，审计人员要把各方面的情况进行汇总，并对有关问题进行重点说明。这样，审计人员对经济责任审计事项就有了一个全面的认识。

（2）审核、分析审计工作底稿。审计人员要对审计工作底稿中的记录进行筛选，剔除不真实的资料以及次要的资料，保留重要的资料。

（3）确定审计报告主要内容。通过资料的整理和认识的统一，审计人员要依据重要性原则进一步确定审计报告应包括的主要内容。

（4）分析产生问题原因和提出建议。在确定了经济责任审计报告所撰写的主要内容后，根据所要反映的内容进行分析，审计人员要进一步提出相关建议。

（5）编写报告提纲。审计人员在撰写经济责任审计报告前应先编写报告提纲，提纲中列示反映的内容和证据、产生的原因和改进的建议等。

（6）撰写报告初稿。根据提纲，审计人员着手撰写审计报告初稿。

（7）对经济责任审计报告初稿进行讨论。对报告中提出的审计建议应进行必要的论证和测算，并听取有关业务部门的意见，以保证建议的可行性。

（8）征求被审计单位的意见。审计报告初稿经审批进行必要的修改后形成审计报告征求意见稿，下发被审计单位及被审计领导干部征求意见。

（9）定稿和报送。征求被审计单位的意见后，审计人员酌情修改报告初稿，写出正式经济责任审计报告。经过必要的审查，按规定报送有关部门和单位，并且送交被审计单位。

2. 经济责任审计结果报告的报送程序

经济责任审计结果报告的报送程序如下：

（1）任期经济责任审计结束后，审计组写出审计报告。

（2）在审计报告报送审计机关前，应当征求被审计单位和被审计对象的意见。被审计单位和被审计对象应当自接到审计报告之日起 10 日内将书面意见送交审计组或审计机关,逾期没有提出书面意见的,视为无异议;若意见不一致的,审计组应将审计报告和离任法定代表人及被审计单位对审计报告的书面意见和审计组的书面说明,一并上报所在审计机关,同时审计组长要作出对审计质量、审计结果和审计纪律负责的书面保证。

(3) 审计报告经专门的复核机构复核后,交审计机关业务会议审定。

(4) 审计机关根据审定后的审计报告出具具有法律效力的审计结果报告,提交本级党委或人民政府,并附被审计对象及其所在单位意见,同时送达委托审计部门和被审计对象及其所在单位。委托社会审计组织进行审计的,社会审计组织应依照法定程序向被审计企业和被审计对象出具审计结果报告,并同时上报被审计企业主管部门,企业、企业主管部门应向本企业的职工代表大会宣读审计结果报告。社会审计机构的审计结果报告还应当抄送本级审计机关。

第三节 经济责任审计报告的格式和内容

企业经济责任审计报告的框架和内容是指报告的基本要素构成及其排列顺序。审计组的审计报告和审计机构的审计结果报告框架基本一致,但内容和写作要求上不完全一样。

一、审计组审计报告的框架和内容

一个完整的经济责任审计报告书应由报告和附件两大部分组成。报告必须有标题、主送单位、正文、报告单位、报告日期、审计组长签名等基本要素。其中,正文是报告的主要组成部分,也是报告的基本内容。正文分导言、基本情况、审计结果及发现的问题、审计评价和审计建议五个部分。

1. 导言

导言一般要简要写明企业经济责任审计的依据、审计的内容、范围、方式、起讫时间等。

审计依据是指依据什么进行本次审计的,包括法规依据和计划依据。经济责任审计的法规依据是中共中央办公厅、国务院办公厅制定的《国有企业及国有控股企业领导人员任期经济责任审计暂行规定》及其实施细则和《审计法》及其实施条例,国资委制定的《中央企业经济责任审计管理暂行办法》等;计划依据是各审计机构的年度规划。同时,企业经济责任审计一般是接受组织、人事等部门的委托进行的,这些部门的委托也是审计的依据。

审计的内容是指审计实施中的具体事项。经济责任审计的相关法规及规定对审计内容有明确规定,但考虑到开头篇幅不宜太长,可以将具体事项概括表述为"企业负责人任期内履行经济责任情况"。

审计的范围是指构成经济责任审计客体的被审计企业及其有关人员和会计期间,包括时间范围、业务范围等。

审计的方式是指实施审计所采取的组织形式,如就地审计、报送审计、联合审计、统一组织审计和非统一组织审计等多种形式。企业领导人员经济责任审计多采用统一组织的就地审计方式。

起讫时间是指实施审计作业的开始到结束的日期,不包括审计准备阶段、终结阶段和后续阶段时间。

2. 基本情况

这是审计报告正文的第一部分。基本情况是指被审计企业和被审计人员的基本情况。

被审计企业的基本情况包括被审计企业的名称、性质、财务隶属关系、成立时间及历史沿革、组织机构、经营范围及业务规模、基本财务数据及与审计有关的重大事项。

被审计人员的基本情况包括企业负责人的姓名、职务、任职期间。有特殊贡献或荣誉称号的应予以特别指明。

3. 审计结果及发现的问题

这是审计报告的主要部分。这部分应针对本次审计的内容和重点逐项列出经审计后的结果,主要列出的事项有资产负债和损益、重大投资决策及内部控制、目标责任完成情况结果;应逐项列出审计查实的问题,对每一个问题简要叙述事实并指明原因,然后予以定性,依据有关法规提出处理、处罚意见。

(1) 简明扼要叙述事实。审计报告所列的每个问题都必须叙述事实,但切忌长篇大论,而应该简明扼要,既要将问题发生的时间、地点、情节、金额、后果、经办人、责任人等几个要素完整地表示出来,又要按一定的逻辑顺序排列,做到简单明了、清晰完整。

(2) 指明问题产生的原因。指明审计报告中所列问题产生的原因,是经济责任审计报告的特点之一,也是其与财务收支审计报告的不同点之一。审计发现的问题本身是客观存在的,但造成问题存在的原因是多方面的,有主观因素造成的、也有客观因素造成的,有故意造成的、也有过失造成的,有前任造成的、也有在任造成的。对于这些原因,审计人员要在审计过程中全面、准确地进行分析,在审计报告中明确、无误地给予指出。

(3) 准确进行审计定性。审计定性,就是对审计报告中所列的行为事实,依据有关法规确定其属于什么性质的问题的过程。它是审计处理、处罚的基础。审计定性不准确,就会导致审计处理、处罚有失偏颇,甚至错误,给审计工作带来麻烦。根据工作实践,当行为事实的原因、后果及其表现形式多种多样时,审计报告应"透过现象看本质",抓住问题的关键,把握问题的实质,进行审计定性。当一个行为事实造成多个结果,违反多个法规条文时,要选择其后果最严重的方面、处理最严厉的法规条文进行定性。

(4) 提出审计处理、处罚的初步意见。审计组在审计报告中要针对行为事实准确定性后的问题,提出审计处理、处罚的初步意见。审计处理、处罚是审计机构对违反国家规定的财务收支行为采取的纠正、处置措施,应合法、公正、公平、宽严适度。审计处理的种类有:责令限期缴纳、上缴应当缴纳或上缴的财政收入,责令限期退还被侵占的国有资产、责令退还违法所得、责令冲转或者调整有关会计账目等。审计处罚的种类有:警告、通报批评、罚款、没收非法所得等。

4. 审计评价

审计评价是审计报告的核心,也是报告的重点和难点,是委托单位和被审计人员共同关注的焦点,直接关系到审计质量和审计风险。审计评价篇幅不一定很长,但要求表述准确,文字精练。从理论上讲,审计评价不论对"人"还是对"事",都应进行整体评价,而整体评价的前提是以对被审计单位所有会计资料进行全面检查为基础或者是以科学合理的抽样检查并推断总体为基础。但是,在实际工作中,由于审计力量、审计时间等诸多因素的影响,很难做到对被审计单位所有会计资料进行全面检查,一般是采取判断抽样并推断全体的方法。因此,审计评价不宜对被审计企业和被审计人员进行总体评价,而应严格限定评价范围,采取审计什么、评价什么的做法,以规避审计风险。审计评价结论尤其要注意以定量分析为基础,以审计数据分析为逻辑。企业负责人任职期间审计报告中审计评价的内容一般有以下几个方面:

(1) 会计信息的真实性。
(2) 经营业绩情况。
(3) 内部控制及重大投资决策情况。
(4) 遵守国家法律、法规情况。

5. 审计建议

审计建议是审计报告的最后部分。审计建议有如下三类:

(1) 对审计中发现的被审计企业内部控制以及生产经营、财务管理等方面的问题提出加强和改进管理的建议。这类建议必须具体、有针对性,要切实可行。

(2) 被审计企业所执行的规定与法律、行政法规相抵触,有关主管部门侵害被审计企业经营自主权和合法权益,应当由有关部门处理、处罚,提出要求有关主管部门纠正或者对责任人处理、处罚的建议。

(3) 对被审计企业违反国家规定的财务收支行为负有直接责任的主管人员和其他直接责任人员,认为应当给予行政处分的建议;认为已经触犯刑律,构成犯罪的,提出移送有关司法机关追究刑事责任的建议。

二、审计结果报告的框架和内容

审计报告与审计结果报告的撰写主体不同、报送客体不同、使用目的不同,因此撰写的内容也不相同。审计结果报告不应是审计报告的简单重复,其核心是对领导干部本人任期内应当负有的经济责任进行评价。其主要内容和格式如下。

1. 标题

标题应说明事由。例如,关于××局长经济责任审计结果的报告。

2. 主送单位

主送单位是指委派或委托的审计机关或单位。正文开头应写明主送单位:××党委或人民政府。

3. 审计概况

审计概况包括:被审计单位的基本情况、审计范围、审计结果部分。它主要写明从××时间到××时间对×××局长××××年到××××年任职期间主管的×××、×××等工作进行了审计,在其任职期间该单位财政收支、财务收支工作各项目标、任务完成情况(或企业领导人员所在企业资产、负债、损益目标责任制有关的各项经济指标的完成情况)。

4. 审计评价

根据被审计领导干部所在单位或企业各项目标或指标完成情况及被审计领导干部本人职责范围内工作完成情况进行客观评价。

5. 审计发现及处理

审计中发现的被审计领导干部及其所在单位违反财经法纪和廉政规定的主要问题;对

被审计的领导干部及其所在单位存在的违反国家财经法规问题的处理、处罚意见和改进建议。

6. 应负有的经济责任

被审计的领导干部对本部门、本单位财政收支、财务收支中(或企业资产、负债损益)不真实、资金使用效益差以及违反国家财经法规问题应当负有的主管责任;被审计领导干部个人在财政财务收支中有无侵占国家资产、违反领导干部廉政规定和其他违法违纪的问题及其应当负有的直接责任。

7. 报告单位及日期

×××审计局;××××年××月××日;抄送的单位:如组织人事部门、纪检监察机关、企业领导人员管理机关及企业监事会等。

8. 其他应说明的问题

任期经济责任审计报告中说明这部分内容,主要是从规避审计风险的角度考虑,其内容一般应包括以下几个方面:

(1) 明确会计责任和审计责任的问题。通常在审计过程中,被审计单位的会计责任是为审计人员提供真实、完整的会计资料及相关资料,并对这些资料的真实性负责;审计人员的审计责任是对被审计单位所提供的资料发表审计意见,并对审计意见负责。明确会计责任和审计责任,有利于审计人员规避审计风险。

(2) 审计中未涉及的事项。

(3) 审计中由于人力、财力、时间的原因,未能前去调查或询证的事项。

(4) 被审计对象或所在单位对有关问题未能积极配合而没有查证的事项。

(5) 其他需要说明的事项。

审计结果报告宜实不宜虚、宜简不宜繁,否则会影响本级党委或人民政府及有关单位据此进行的决策。审计结果报告内容要少,过程要简,评价要实,突出被审计领导干部应当负有的主管责任和直接责任。

三、审计报告模板

模板一

关于××(被审计单位)××同志(被审计领导干部)
任中经济责任审计报告

××审字[201×]××号

校领导:

受党委组织部委托,根据《××大学领导干部经济责任审计规定》,201×年×月至×月,审计处对××(被审计单位)××同志(被审计领导干部)实施了任中经济责任审计。

本次审计的时间范围为201×年×月至201×年×月(以下简称当期),审计重点内容为:事业发展情况;遵守法律、法规,贯彻执行国家、学校有关政策决策情况;制定和执行重大经济决策情况;内部控制情况;预算执行及财务收支情况;资产安全完整情况以及××同志(被审计领导干部)个人廉洁从业情况(根据审计公示内容调整)。

审计期间,根据××(被审计单位)提供的书面资料,我们采取抽样审计的方式,对当期相关业务实施了资料检查、查账勘验、实地调查等审计程序,并对其中的重要事项作了必要的延伸和追溯。××(被审计单位)及××同志(被审计领导干部)对所提供资料的真实性、完整性作出书面承诺。本次审计得到了××(被审计单位)的积极配合。

现将审计情况报告如下。

一、基本情况

(简述被审计领导干部任期,工作职责、分工等。)

(一)××(被审计单位)基本情况

(简述部门职能定位、职责内容等。)

(简述部门机构设置、人员情况等。)

(二)当期财务收支情况

1. 资金来源

(描述当期被审计单位各类收入来源、占比情况,并在文字简要描述后可加以表格列示,最好能有分年度列示情况;以万元为单位。)

2. 资金使用

(描述当期被审计单位各类支出类别、占比情况,并在文字简要描述后可加以表格列示,最好能分年度列示;以万元为单位。)

3. 资金结余

201×年年初,××学院资金结余××万元,截至201×年,××学院各类经费的历年滚存结余××万元。

4. 预算执行情况

(描述当期被审计单位预算执行情况。)

二、审计评价

××同志在任职期间,学院以党政联席会议、学术委员会、党委会等形式进行"三重一大"事项的咨询讨论及决策工作,重大经济事项基本通过集体讨论,事业发展良好,有一定制度建设基础,预算管理意识较强,执行率较好,但财务收支尚欠规范,政府采购及资产管理工作须加强。

具体评价如下。

(一)事业发展××××

(对教学、科研、学科建设、人才队伍建设、对外服务等部门相关业务方面进行简要评价,引用相关数据。)

(二)制度建设××××,内部控制××××

(对制度建设及内部控制进行评价。)

(三)"三重一大"决策××××

(对"三重一大"决策执行情况进行评价。)

(四)预算管理×××,执行××××,财务收支××××

(对预算管理、执行、财务收支等进行评价。)

(五)实物资产管理××××

(对实物资产管理情况进行评价。)

（六）关于××同志个人廉洁情况

（具体评价涉及方面可能不限于上述六个方面，根据本项目的审计内容和被审计单位的业务可作增减。）

三、审计发现的主要问题和责任认定

（精确描述所发现的主要问题，问题须进行归类分段描述，标题准确简练，所发现问题后须附问题认定的制度依据。对上述问题，根据制度规定，对××同志须承担的责任进行认定。）

四、审计意见和建议

（针对所发现的问题发表意见和建议，建议须有针对性，简明扼要，所提建议以促进管理为目的，须切实可行。）

审计处
201×年×月×日

模板二

×××单位×××（职务）×××同志
任期经济责任审计报告
×××审字[201×]第××号

主送单位：单位主管领导或审计机构

［导语部分：简要说明审计概况，包括审计立项依据/背景，审计工作时间及方式，审计内容及涵盖的空间/时间范围和重点，所采取的主要审计手段/程序及所受到的重大范围/手段限制等；并明确被审计单位责任和审计责任。］

［审计背景段］ 根据×××会议决定/文件规定/年度计划（进行审计的原因/依据），公司审计部组成以×××为负责人的×人审计组，于201×年××月××日至××月××日对××（被审计人）201×年××月××日至××月××日（审计涵盖的时间段）担任×××（被审计单位）×××（职务）期间的任期经济责任/财务收支情况/物资采购内控专项等（审计内容）进行了现场审计/送达审计（审计方式）。

［工作情况段］ 本次审计的范围包括×××总部及其下属×××、×××等×个机构，审计的重点是×××（被审计人）担任×××（被审计单位）×××（职务）期间的财务指标和经营绩效的真实性、合法性和效益性，重大经营决策的科学性和效益性，内控制度的建立和执行效果，存在的潜在风险或遗留问题，以及廉政情况等（简述审计目标，此处所列为一般经济责任审计的重点内容）。本次审计组重点实施了包括检查会计记录、监盘实物、函证往来款项，以及核对业务和管理记录、外部信息等审计组认为必要的程序；但由于×××等原因，本次审计组未能进行×××等审计程序/未能获取×××等审计证据（详见本报告最后"重要事项说明"部分）。

此处涉及的问题是如何详略得当地阐述审计工作情况，如具体的审计内容及范围、实际实施的审计手段/程序及过程，审计遇到的重大范围/手段受限等。

解决建议：根据本次审计的内容、范围或实施的手段/程序是否特殊（相对于报告使用人

对其了解程度),以及这些审计情况(特别是遇到的重大范围/手段受限情况)是否可能对报告结论产生重大影响而定:

(1) 如属一般性的审计,且审计过程中遇到的重大审计范围/程序受限情况不足以对报告主体内容产生重大影响(仅可能在局部或极端情况下产生影响),则此处宜简略,且仅需在报告最后"重要事项说明"部分补充说明审计遇到的重大审计范围/程序受限情况。

(2) 如属针对某一方面内容进行的专项审计,或根据预定目的在审计过程中采取了非常规式的或大工作量的审计手段/程序(如专项稽核、外部调查等),或审计遇到的重大范围/程序受限可能对报告结论产生重大影响时,则此处宜较为详细,并说明重大范围/程序受限的情况及原因,以便报告使用人预先清楚地了解本次审计的针对性和局限性。

[双方责任段] 提供真实、完整的财务资料及相关的业务、管理和外部的原始记录和信息,是被审计单位及被审计人的责任;审计组的责任是依据中国内部审计准则/××单位内部审计制度的规定计划和实施审计工作。鉴于本次审计是依据审计目的在有限时间内所进行的抽查审计,审计所获得的资料主要来源于被审计单位或通过被审计单位获得,以及本次审计未能进行×××等审计程序/未能获取×××等审计证据等原因,本次审计可能未能涵盖被审计单位及被审计人的所有相关事项,本审计报告也不能替代被审计单位及被审计人对相关财务信息和事项的会计责任和内部报告责任。

一、被审计单位概况

简要介绍被审计单位及被审计人的背景概况,包括被审计人任职期间和分管职责,被审计单位的业务性质与特点、规模及组织机构、内部管理及考核方式、主要管理人员、员工数量等。

此处涉及的问题是是否需阐述被审计单位主要财务数据,以及是使用未审数据(账面数据)还是本次审定数据:不阐述被审计单位主要财务数据可能不便于报告使用人了解被审计单位财务数据概况,使用未审数据可能误导报告使用人,而在此外使用审定数据似又与下面"审计发现/审计结果"分开了。

解决建议:根据被审计单位平时是否另行报出财务报表,本次报告使用人是否知悉这些报表数据,以及本次审计的重点之一是否是审计财务报表而定:

(1) 如被审计单位平时另报报表,且本次审计报告使用人知悉这些报表,则此处仅需简要陈述经本次审计审定的被审计单位资产、负债、所有者权益及收入、成本费用、利润的总额等概况,而无需进一步分项阐述报表各主要项目的最近一期的金额及构成内容等详情,可另附附表具体反映。

对于本次已审定报表项目仍存在的质量方面问题(如呆坏账、物资积压、大量收入为新增应收账款等),此处也不必详述,应列在"审计发现/审计结果"部分具体反映。

(2) 如被审计单位平时不另报报表,或本次审计报告使用人不知悉这些报表,或本次审计的重点内容之一为财务报表时,则宜另单列为一大项在"被审计单位的主要财务数据"中专门反映,并进一步分项阐述报表各主要项目的最近一期的金额及构成内容等详情。

同时,将本次审计所作的主要调整情况,以及本次已审定报表项目仍存在的质量方面的问题,也归入该大项一并分析阐述。

无论列在此处概略反映,还是另列为一大项在"经审定的主要财务数据"中专门反映,阐述时应尽可能包括本次审计涵盖期间内的各会计期,最少应包括被审计人任期初及最早一期、任期末及最后一期的数据,以便对比。

二、审计结果、发现的问题以及审计意见

对审计得出的具体结论及发现的问题逐项给予揭示和评价,包括问题的事实现状,该问题所应遵循的政策、程序和相关法律、法规标准,已经或可能造成的影响或后果,产生的原因(包括内在原因与环境原因)等。

(一) 分析及评价被审计单位的资产、负债、所有者权益及收入、成本费用、利润的真实性、完整性、合法性及效益性:

(1) 重点说明本次审计对被审计单位账面数据(即未审报表)或已报出报表的重大调整,必要时列表对比说明。

(2) 分项阐述经本次审定的报表主要项目仍存在的质量方面的问题(潜在风险或遗留问题,如呆坏账、物资积压、大量收入为新增应收账款等)。

(3) 分析评价被审计人任期初、任期末的财务状况变化(指资产、负债情况,特别是资产质量、潜亏挂账、潜在风险和表外资产、负债情况),任职期间的经营业绩趋势(环比+关键经济技术指标对比)。

(4) 分析评价被审计单位及被审计人对上级考核指标的实际完成情况,尤其需结合资产及绩效质量、潜在风险及遗留问题等进行综合分析评价。

如本次审计的重点内容之一为财务数据审计,则此部分应另单列为一大项在"被审计单位的主要财务数据"中专门反映,不要与审计发现的"问题"混在一起。

(二) 分析及评价被审计人作出重大经营决策(含固定资产、技术改造、对外投资等)和管理变革(如用人和薪酬机制、流程和控制体系等)的决策过程的科学性、实际结果的效益性及对后任的主要/潜在影响。

鉴于审计人员的专业胜任能力所限,此处评价决策过程时应注重程序性,以组织已有的程序性规定为依据;评价决策结果时应根据客观指标,以可对比的参照标准为依据。应由被审计单位及被审计人的上级主管领导对此作出评价,审计人员配合核实上级领导评价所依据的财务数据及信息的可信赖程度。盲目扩大审计责任范围往往导致审计深度及结论可靠性受到质疑。

(三) 揭示被审计单位在财务、资产、业务运作等方面存在的问题,并据此分析和评价被审计单位和被审计人在管理、内控方面的合规性、科学性及效益性。

应特别注意职工考核、晋升和薪酬机制,以及企业文化等配套机制(控制环境)对内控制度实际执行效果的影响,并考虑控制本身的成本效益,以免被审计单位及被审计人理解为审计人员"找茬"或书呆子气。

(四) 被审计单位及被审计人面临或潜在面临的重大风险,如重大的合同纠纷、未决诉讼、或有负债及职工意见较大的问题等。

忽略此点往往导致汇报审计结果时陷入被动,故内部审计不应仅局限于财务资料审计。如因外界因素影响而无法实施诸如审计入场公告、接受职工举报及职工走访座谈等程序,应作为重大审计范围/程序受限予以明确说明。

(五) 被审计人及被审计单位其他重要领导人员遵守财经纪律和廉政情况,指审计有无发现其个人侵占或挪用企业资产、违反财经纪律和廉政规定,以及其他违法违纪问题。

鉴于审计的固有局限性,审计报告对此一般采用消极保证措辞(本次审计未发现被审计人有明显或重大的……迹象,或未发现有证据表明被审计人有……行为),而不作积极保证(明确断言被审计人无……行为)。

三、被审计单位及被审计人接受历次监督检查所存在的问题及其整改情况,以及被审计人前任遗留的需要披露的问题

四、审计综合评价

(1) 根据审计结果,综合评价被审计者任职期间的主要业绩、存在的重要问题、消化前任遗留问题情况,以及对被审计单位后续的重大影响。

(2) 根据审计结果,指出被审计人对审计发现的问题应当负有的责任,包括直接责任和主管责任(管理责任和领导责任)。

(3) 如有必要,还应包括对出色业绩的肯定。

五、审计建议

(1) 针对审计发现的主要问题及潜在倾向,提出可供选择的具体建议及配套措施;或对显著经济效益和有效内部控制提出的表彰和奖励的建议。

提出建议时,须针对审计发现的问题或倾向;但阐述建议时不必与前面审计发现部分的问题逐条对应,而应重新梳理归类,并注意重要次序。

审计报告的建设性体现在:审计不仅应当发现问题和评价过去,而且还应能解决问题和指导未来。

(2) 可进一步说明被审计单位及被审计人对上述建议的态度及已开始采取的实际行动。

六、重要事项说明

(1) 重大审计范围/程序受限情况的说明,应明确陈述具体情况、受限原因(注意区分被审计单位原因、审计组原因和外部客观原因),以及由此可能导致的对审计结论和整个审计项目质量的影响。

(2) 审计报告理解、分发及使用方面的声明,特别在涉及违反外部法律、法规或涉及保密时。

附件:1. 分栏对比式的财务报表及主要经济技术指标。
   2. 审计发现的重大或敏感事项的详细说明及关键证据。
   3. 被审计单位及被审计人对审计报告的反馈意见。
   4. 需要另行专门解释和说明的其他内容。

签章:审计机构负责人
审计项目负责人

本章重要概念

审计组报告 审计结果报告 标准审计报告 审计范围 审计评价

本章练习

一、选择题

1. 经济责任审计报告按审计工作的范围和性质不同分类可分为( )。
   A. 标准审计报告和非标准审计报告
   B. 简式审计报告和详式审计报告
   C. 审计组审计报告、审计结果报告和审计工作报告
   D. 国家审计报告、内部审计报告和社会审计报告

2. 经济责任审计报告的编制原则不包括( )。
   A. 内容丰富   B. 突出重点   C. 分析到位   D. 意见慎重

3. 审计结果报告的框架和内容不包括( )。
   A. 审计概况   B. 审计发现及处理
   C. 报告单位及日期   D. 报告单位及地址

4. 企业负责人任职期间审计报告中审计评价的内容一般有( )、内部控制及重大投资决策情况。
   A. 会计信息的真实性   B. 会计信息的准确性
   C. 会计信息的完整性   D. 会计信息的合法性

5. ( )是经济责任审计报告中最关键的部分,是有关部门考核被审计对象工作业绩的主要依据。
   A. 审计线索   B. 审计评价   C. 审计建议   D. 审计发现

6. 审计机关审定审计报告后,向( )提交审计结果报告,并附被审计领导干部(或企业领导人员)及其所在单位、部门、地区(或企业)的意见,同时抄送组织人事部门(或企业领导人员管理机关)、纪检监察机关、(企业监事会)及有关部门。
   A. 本级党委   B. 本级人民政府
   C. 本级常委或人民政府   D. 本级党委及人民政府

7. 审计建议是报告的最后部分,主要围绕( )展开。
   A. 对审计发现被审计企业内部控制以及生产经营、财务管理等方面的问题提出加强和改进管理的建议。这类建议必须具体、有针对性,要切实可行。
   B. 被审计企业所执行的规定与法律、行政法规相抵触,有关主管部门侵害被审计企业经营自主权和合法权益,应当由有关部处理、处罚,提出要求有关主管部门纠正或者对责任人处理、处罚的建议。
   C. 对被审计企业违反国家规定的财务收支行为负有直接责任的主管人员和其他直接责任人员,认为应当给予行政处分的建议;认为已经触犯刑律,构成犯罪的,提出移送有关司法机关追究刑事责任的建议
   D. 以上均包括

8. ( )是对经济责任审计事项作详细说明和分析的审计报告,能全面详细地反映审计事项的来龙去脉,分析前因后果,使报告阅读者能深入了解审计情况和结果,一般适用于非对外公布。
   A. 详式审计报告   B. 国家审计报告
   C. 标准审计报告   D. 非标准审计报告

9. 经济责任审计报告的特点包括( )。
   ① 为组织部门选拔干部提供客观、准确的依据
   ② 审计内容是被审计对象任职期间经济责任的履行情况
   ③ 反映被审计对象在单位管理中是否存在内控薄弱点

④ 审计评价是以客观事实为依据,结合生产经济环境进行综合分析来评价

A. ①③　　　　　　B. ②④　　　　　　C. ①③④　　　　　　D. ①②③④

10. 经济责任审计报告的作用主要体现在(　　)。

A. 经济责任审计报告是考察干部重要资料,避免或减少组织在用人上的失察和失误

B. 经济责任审计报告是领导干部反腐倡廉的第一手材料

C. 经济责任审计报告是领导干部工作业绩的评价材料

D. 以上均是

二、简答题

1. 简述经济责任审计报告的分类。

2. 简述经济责任审计报告的作用。

3. 简述经济责任审计报告的格式与内容构成。

参 考 文 献

[1] 复旦大学审计处.经济责任审计知识读本[M].上海:复旦大学出版社,2019.
[2] 王晓妍.经济责任审计与中国政府治理[M].北京:中国财政经济出版社,2018.
[3] 叶晓钢.新编绩效审计实务[M].北京:中国时代经济出版社,2012.
[4] 李凤鸣.经济责任审计[M].北京:北京大学出版社,2010.
[5] 吴永兰.内部经济责任审计前沿问题研究[M].北京:中国财政经济出版社,2018.
[6] 丁丁,汪海峰.新形势下经济责任审计的理论创新研究[M].北京:中国纺织出版社,2018.
[7] 宁月茹.经济责任审计研究[M].天津:南开大学出版社,2014.